KB059750

엔트로피

E N T R O P Y

엔트로피
ENTROPY

제레미 리프킨 지음

이창희 옮김

Sejong
세종연구원

Entropy by Jeremy Rifkin with Ted Howard

Copyright © Foundation on Economic Trends 1980, 1989
All rights reserved.
Korean Translation Copyright © 2000 by Sejong Institution / Sejong University Press.

Korean edition published by arrangement with Viking Penguin,
a division of Penguin Group(USA) Inc.
through Korea Copyright Center, Korea.

엔트로피

지은이 제레미 리프킨
옮긴이 이창희
펴낸이 엄종화
펴낸곳 세종연구원

출판등록 1996년 8월 22일 제 1996-18호
주소 05006 서울시 광진구 능동로 209
Tel (02) 3408-3451~2 Fax (02) 3408-3566

1판 1쇄 발행   2000년 5월 25일
1판 17쇄 발행   2005년 10월 24일
2판 1쇄 발행   2005년 12월 15일
2판 34쇄 발행   2005년 10월 24일
3판 1쇄 발행   2015년 4월 1일
3판 24쇄 발행   2024년 12월 1일

ISBN 978-89-86698-82-4 03300

※잘못 만들어진 책은 바꾸어 드립니다.
※값은 뒤표지에 있습니다.

※세종연구원은 우리나라 지식산업과 독서문화 창달을 위해 세종대학교에서 운영하는 출판사입니다.

예언자로서, 또 스승으로서
나에게 학문적 토대를 마련해준
니콜라스 죠르제스크-레겐 박사님께 바칩니다.

이 책이 나오기까지 편집에 큰 도움을 준
노린 뱅크스Noreen Banks와 댄 스미스Dan Smith,
원고를 편집하고 다듬어준
매릴린 맥도널드Marylin McDonald와 제프리 앱터Jeffrey Apter에게 감사드립니다.
또 「Peoples Business Commission」의
제니 스페이처Jenny Speicher와 랜디 바버Randy Barber의 도움에 감사드립니다.
특히 이 책의 중요함에 대한 변치 않는 신념으로 우리에게 큰 용기가 되어준
The Viking Press의 편집자 앨런 D. 윌리엄즈Alan D. Williams에게 감사드립니다.

차례

Contents

Entropy

Entropy

원하는 것을 얻을 수 있다는 느낌, 그것이 바로 희망이다. 이 책은 희망에 관한 책이다. 잘못된 환상을 깨고 그 자리에 새로운 진리를 세움으로써 얻는 희망!

우리 문명은 "미래는 물리적 제약 없이 무한히 뻗어나갈 것이며, 물질적 한계란 없다"라는 모더니즘적 사고에 의해 성장해왔다. 따라서 엔트로피 법칙은 우리 문명에 충격이 아닐 수 없다. 왜냐하면 엔트로피 법칙은 인간의 활동을 근본적으로 제약하는 궁극적인 물리적 한계를 정의하고 있기 때문이다.

우리가 계속해서 엔트로피 법칙의 진실과 그 역할, 즉 우리의 물리적 세계가 들어 있는 큰 틀을 규정하는 역할을 무시한다면 우리는 우리의 멸종을 재촉하게 될지도 모른다.

이 책을 다 읽은 후에도 어떤 독자들은 우리 인간의 활동을 제약하는 물리적 한계가 존재한다는 사실에 대해 여전히 의문을 가지고 있을 것이다. 반면에 이러한 한계를 인정하게 된 독자들도 있을 것이다.

그들은 엔트로피 법칙이 탈출구가 없는 거대한 우주 차원의 감옥이라고 나름대로 결론을 짓고 매우 낙심할 것이다. 또, 엔트로피 법칙이 우리를 자유롭게 해줄 수 있는 진리라고 생각하는 사람들도 있을 것이다. 첫 번째 부류에 해당하는 사람들은 현재의 생활방식을 고수해나갈 것이고, 두 번째 부류의 사람들은 세계관을 상실한 채 살아갈 것이다. 아마도 세 번째 부류의 사람들은 새로운 시대의 선구자가 될 것이다.

우리는 세상이 점점 혼란스럽고 무질서해지고 있다는 생각을 한다. 제 대로 되는 것은 하나도 없어 보이고, 우리의 생활은 끝없이 고치고 꿰 매는 수정작업의 연속이다. 지도자들의 이야기는 탄식과 사과로 가득 차 있다. 위기에서 빠져나갈 길을 찾았다고 생각하는 순간 뭔가가 잘 못된다. 당면한 문제에 대해 찾아낸 해결책은 또 다른 더 큰 문제들을 낳는다.

원자력 발전소에서 사고가 나기도 하고 사람들은 주유소 앞에서 휘 발유 넣는 일을 가지고 다투고 총질까지 해댄다. 물가는 두 배, 세 배 로 뛰고 생산성은 떨어지며 일자리도 줄어든다. 핵전쟁의 위험은 계속 해서 고조되어 간다. 이젠 벌떡 일어나 이렇게 외치고 싶은 판이다. "어떻게 좀 해봐야 되지 않겠소!" 우리는 석유회사, 정부의 정책입안 자들, 노조, 지식인 등 조금이라도 관계가 있는 사람이라면 모두 싸잡 아 비난한다. 그런데도 상황은 나빠질 뿐이다.

주변 구석구석이 쓰레기와 오염물질 투성이다. 오염물질은 땅에서 솟아나고, 강물로 흘러들고, 공기 중에 퍼진다. 그래서 눈은 따갑고, 피부는 변색되고, 폐가 망가지는데도 우리가 할 수 있는 일이라곤 고작 집에 들어앉아서 문을 잠그고 있는 것뿐이다.

어딜 가든 우리는 줄을 서야 하거나 한쪽 구석에서 기다려야 한다. 세상은 점점 빠르게 돌아가는데도 뭔가 되는 일은 하나도 없어 보인다. 인간도 사회도 수렁에 빠져들고 있다. 그래서 앞을 가로막는 모든 것을 짓밟고 달려가 이 엉망인 세상에서 도망치고 싶은 생각이 간절해진다.

하지만 그렇게 해서 다른 데로 가봐도 마찬가지다. 옳은 말이다. 산업사회라면 어디든 같다. 물론 어디는 좀 못하고 어디는 좀 나은 차이는 있다. 그러나 자본주의든 사회주의든 모든 산업사회가 같은 병을 앓고 있다. 똑같은 힘이 이들 모두를 분해해버리고 있는 것이다.

세상이 문제투성이라면, 그리고 그 세상을 고치려면 우리는 이 세상이 어떻게 짜여져 있는가부터 알아야 한다. 왜냐하면 바로 거기서 문제가 비롯되었기 때문이다. 전 세계적 문제에 대해 특정 개인이나 특정 사상을 비난하는 것은 어리석은 짓이다. 물론 일부 지도자, 일부 사상은 좀 낫긴 하다. 그러나 오늘날 범세계적 문제에 효과적으로 대처할 수 있는 오직 한 사람의 지도자나 단일한 사상은 없다. 왜냐하면 이들 모두는 기존 세계관에 얽매여 있기 때문이다. 이 세계관은 병들어 있고, 자신이 만들어낸 모든 것들을 오염시키고 있다.

제 1 부

세계관의 변화

WORLD VIEWS

세계관
World Views

오랫동안 인간은 자신의 생활을 구성하는 기준이 되는 틀을 만들어야 할 필요성을 느껴왔다. 일상생활에서 마주치는 '어떻게'와 '왜'를 설명할 질서를 확립해야 할 필요성은 모든 사회에서 발견되는 문화형성의 필수요소였던 것이다. 어떤 사회의 세계관에서든 가장 재미있는 것은 이러한 세계관이 자신의 행동방식이나 현실인식방법에 어떻게 영향을 미치고 있는가를 구성원 대부분이 의식하지 못한다는 사실이다. 즉, 세계관이란 것은 아무도 거기에 의문을 제기하지 않을 만큼 어릴 적부터 사람들의 마음 속에 철저히 내재되어 있는 것이다.

대부분의 미국인들은 지식과 기술이 축적됨에 따라 세계는 더욱 가치 있는 방향으로 전진해간다고 믿는다. 우리는 또한 개인은 독립된 완결체로서 존재하며, 자연에는 질서가 있고 과학적 관찰은 객관적이며, 인간은 항상 사유재산을 추구해왔고, 개인간 경쟁은 항상 있어왔다고 믿는다. 그리고 이 모든 것들은 '인간 본성'의 일부이며 따라서 변할 수 없는 것으로 간주되었다. 그러나 이는 사실과 다르다. 다른 사회, 다른 문명 그리고 역사상 다른 시점에 서 있는 사람들은 이러한 특성이 인간의 본성이라는 주장에 동의하지 않을 수도 있다. 이것이 세계관이 가지는 힘이다. 세계관은 우리의 현실인식과정에 너무나도 강력한 힘을 발휘하고 있기 때문에 우리는 세상을 바라보는 다른 시각도 있음을 전혀 상상하지 못한다.

현대의 세계관이 형성된 것은 약 400년 전의 일이다. 물론 세월이 지나면서 수없이 수정되고 개선되었지만 초기의 골격은 아직도 유지되고 있다. 그러니까 우리는 아직도 17세기 뉴턴의 기계론적 우주관의 영향 아래 살고 있는 것이다. 사실 뉴턴 역학의 복잡한 여러 측면을 제대로 설명할 수 있는 사람은 백에 하나도 안될 것이다. 그러나 뉴턴 역학의 그림자는 우리의 행동 하나하나에 영향을 미치고 있다.

엔트로피 법칙! 이제 새로운 세계관이 떠오르고 있다. 이 세계관은 역사를 구성하는 틀로서의 기계론을 결국 대치하게 될 것이다. 아인슈타인은 엔트로피를 "모든 과학에 있어 제1법칙"이라고 주장했다. 아서 에딩턴Arthur Eddington경은 이 법칙이 "전우주를 통틀어 최상의 형이상학적 법칙"이라고 말했다. 엔트로피 법칙은 열역학 제2법칙이다. 제1법칙은 우주 안의 모든 물질과 에너지는 불변하며, 따라서 창조될 수도 없다고 가르친다. 단지 그 형태만 바뀔 뿐이다. 제2법칙(엔트로피 법칙)은 물질과 에너지는 한 방향으로만 변한다고 규정한다. 즉, 유용한 상태에서 무용한 상태로, 획득가능한 상태에서 획득불가능한 상태로, 질서 있는 상태에서 무질서한 상태로만 변한다는 것이다.

본질적으로 제2법칙이 의미하는 바는 이렇다. 우주 안의 모든 것은 일정한 구조와 가치로 시작해서 무질서한 혼돈과 낭비의 상태로 나아가며, 이 방향을 거꾸로 되돌리는 것은 불가능하다. 엔트로피란 우주

내 어떤 시스템에 존재하는 유용한 에너지가 무용한 형태로 바뀌는 정도를 재는 척도이다. 엔트로피 법칙에 따르면, 지구상이건 우주건 어디서든 질서를 창조하기 위해서는 더 큰 무질서를 만들어내야만 한다.

독자 여러분은 이 사실들을 일단 받아들여야 한다. 적어도 우리가 현대의 세계관을 완전히 해부하고 엔트로피 패러다임의 숨겨진 의미를 완전히 이해하기 전까지는 말이다. 먼저 엔트로피 법칙은 역사가 진보의 과정이라는 가설뿐만 아니라 과학과 기술이 질서 있는 세계를 창조할 것이라는 가설을 파괴한다. 로마 카톨릭 교회의 중세 기독교 세계관이 매우 설득력 있는 뉴턴의 우주관으로 대치되었듯이 이제 엔트로피 법칙이 당시의 뉴턴 역학만큼이나 강력한 설득력으로 오늘날의 세계관을 뛰어넘는다.

엔트로피 법칙은 특별한 힘을 가지고 있다. 그 힘은 워낙 절대적이어서 이 법칙을 충분히 이해하기만 하면 인생관이 바뀔 것이다. 이렇게 거의 신비스러울 정도의 매력이 있기 때문에 엔트로피 법칙은 받아들이기조차 두려운 것이다. 그러나 일단 그 법칙을 알게 되면 그 유혹을 뿌리칠 수 있는 사람은 거의 없다. 이 법칙의 마력은 모든 것을 포괄한다는 특징에서 비롯된다. 엔트로피 법칙은 현대 세계를 지배하는 진리를 파괴해버린다. 그 진리들은 한때 우리에게 안전과 질서라는 환상을 심어주었다. 그러나 이제 그 진리들은 기괴한 거짓말로 전락했고 우리의 존재를 위협하고 있다. 엔트로피 법칙이야말로 자유를 향한 탈출구이다. 엔트로피 법칙은 너무도 오랫동안 세상을 지배해온 무수한 거짓의 가면을 벗기고 폐기한다. 그것이 엔트로피 법칙이 해야 할 임무이며, 이 과정에서 우리는 해방감이 가져다주는 안도감을 만끽할 수 있다. 동시에 큰 걱정에 휩싸인다. 과연 새로운 엔트로피 패러다임이 어떤 질서를 창출할지를 모르기 때문이다.

엔트로피 법칙은 기존의 패러다임이 왜 무용지물인가를 이해하게 해준다. 이제까지 우리를 길러온 낡은 패러다임과 이제 막 떠오르는 엔트로피 패러다임 사이에 끼어 있는 우리 세대는 틀린 것이 뻔한 원칙과 금언을 여태까지 믿어왔다는 사실에 경악하게 될 것이다. 새로운 패러다임 속에서 우리는 균형을 잃고 비틀거리고 불편해하며 낯선 곳에 발을 들인 나그네처럼 더듬거리기도 할 것이다. 기존의 세계관을 완전히 떨쳐버리지 못하는 우리에게는 엔트로피 패러다임이 마치 생소한 외국어처럼 느껴질 것이다. 그래서 결코 편안해지지 못하고, 일상 생활에서 유창하게 구사하지도 못할 것이다. 그러나 우리의 후대는 엔트로피적 세계관을 제2의 천성처럼 받아들일 것이다. 그들은 엔트로피 법칙이 자신들에게 미치는 영향력을 의식하지도 못한 채 그 법칙에 따라 살아갈 것이다. 우리가 그토록 오랫동안 아무 생각 없이 뉴턴 역학에 따라 살아온 것처럼 말이다.

벌써 세계 각국의 학자들은 새로운 엔트로피 패러다임의 윤곽을 그리기 시작했다. 몇 년만 지나면 모든 학문의 기준이 새로운 엔트로피 개념에 따라 천지개벽을 겪을 것이다. 어떤 사람들은 피부이식을 하듯 엔트로피 법칙을 기존의 세계관에 이식하려고 하겠지만 실패로 끝날 것이다. 정치가들은 에너지에서 군비축소에 이르기까지 다양한 이슈에 대해 엔트로피 패러다임의 중요성을 역설할 것이다. 신학자들은 엔트로피 패러다임에 입각하여 성서에 대한 새로운 해석을 내놓을 것이다. 기술자들은 이 새로운 패러다임을 계량화하여 정확히 측정할 수 있다는 잘못된 신념으로 여러 가지 문제에 대한 새로운 해결책을 개발하려 할 것이다. 경제학자들은 고전경제이론을 수정하여 엔트로피 법칙의 진리와 일치시키느라 바빠질 것이다. 심리학자들과 사회학자들은 엔트로피를 배경으로 인간의 본성을 재탐구할 것이다. 이러한 모든 일들이 몇 년 안에 일어날 것이다. 변화는 거기서 그치지 않을 것이다. 변화의 정도가 워낙 크기 때문에 어느 누구도 이제 막 태어나려는 새로운 세계의 전체적인 모습을 그려낼 수는 없다. 단지 그 그림자와 메아리만 짚어볼 수 있을 뿐이다.

한편, 엔트로피 법칙이 어떠한 예외도 없이 세상의 모든 물리현상을 지배한다는 사실을 완강하게 부인하는 사람들도 있을 것이다. 이들은 엔트로피 과정이 단지 몇몇 경우에만 적용되기 때문에 이를 사회 전체에 광범위하게 적용하려 한다면 그것은 단순한 비유에 지나지 않을 것이라고 고집할 것이다. 그러나 이러한 견해는 극히 단편적이라 할 수 있다. 열역학 법칙들은 세상에서 벌어지는 모든 물리적 현상을 지배하는 과학적인 틀을 제공한다. 노벨상을 수상한 화학자 프레데릭 소디 Frederick Soddy의 말대로 열역학 법칙들은 "궁극적으로 정치체제의 흥망, 국가의 성쇠, 상공업의 변화, 부와 빈곤의 원천 그리고 인간 모두의 물질적 복지 등을 좌우한다." 인간이 행하는 모든 물리적 활동은 열역학 제1법칙 및 제2법칙의 형태로 표현된 철칙에 철저히 지배된다.

엔트로피 법칙이 물리적 세계 — 모든 것이 유한하고 모든 생물체가 삶의 과정을 마치면 그 존재가 종식되는 세계 — 만을 다룬다는 것은 중요하다. 엔트로피 법칙은 시간과 공간의 수평적 세계를 지배하는 법칙이다. 따라서 정신적 초월이라는 수직적 세계에 관해서는 할 말이 없다. 정신적 차원은 엔트로피 법칙이라는 철칙에 의해 지배되는 차원이 아니다. 정신은 비물질적 차원으로 어떤 경계나 제한도 없다. 물질세계와 정신세계의 관계는 부분과 전체의 관계와 같다. 부분은 전체

속에서 기능하는 것이다. 엔트로피 법칙은 시간, 공간, 물질세계를 지배하는 반면 그 자신은 엔트로피 법칙을 생각해낸 정신적 힘에 종속되는 것이다.

어떤 문명이 그 내부의 물질세계를 어떻게 구성하는가, 그리고 그 문명이 존재의 물질적 차원에 어느 정도의 중요성을 부여하는가에 따라 정신적 깨달음을 추구하는 행위의 조건이 결정된다. 즉, 그 문명의 세계관이 물질적 측면에 기울어져 있을수록 정신적 초월을 지향하는 활동은 높은 평가를 받지 못한다. 반면 어떤 문명이 물질적 세계에 덜 집착할수록 인간은 물질세계의 속박을 뛰어넘어 모든 것을 포괄하는 심오한 정신적 본질과 하나가 될 수 있다.

열역학 법칙은 물질세계를 지배한다. 인간이 물질적 존재의 틀을 확립하는 데 있어 이 법칙들을 어떻게 다루는가 하는 것은 인간의 정신적 영역이 번영하느냐 쇠퇴하느냐를 결정하는 핵심적인 요소가 된다. 모든 정신적 탐구가 시작되는 물리적 세계를 이해하려면 엔트로피 법칙을 보다 철저히 이해하는 과정이 선행되어야 한다.

오랫동안 역사가들과 인류학자들은 특정 시기와 장소에서 왜 특정 세계관이 형성되었는가를 연구해왔다. 이 책은 그 의문에 대한 답을 제시할 것이다. 즉, 특정한 환경의 에너지 상황이 그 시대, 그 환경에서 형성되는 세계관의 기본 틀을 규정한다. 그러나 이러한 주장을 증명하기 전에 먼저 과거 수세기에 걸쳐 진실에 대한 우리의 인식이 어떤 식으로 형성되어왔는가를 상세히 관찰해볼 필요가 있다.

그리스인들과 역사의 다섯 단계: 순환과 몰락
The Greeks and the Five Ages of History: Cycles and Decay

플라톤, 아리스토텔레스 그리고 그리스 사람들은 역사를 지속적인 쇠
락의 과정으로 보았다. 왜 그들은 우리의 시각과는 정반대로 역사를
바라보았을까? 로마인 호라티우스Horatius는 이렇게 말했다. "시간은
세계의 가치를 떨어뜨린다." 호라티우스는 열역학 제2법칙에 대해서
는 몰랐지만 그의 말에서 알 수 있듯이 엔트로피 법칙의 본질을 훌륭
하게 요약해냈다. 그리스 신화에서 역사는 다섯 단계로 구분되는데,
각 단계는 앞선 단계보다 쇠퇴해있고 살기도 힘들다. 그리스의 역사가
헤시오도스Hesiodos는 이 단계를 황금시대, 은의 시대, 청동시대, 영
웅의 시대, 철의 시대 ― 풍요와 만족의 시대인 황금시대가 가장 좋은
시기이다 ― 로 구분하고 있다.

　태초에 올림푸스 불멸의 신들은 유한한 생명을 가진 황금의 종족을 만
들어냈다. 이들은 아무 걱정도 없이 노동도 하지 않고 슬픔도 겪지 않으
면서 신神처럼 살았다. 비참한 노년도 없었고, 살아 있는 동안 튼튼한 손

발을 지녔으며, 축제의 즐거움을 누렸고 모든 악으로부터 벗어나 있었다. 이들은 마치 잠에 빠져들듯 죽음을 맞이했다. 모든 좋은 것들은 그들의 것이었으며, 기름진 땅은 그들에게 풍요한 수확을 안겨주었다. 그들은 좋은 것들로 넘쳐나는 땅에서 선의에 가득차서 평화롭게 살았다.

토머스 홉스Thomas Hobbes 같은 사람은 헤시오도스가 묘사한 황금 시대를 동화 같은 이야기라고 일소에 부쳤을 것이다. 홉스는 인간의 자연상태를 "외롭고, 가난하고, 괴롭고, 야만적이고, 짧은 삶"으로 인식했다. 그러나 오늘날 인류학자들의 생각은 인류의 초기 역사에 관한 헤시오도스의 해석으로 기울어지고 있다. 오늘날 남아 있는 극소수의 수렵채취사회에 대한 연구결과는 헤시오도스의 주장을 상당 부분 뒷받침하고 있다. 우리 같은 사람들은 인간의 역사가 초기 원시인들의 힘겨운 노동에서 오늘날의 쾌적하고 여유 있는(20세기의 미국 같은) 생활로 점차 발전해왔다고 믿는다. 그러나 아프리카의 부시맨을 위시한 몇몇 수렵채취사회의 생활상을 상세히 연구해본 결과, 매우 놀라운 사실들이 발견되었다.

우리 현대인들은 일주일에 40시간 일하고 1년에 2~3주 정도 가지는 휴가를 자랑스럽게 생각한다. 그러나 대부분의 수렵채취인들에게 있어 이는 참을 수 없는 것이다. 아직까지 존재하는 수렵채취인을 살펴보면 그들은 일주일에 12~20시간밖에 일하지 않고 몇 주, 몇 달에 걸쳐 전혀 일을 하지 않는다. 대신 놀이를 하거나 스포츠, 예술, 음악, 춤, 제례의식, 상호방문 등으로 여가시간을 즐긴다. 또한 일반적인 생각과는 반대로 오늘날 남아 있는 수렵채취사회 구성원들은 세계에서 가장 건강한 사람들에 속한다. 그들의 먹거리는 영양이 풍부하며 그들

중 상당수가 현대의학의 도움을 받지 않고도(예를 들어 아프리카의 부시맨) 60세가 넘도록 잘 산다. 많은 수렵채취사회에서는 서로 돕고 나누는 것을 중요하게 생각한다. 그리고 구성원간 또는 다른 조직간 적대행위에는 거의 관심이 없다.

헤시오도스에 의하면 "판도라가 인생의 온갖 악이 들어 있는 상자를 연 순간 황금시대는 갑자기 끝나고 말았다." 그때부터 각 시대는 앞선 시대보다 살기 힘들어졌다. 그리스 신화에 따르면 마지막 시대는 철의 시대이다. 헤시오도스는 기원전 8세기를 다음과 같이 묘사하고 있다.

> 이제 철의 시대로 들어섰다. 낮에는 노동과 괴로움에서 잠시도 벗어날 길이 없고, 밤에는 약탈자 때문에 전전긍긍해야 한다. 아버지의 마음은 아이들과 한마음이 아니며, 아이들도 아버지와 다른 생각을 하고 있다. 주인과 손님의 생각이 다르며 친구 사이에도 생각이 다르다. 부모들은 금방 늙고 권위를 잃는다. 올바른 사람, 착한 사람, 맹세를 지키는 사람은 아무런 혜택도 누리지 못하고 악한 일을 하는 사람과 오만한 사람이 명예를 얻는다. 정의는 폭력에서 나오고 진실은 어디에서도 찾아볼 수 없다.

그리스 사람들은 세상이 신에 의해 창조되었기 때문에 완벽하기는 하지만 영원하지는 못하다고 생각했다. 창조된 순간부터 쇠락의 씨앗을 품고 있었던 것이다. 그렇다면 역사는 황금시대에만 당초의 완벽한 질서를 유지한 후, 은의 시대에서부터 역사의 전과정에 걸쳐 피할 길 없는 쇠락의 과정을 밟아왔다는 이야기가 된다. 결국 우주는 궁극적인 혼돈을 향해 가고, 이때 신들이 다시 나타나 태초의 완벽한 상태로 회복시킨다. 그러면 모든 과정이 처음부터 다시 시작된다. 따라서 역사는 완벽을 향한 발전이 아니라 질서에서 혼돈으로 움직여가는 사이클의 영원한 반복인 것이다.

역사가 쇠락해가는 과정의 순환이라는 생각은 사회질서에 대한 그리스인들의 인식에 깊은 영향을 끼쳤다. 플라톤과 아리스토텔레스는 가장 좋은 사회질서는 변화가 가장 적은 것이라고 생각했다. 따라서 그들의 세계관에서 지속적인 변화와 성장이라는 개념은 설 자리가 없었다. 여기서 성장은 결국 사람을 더 큰 가치와 질서로 이끄는 것이 아니다. 오히려 그 정반대이다. 역사가 최초의 완벽한 상태를 조금씩 갉아먹는 것을 의미한다면, 그리고 최초의 유한한 풍요를 조금씩 소진하는 것을 뜻한다면 이상적인 상태는 이러한 쇠락의 과정을 최대한 늦추는 것이 될 것이다. 그리스 사람들은 더욱 큰 변화와 발전을 더욱 심한 쇠락과 혼돈으로 해석했다. 따라서 그들의 목표는 변화로부터 최대한 보호된 세계를 다음 세대에게 물려주는 것이었다.

기독교적 세계관
The Christian World View

타임머신을 타고 가서 중세의 농노를 만났다고 상상해보자. 현대인이 중세로 가더라도 즉각 알아볼 수 있는 것이 많을 만큼 13세기는 그리 먼 과거가 아니다. 이를테면 영국에서는 케임브리지 대학이 이미 졸업생을 배출하기 시작했고, 현대인이 알아듣기는 힘들겠지만 영어의 형태가 갖추어지기 시작했다. 그러나 언어의 장벽이 아니더라도 초면의 현대인과 농노는 날씨 얘기가 끝나고 나면 할 얘기가 별로 없을 것이다. 우선 현대인은 농노의 '삶의 목표'에 대해 관심을 갖는다. "당신은 세상을 위해 무엇을 하려고 하는가? 어떻게 해서 삶을 개선해나가려 하는가? 자식들에게 무엇을 남기고 싶은가? 행복과 바람직한 삶이란 어떤 것이라고 생각하는가?" 현대인은 농노의 성격과 개성에 대한 질문도 던져 그의 마음속 깊은 곳도 들여다보려고 할 것이다.

물론 많은 대답을 기대해서는 안된다. 이 질문들에 대해 농노가 무표정으로 일관한다 하더라도 그것은 현대인이 너무 어려운 얘기를 했거나 농노가 정신적으로 미성숙해서 의견교환을 할 능력이 없기 때문이 아니다. 농노는 삶, 역사, 현실 등에 대해 현대인과는 판이한 생각을 가지고 있기 때문이다.

중세 전반에 걸쳐 서유럽을 지배했던 기독교적 역사관은 이 세상에서의 삶을 다음 생을 향해 가는 중간과정으로 생각했다. 기독교적 세계관은 그리스적인 순환의 개념은 버렸지만 역사를 쇠락의 과정으로 인식했다. 기독교 신학에서 역사는 분명한 시작과 과정, 종말을 가지고 있다. 창조, 구원, 최후의 심판이 그것이다. 기독교적 역사관에서 인간의 역사는 순환하지 않고 일직선으로 나아가지만 그렇다고 완벽한 상태를 향해 발전해나가는 것은 아니다. 오히려 역사는 계속해서 악의 힘이 혼돈과 해체의 씨앗을 지상에 뿌리는 것으로 인식된다.

마찬가지로 중요한 것은 '원죄' 개념이다. 원죄로 인해 인간은 자신의 운명을 개선할 여지조차 박탈당한다. 인간이 역사에 뭔가 변화를 가하는 것 자체가 상상할 수 없는 일이었다. 결국 중세 사람들은 신이 모든 사건 하나하나를 통제하는, 완벽하게 질서정연한 구조물로 세상을 파악했다. 기독교에서 신은 삶의 모든 부분에 관여한다. 어떤 일이 일어나거나 또는 일어나지 않는다면 그것은 신의 뜻이었다. 역사를 만드는 것은 신이었지 인간이 아니었던 것이다.

그러므로 개인적 목표도 없었고, 진보하려는 의지도 없었고 뭔가를 남기려는 열망도 없었다. 신의 명령을 성실히 수행하기만 하면 되었다. 역사가 존 랜들John Randall이 지적한 것처럼 중세의 기독교인에게 있어 모든 것은 "그 자체로서 의미 있는 것이 아니라 인간의 순례자적 삶과 연관해서만 의미가 있는 것"이었다. 인간의 모든 행동, 벌어지는 모든 사건의 목적은 '신의 계획 실현에 봉사하는 목적'과 연관지어졌다.

결국 기독교적 세계관은 통일되고, 모든 것을 포괄하는 역사관을 낳았다. 이 거대한 신학적 집대성 속에 개인의 자리는 없었다. 중세 삶의 역사적 틀을 유지시켜준 것은 자유와 권리가 아니라 책임과 의무였다. 그리스인들처럼 중세인들도 역사를 성장 또는 물질획득의 과정으로 파악하지 않았다. 인간의 목표는 '뭔가를 성취하는 것'이 아니라 구원을 얻는 것이었다. 사회는 이 목적을 달성하기 위해 존재하는 거대한 유기체로 인식되었다. 따라서 사회는 신이 이끄는 일종의 도덕적 생물체이고 그 안에서 각 개인은 자신의 역할을 수행해야 했다.

현대적 세계관
Toward the Modern World View

인류 역사상 얼마나 많은 교수들이 강의를 했고 얼마나 많은 학생들이 이를 듣기 위해 강의실에 붙잡혀 있었는지 알 길은 없다. 어쨌든 이 무수한 강의 중 지극히 일부만 역사에 남는다. 소르본대학의 자크 튀르고Jacques Turgot 교수는 이 선택된 엘리트 그룹에 낀 사람 중 한 명이다. 1750년 어느 날, 강의실에 들어선 그는 라틴어로 강의를 시작했다. 세계사의 새로운 개념이 그 주제였다. 튀르고는 플라톤, 아리스토텔레스, 성 바오로, 성 아우구스틴 등 고대와 중세 학문의 거봉들에 대해 이야기했다. 강의를 마친 튀르고가 강의실 문을 나섰을 때, 세계사의 전체적 구조는 이미 바뀌어 있었다. 프랑크 마누엘Frank Manuel은 튀르고의 강의에 대해 이렇게 말했다. "그의 강의는 아득한 고대에서 현대에 이르기까지의 세계사에 새로운 개념을 부여했고, 최초로 '진보'라는 중요한 사상을 창시했다."

튀르고는 역사의 순환과 지속적인 쇠락을 부정했다. 그는 상당히 호전적인 어조로 이렇게 말한다. "역사는 일직선으로 진행하는 것이며,

각 단계는 앞선 단계보다 진보한 모습을 보여준다. 역사는 축적의 산물임과 동시에 진보하는 것이다." 정체상태를 찬양한 그리스의 철학자들이나 중세 교회의 신학자들과는 달리, 튀르고는 끊임없는 변화와 움직임의 미덕을 역사에 도입했다. 물론 튀르고는 진보는 불규칙하고 가끔 벽에 부딪히기도 하며 심지어 퇴보하기까지 한다는 사실에 기꺼이 동의한다. 그러나 그는 역사가 이 지구상의 삶에서 완벽을 지향하는 총체적 진보를 보여준다는 확신을 결연히 고수했다. 당시로서는 혁명적인 발상이었지만 세상은 이미 이런 생각을 받아들일 준비가 되어 있었다. 튀르고가 교수직에서 파면당하지도, 교회로부터 비난받지도 않았다는 사실이 이를 증명한다. 13세기 프랑스의 샤르트르에 대성당이 건립되던 시기와 1750년의 기억할 만한 강의 사이에 유럽 사람들의 마음에는 근본적인 변화가 일어난 것이다. 이 변화야말로 현대적 세계관의 모태이다. 이것이 성장하고 성숙하여 오늘날 우리가 물려받은 세계관이 되었다.

우리는 거의 의식하지 못하지만 우리가 생각하고, 행동하고, 느끼는 방식의 근원인 대부분의 사상이 조그만 실오라기와 천 조각으로부터 나왔다. 이것들이 합쳐지고 짜여져 역사의 패러다임을 만들었고 이 패러다임은 위에서 말한 전환의 시기에 형성되었던 것이다. 이제 이렇게 짜여진 카페트가 분해되고 풀리기 시작해서야 현대세계를 만든 재료를 제대로 볼 수 있게 되었다는 것은 분명 아이러니이다.

기계의 시대
The Machine Age

현대는 기계의 시대이다. 정밀, 신속, 정확이 가장 중요한 가치이다. 우리는 항상 이렇게 묻는다. "그거 얼마나 빨라?" "거기 가는 데 얼마나 걸려?" 그러니까 최고의 칭찬은 이런 것이다. "설계, 구상, 제작 모두 완벽해서 이 물건은 저절로 돌아가겠군요." 우리는 표면처리가 잘된 알루미늄, 철, 크롬 같은 금속의 질감을 좋아한다. 시동을 걸거나 스위치를 켜는 것조차 미를 감상하는 즐거움을 준다. 우리가 살고 있는 세계는 레버, 바퀴 등 기계부품들로 가득차 있다. 우리의 여가시간은 새로운 기계와 친해지는 데 쓰인다. 근무시간은 모니터를 조절하고 계기를 점검하는 일로 채워진다. 우리는 하루의 일상을 기계(시계)에 맞춰 조절하고 기계(전화)로 의사소통을 한다. 그리고 계산기, 컴퓨터, TV 같은 기계를 사용하여 배운다. 여행도 자동차와 비행기 같은 기계로 한다. 심지어 보는 것도 전등이라는 기계에 의존한다. 기계는 우리의 생활방식이며, 우리의 세계관은 기계에 집약되어 있다. 우리는 우주를 까마득한 옛날에 위대한 기술자(神)가 시동을 걸어놓은 기계로 생각한다. 매우 정교하게 만들어진 이 기계는 '저절로 돌아가고' 한 박자도 틀리지 않으므로 수십억, 수백억 분의 일 단위까지 그 움직임을 예측할 수 있다.

우리는 우주의 이러한 정교함에 감탄하고 이것을 지구상에서 그대로 재현하려고 한다. 현대인에게 있어 역사는 기술발달의 과정이다. 지구는 거대한 부품상점이다. 이 부품들은 조립되어 어떤 기능을 가진 시스템으로 태어날 날을 기다리고 있다. 우리의 일은 끝이 없다. 새로운 설계가 쉴 새 없이 나오고 뭔가 새로운 기능을 수행할 기계가 끊임없이 필요하다. 이를 위해 우리는 계속해서 새롭게 조립하고 공정을 확장한다. 여기서 진보란 완벽한 기계를 만드는 일에 '맞물려' 있다. 아귀를 맞추고 결함을 제거하는 작업은 끝없이 계속되며 기계에 의한 처리 공정은 삶의 구석구석으로 파고든다. 이것이 우리 시대의 역사 패러다임인 것이다. 우리는 기계가 설정한 틀에 따라 산다. 그러나 우리는 기계가 우리 삶의 외부적 측면에 대해 갖는 중요성은 기꺼이 인정하지만 그것이 우리 존재의 내부까지 뚫고 들어온 모습을 직시하는 데는 훨씬 소극적이다.

기계가 우리 내부로 너무 깊숙이 들어와버렸기 때문에 기계가 어디서 끝나고 우리는 어디서 시작되는지를 알기는 매우 어렵다. 우리가 일상생활에서 쓰는 언어는 이미 우리의 언어가 아니라 기계의 언어이다. 우리는 우리가 다른 사람들과 '동기화synchronization'되어 있는가를 확인하면서 그들과의 관계를 '측정measure'한다. 우리의 느낌은 좋거나 나쁜 '진동vibrations'으로 전락해버렸다. 우리는 더 이상 어떤 행동을 '시작'하지 않는다. 우리는 '스스로 시동self-start'을 건다. 우리는 직장에서의 '마찰friction'을 피하고, '주의를 기울이는' 대신 '주파수를 맞춘다tune in'. 어떤 사람의 삶은 '잘 돌아가거나running smoothly', 아니면 '고장이 난다break down'. 고장이 났을 경우 우리는 그 삶이 재조립되거나 아니면 '재조정readjusted'될 것이라고 생각한다.

기계론적 세계관의 창시자들
The Architects of the Mechanical World View

모든 세계관에는 그 창시자가 있다. 설계도를 그리는 사람이 있고 그 내용을 채워 완성하는 나머지 사람들이 있다. 기계시대의 설계도가 완성되기까지 많은 사람들이 초벌도면을 그렸다. 18세기 중엽이 되자 기계 패러다임의 모든 요소들이 하나의 설계로 통합되었다. 기계시대의 스위치를 켤 준비가 된 것이다. 기계론적 세계관은 프랜시스 베이컨Francis Bacon, 르네 데카르트René Descartes, 아이작 뉴턴Isaac Newton 등 세 사람의 공동작품이다. 300년이 지난 오늘날까지 우리는 이들이 만든 사상의 영향 아래 살고 있다.

프랜시스 베이컨은 고대 그리스 세계관을 통렬히 비난함으로써 기계 패러다임의 초석을 놓았다. 1620년에 출판된 『신기관론Novum Organum』에서 베이컨은 플라톤, 아리스토텔레스, 호머의 저술들을 "탁상공론자들의 학문"으로 깎아내렸다. 또한 그리스인들에 대해서는 다음과 같이 단언했다. "그리스인들은 어린아이 같은 특성을 갖고 있었음에 틀림없다. 말만 넘치지 해놓은 일은 없다." 또한 그리스인의 세계관을 다음과 같이 결론짓는다. "주장하는 바는 거창하지만 인간의 조건을 개선하거나 향상시키기 위한 실험은 단 한번도 해본 적이 없다." 베이컨은 가만히 앉아서 자연을 관조하려 하지 않았다. 그는 자연을 통제할 방법을 찾고 싶어 했다. 그리스인들에게 과학이란 사물의 형이상학적인 '왜'를 탐구하는 것이었지만 베이컨은 학문이란 사물의 '어떻게'를 연구하는 데 바쳐져야 한다고 믿었다. "이제 올바른 과학의 진정한 목표는 인간의 삶에 새로운 발견과 힘을 선물하는 것 외에 아무것도 없다."

『신기관론』의 어떤 부분은 고전적 철학서라기보다는 기업의 부서간 공문 같은 느낌을 준다. 예를 들어, 사장은 우리에게 세상을 있는 그대로 대하라고 몇 번이고 말한다. 우리가 원하는 방향에 맞추어 대하지 말고 말이다. 사장 스스로는 모르고 있겠지만 그는 베이컨을 인용하고 있는 것이다. 그는 이렇게 말했다. "우리는 인간의 정신 속에 진정한 세계의 모습을 새겨 넣어야 한다. 그것은 어떤 인간의 이성이 원하는 바대로 그려낸 모습이 아니라 사실 그대로의 모습이어야 한다."

베이컨은 또한 세상을 대하는 새로운 방법이 필요하다고 역설했다. 그것은 '인간의 영역을 확장하고 모든 것들을 가능하게 하는' 방법이다. 베이컨이 주장하는 새로운 방법은 과학적인 방법으로, 관찰자를 관찰의 객체와 분리하여 '객관적 지식'의 개발을 지향하는 중립적 위치를 확보하는 것이 목적이다. 베이컨에 의하면 "객관적 지식으로 무장하면 모든 자연물을 지배할 수 있다. 인간의 신체, 의학, 기계적 힘 그리고 무수한 다른 것들을 지배할 수 있는 것이다."

베이컨은 현대 실용주의자의 원조라 할 수 있다. 누가 이렇게 말하는 걸 들으면 베이컨을 생각하면 된다. "객관적으로 생각해봐.""증명해봐." "사실만 얘기해." 그는 세계를 구성하는 더 나은 방법이 있다고 믿었고, 1620년부터 이 사상을 소리 높여 외치기 시작했다.

베이컨이 새로운 세계관의 문을 열자마자 들어온 사람은 수학자인 데카르트였다. 그는 막 문을 연 새 집의 평면도를 들고 왔다. 그로부터 얼마 되지 않아 아이작 뉴턴이 바짝 쫓아왔다. 그는 상점을 열고 사업을 시작하는 데 필요한 모든 도구를 가져왔다. 데카르트는 좋은 아이디어를 포착할 줄 알았다. 그의 전기작가들에 의하면, 어느 날 데카르트는 날이 너무 추워서 집 안에 틀어박혀 있었다. 바로 그때 어떤 아이디어가 떠올랐다. 세계를 이해하고, 암호를 풀고, 인간의 목적에 맞게 통제하는 열쇠는 단 한 가지, 바로 수학이라는 생각이었다.

곰곰이 생각해보니, 모든 문제는 수학으로 귀결된다는 생각이 들기 시작했다. 수학은 질서와 측정값을 추구하는 학문이다. 그리고 측정값의 문제가 제기된다는 점에서 숫자, 형태, 별, 소리 또는 다른 대상들 사이에 차이란 없다. 그래서 나는 이러한 질서와 측정값의 문제를 일으키는 요소를 설명하는 일반적인 과학이 있어야 할 것이라는 데 생각이 미쳤다. 이렇게 내가 생각해낸 과학은 보편적 수학이라고 불린다. 이러한 과학은 인간 이성의 기본 요소를 담고 있어야 하며, 그 영역은 모든 분야에서 진실된 결과를 끌어낼 수 있을 정도로 확장되어야 한다.

데카르트는 기계 패러다임의 금과옥조가 된 다음 이야기로 결론을 맺고 있다. "나는 수학이 인간에게 주어진 어떤 것보다도 강력한 지식 획득의 수단이라고 확신하고 있다. 수학은 모든 것의 원천이다." 드디어 최초의 '기계론적 세계관의 진정한 신봉자'가 나온 것이다. 데카르트는 곧 자신의 사상을 전파하기 시작했다. 1650년 그가 세상을 떠날 무렵에는 그의 수학적 자연관이 전유럽의 지식인들 사이에 널리 퍼져 있었다.

데카르트는 자연을 단순히 움직이는 물체로 바꾸는 데 성공했다. 그는 모든 질적인 것을 양적인 것으로 대치했고 "중요한 것은 오직 공간과 위치이다"라고 의기양양하게 주장했다. "외연外延과 움직임만 알면 우주라도 만들어낼 수 있다"고 그는 말했다. 데카르트의 수학적 세계에는 맛도 색도 냄새도 없다. 뭔가가 흘러나오거나 뚝뚝 떨어지거나 엎질러지는 일도 없다. 결국 대수와 기하처럼 깔끔하고 얌전한 것이 세상에 어디 있단 말인가? 수학은 총체적 질서의 표현이며, 따라서 데카르트는 자신의 천재성을 한번 휘둘러 무질서하고 혼란스럽고 살아있을 가능성이 있는 모든 것들을 쓸어내버린 것이다. 데카르트의 세계에서 모든 것들은 저마다 자리가 있고 상호간 조화를 유지하고 있다. 세계는 정밀한 것이지 혼란스러운 것이 아니었다.

따라서 데카르트의 신념에 비춰볼 때 역사를 혼돈과 쇠락 과정의 전개로 파악하는 그리스적 세계관은 수학적이 아니므로 옳지 않다. 기독교적 세계관은 그보다는 조금 낫다. 그러나 하나의 신이 삶의 모든 일에 끊임없이 참견하는 상황에서 어떻게 자연의 질서가 하는 일을 정밀하게 알 수 있단 말인가? 기계론이 세계관으로서 그 기능을 다하려면 무엇보다도 예측이 가능해야 했다. 마음 내키는 대로 자연의 법칙을 바꿔버리는 신神 같은 것은 들어설 자리가 없다는 이야기다. 데카르트는 신을 교묘한 방법으로 '은퇴'시켰던 것이다. 물론 데카르트는 우주 전체를 설계하고 시동을 건 신을 최고의 수학자로 칭송하고 있다. 그러고 나서 신은 다른 일들에도 손을 댔다. 그러나 데카르트 이래 여러 세대에 걸쳐 사람들은 이 새로운 패러다임의 힘에 도취되었고, 이에 따라 신은 결국 잊혀졌다.

데카르트는 인간이 세계의 진리를 알아내고 그 주인이 될 수 있을 것이라는 '신념'을 심어주었다. 그러자 뉴턴이 나타나 그 신념을 실현할 도구를 제공했다. 뉴턴은 기계적 운동을 설명할 수학적 방법론을 찾아낸 것이다. 뉴턴은 왜 행성들은 우리가 보는 것과 같은 방법으로 움직이는가, 그리고 왜 나뭇잎은 그런 모습으로 떨어지는가를 하나의 법칙으로 설명할 수 있다고 주장했다. 자연을 수학의 법칙에 적용시키면서 뉴턴은 이렇게 말했다. "모든 자연현상은 어떤 힘에 의지하고 있는지도 모른다. 그 힘에 의해 어떤 물체의 입자들은 아직 알려지지 않은 이유에 의해 서로 끌려 일정한 형태로 모이기도 하고 서로 밀쳐 멀리 떨어지기도 한다." 뉴턴의 3대 법칙은 이렇게 가르친다. "외부의 힘이 가해지지 않는 한 정지하고 있는 물체는 정지하고 있으려고 하고 움직이는 물체는 계속 등속직선운동을 하려고 한다. 물체의 가속도는 그 물체에 가해진 힘에 비례하고 그 방향은 가해진 힘이 가리키는 직선 방향이다. 모든 힘에는 크기가 같고 방향이 반대인 힘이 작용한다." 이 수학적 방법론은 출판되고 얼마 되지 않아 모든 주요 대학에서 교재로 쓰이기 시작했다. 뉴턴의 명성은 유럽 구석구석으로 퍼졌고, 1727년 그의 장례는 국장으로 치러졌다.

기계론적 세계관은 운동하는 물체만을 다루었다. 왜냐하면 운동하는 물체만이 수학적으로 측정될 수 있기 때문이다. 따라서 이 세계관은 기계를 위한 것이지 인간을 위한 것이 아니다. 기계론적 세계관의 창시자들은 생명의 질(전체적인 양의 일부이기도 한)을 분리해서 죽여버렸고, 그 결과 남은 것은 완전히 죽은 물질만으로 구성된 차갑고 생명

없는 우주뿐이었다. 순전히 물질만으로 이루어진 세계와 순수 유물론의 세계는 이웃간이다. 역사 패러다임으로서 뉴턴이 제창한 기계론적 세계의 한계에 대해 가장 치명적인 논평을 한 사람은 아마 알프레드 노스 화이트헤드Alfred North Whitehead일 것이다. 기계론은 운동하는 물체의 시간과 공간관계만을 다룬다는 사실에 착안한 화이트헤드는 학생들에게 이렇게 말했다.

　　이른바 시간-공간 안의 일정한 장소가 확정되기만 하면 여러분은 특
　정 물체와 시간-공간 사이의 관계를 충분히 설명할 수 있다. "그것은 거
　기, 그 장소에 있다"라고 말하면 되는 것이다. 단순히 위치에 관한 한, 이
　문제에 대해 더 할 이야기는 없다.

　기계론적 패러다임은 천하무적임이 증명되었다. 그것은 단순하고, 예측가능하며 무엇보다도 실효성이 있었다. 이제 "우주는 어떻게 돌아가는가"라는 의문에 대해 기다리고 기다리던 답이 나온 것이다. 사물에는 질서가 있고 그 질서는 수학공식이나 과학적 관찰에 의해 밝혀질 수 있었다. 그러나 유럽 학자들에게는 여전히 의문이 남아 있었다. 왜 사회 안에서 사람들의 정상적인 활동이 뒤엉키고 혼돈스러운 것처럼 보이는가? 왜 사람들의 행동은 종잡을 수 없고, 정부가 하는 일은 신통치 않으며, 경제는 베이컨, 데카르트, 뉴턴이 제시한 질서정연한 기계론적 설명과 맞아떨어지질 않는가? 이 딜레마는 쉽게 해결되었다. 사회가 잘못되어 있다면 이유는 하나뿐이었다. 우주를 지배하는 자연의 법칙을 사회가 따르지 않았기 때문이었다.

　이 경우 필요한 것은 자연의 법칙이 어떻게 인간과 사회조직에 적용

되는가를 알아내고 이를 실행에 옮기는 것이다. 이는 분명히 길고도 어려운 과정이다. 그러나 우주의 법칙을 알고 있으므로 더 이상 불가능한 일은 아니었다. 게다가 시간과 노력을 들여서 이러한 과정을 밟는 것은 가치 있는 일이었다. 왜냐하면 그로부터 얻어질 대가는 완벽하게 질서 있는 사회일 것이기 때문이다. 인간은 새로운 삶의 목표를 얻었다. 사후세계에서 구원을 얻는다는 중세의 목표는 이제 사라지고 지금 살고 있는 세계에서 완벽을 추구하는 목표가 그 자리를 채웠다. 역사는 무질서하고 혼돈된 상태에서 뉴턴의 기계론이 대변하는, 질서 있고 완벽하게 예측가능한 상태로의 지속적인 진전으로 정의되었다.

우주의 법칙과 사회의 기능원리 사이의 관계를 연구하기 시작한 사람이 있었다. 정부와 사회의 역할을 기계 패러다임 안으로 끌어들인 존 로크John Locke와 경제를 기계론 안으로 끌어들인 애덤 스미스 Adam Smith였다.

당시의 지식인들처럼 로크도 겉보기에는 불가해한 자연세계에 대해 기계론적 모델이 질서를 부여하는 것을 보고 매우 감탄했다. 그런데 로크에게는 이런 의문이 떠올랐다. '왜 인간의 활동은 이처럼 혼돈스러운가?' 그는 사회를 지배하는 자연법칙이 지켜지지 않기 때문이라는 결론을 내렸다. 그것은 세계를 오랫동안 지배해온 신神중심주의에서 비롯된 비이성적 전통과 관습에 따라 사회적 질서가 만들어졌기 때문이었다. 이 상황에 힘을 빌어 로크는 사회의 '자연적' 기반을 찾아 나섰다. 그는 신이 그 본질상 불가지하므로 종교는 사회의 기반이 될 수 없다는 결론에 도달했다. '알 수 없는 존재가 어떻게 통치의 적절한 기초가 된단 말인가.' 철학상의 수많은 선배들과 결별을 고하며 로크는 말했다. "각 개인이 종교에 관심을 갖는 것은 합당한 일일 수도 있다. 그러나 종교가 공공활동의 기반이 되어서는 안된다."

베이컨이 신을 자연에서 밀어낸 것처럼 로크는 신을 인간사에서 제거해버렸다. 이제 로크는 인간들과 함께 광대한 우주에 홀로 남게 된것이다. 인간은 더 이상 신이 이끌어가는 조직체의 일부로 생각되지않게 되었다. 베이컨, 데카르트, 뉴턴이 자연에 대해 한 일을 로크는 인간 남녀에 대해 한 것이다. 즉, 인간은 싸늘하고 기계적인 우주 안에서다른 물질들과 상호작용하는 물리적 현상으로 전락하고 만 것이다. 그렇다면 사회적 질서가 뿌리내려야 할 기반은 도대체 어떤 것인가? 여기서 로크는 오늘날의 현대 세계관을 지배하고 있는 주장을 펼친다. 일단 쓸데없는 관습과 미신을 타파하고 나면 자신의 의미를 스스로 창출해 내는 인간들로 구성되어 있는 사회는 단 한 가지의 목표만을 갖게 된다. 구성원의 재산축적을 보호하고 허용하는 것이 그 목표이다. 로크에 따르면 순수한 자기 이익의 추구가 사회 구성의 유일한 기반이라는 것이다. 이에 따라 사회는 유물론적이고 개인주의적으로 흐르게 되는데, 그 이유는 이성에 따라 이것이 자연의 질서라고 결론지어졌기 때문이라는 것이 로크의 주장이다. 자연의 법칙에 따라 각 개인은 사회의 구성원으로서 자신의 역할을 수행하고 경력을 쌓아나가고개인적인 부를 축적하기 위해 노력한다. 여기서는 어떤 가치 판단도필요없다. 자기 이익이야말로 사회의 유일한 기반이기 때문이다.

로크에게 있어 정부의 목적은 사람들이 새로 얻은 힘을 자연에 적용하여 부를 창출할 자유를 제공하는 데 있었다. 그러므로 로크의 시대에서 오늘에 이르기까지 국가의 사회적 역할은 자연을 굴복시켜 인간의 목적을 성취하는 데 필요한 물질적 번영을 획득하도록 해주는 일이었다. 로크는 이렇게 말했다. "자연을 거부하는 것이야말로 행복을 향한 길이다. 인간은 자연의 멍에에서 해방되어야 한다."

그렇다면 "사람들은 계속 무절제하게 부를 추구하게 되고 이 때문에 각 개인간 싸움이 일어나고 그 과정에서 사회 구성원 일부가 희생되지 않을까"라는 물음에 로크는 전혀 그렇지 않다고 대답한다. "왜냐하면 인간은 그 천성이 착하기 때문이고, 또 인간을 악하게 만드는 것은 부가 희귀하고 부족하기 때문이다. 인간은 본성상 획득을 추구하기 때문에 사회가 가진 부의 총량을 계속 늘려가기만 하면 사회의 조화는 끊임없이 개선될 것이다. 자연은 '모든 것이 아직 충분하고, 못 가진 자들도 다 쓰고 남을 만큼' 풍부하기 때문에 사람들은 싸울 필요가 없다. 또 사람들은 자기 이익이 남의 이익과 상충하지 않기 때문에 행동의 자유를 누릴 수 있다." 이리하여 로크는 무한정한 확장과 물질적 풍요의 철학자기 된 것이다.

그러나 각 개인이 축적할 수 있는 부의 양은 무한한 것인가? 아리스토텔레스에서 토머스 아퀴나스에 이르기까지 철학자들은 어느 정도 이상의 부가 행복의 걸림돌이 된다고 가르쳐왔다. 그러나 로크는 그렇지 않다고 주장한다. 물론 자연상태에서 원시인들은 풍요한 자연에서 지극히 한정된 부밖에는 얻지 못했음을 로크도 시인한다. 그런데 자연을 정복하여 부를 창출할 수 있는 지식을 갖지 못한 원시인이 더 많은 부를 얻으려면 공동체의 다른 구성원들이 부를 축적할 수 있는 기회를 박탈하는 방법밖에 없었을 것이다. 그러나 이성에 입각한 공동체 안에서는 돈이 교환수단이 될 것이고 무한한 부의 축적이 가능해질 것이다. 이것은 자연스러운 일이다. 왜냐하면 그것이 돈의 목적이기 때문이다. 돈은 썩는 것이 아니기 때문에 아무리 많아도 지나치게 많다고 할 수는 없다. 분명히 어떤 사람들은 다른 사람들보다 더 많은 부를 축적할 수 있을 것이다. 이것 역시 자연스러운 일이다. 왜냐하면 세계는 '근면하고 합리적인 사람들에게 주어진 것'이기 때문이다. 이성을 가장 잘 활용하는 사람이야말로 가장 큰 이익을 얻는 사람이다.

로크는 여기서 멈추지 않는다. 부(자연으로부터 얻어낸 가치)의 소유는 단순한 사회적 권리에 그치는 것이 아니다. 사람은 부를 창출해내야 할 의무가 있다. 환경론자에게는 끔찍한 일이겠지만 로크는 "자연은 인간의 노동과 합쳐져 생산성을 가져야만 비로소 가치 있는 것이 된다"라고 말했다.

> 자신의 노동으로 땅을 경작하는 사람은 인간 공통의 부를 줄이는 것이 아니라 늘리는 것이다. 경작되는 1에이커의 땅에서 나오는 생산물은 똑같은 지력을 지닌 그러나 자연상태로 버려진 1에이커의 땅에서 나오는 산출물보다 열 배 정도 많고, 따라서 인간의 삶을 더욱 잘 지탱해줄 수 있다. 그러므로 자기 소유의 땅에 울타리를 치고 경작하는 사람은 10에이커의 땅만 가지고도 자연상태의 100에이커 땅에서 나오는 산출물을 생산해낼 수 있으므로 결국 90에이커의 토지에서 나오는 산출물을 인류의 풍요를 위해 바치는 것이다.

자기 나름의 "트리클다운 이론(trickle-down, 개인의 생산물이 많을수록 사회 전체의 부는 커진다는 이론)"에 따라 로크는 이렇게 주장한다. "개인은 자기가 원하는 만큼 많은 내구재(금, 은 등)를 축적해야 한다. 어떤 사람이 지나치게 많은 부를 가지고 있다는 것은 그 재산의 크기 때문이 아니라 활용되지 못하고 사장되는 부분이 있기 때문이다." 오늘날 생태학적 관념에서 로크의 저술을 읽어보면 지구상의 모든 강이 오염되고, 국립공원은 입간판들로 가득차고, 산이란 산은 모두 파헤쳐져도 로크를 만족시키지는 못할 것이라는 인상을 받는다. 이렇게 철저하게 생산 지향적이고 유물론적이었기에 로크는 미국 인디언들을 가차없이 매도한다. 그들은 세계에서 가장 풍요한 땅에 살면서도 게을러서 그것을 활용하기를 거부한다는 것이다. "광대하고 풍요한 영토에 사는 왕의 먹고, 입고, 사는 모습은 영국 노동자만도 못하다."

로크로 인해 현대인의 운명은 결정되었다. 계몽시대 이래 개인의 생존 의미와 목표는 오직 생산과 소비로 전락해버렸다. 인간의 필요와 열망, 꿈과 소망은 모두 물질적 이익의 추구라는 울타리 안에 갇혀버린 것이다.

로크와 마찬가지로 애덤 스미스도 기계론적 세계관에 도취되어 뉴턴 패러다임의 보편성을 반영하는 경제이론을 만들어내기로 결심했다. 『국부론The Wealth of Nations』에서 애덤 스미스는 움직이는 천체가 자연의 일정한 법칙을 따르는 것처럼 우리 경제도 마찬가지라고 말했다. 법칙을 따르면 경제는 성장한다. 그러나 정부의 규제와 통제 때문에 경제는 부자연스러운 방향으로 끌려가고 따라서 자연의 법칙이 깨지는 것이다. 그러므로 시장은 더욱 빨리 팽창할 수 있는데도 그러지 못하고 생산은 억제당하는 것이다. 달리 말하면 '자연적인' 경제의 힘을 무리하게 통제하려고 하면 비효율이 발생한다는 이야기다. 애덤 스미스에게 있어 효율성은 모든 현상을 지배하는 법칙이었다.

경제학의 법칙을 들여다보면 가장 효율적인 경제운영방법은 자유방임이라는 결론에 도달할 수밖에 없다는 것이 스미스의 주장이다. 자유 방임이란 아무것에도 참견받지 않고 마음대로 행동하도록 사람들을 내버려두는 것이다. 존 로크와 마찬가지로 애덤 스미스도 모든 인간 활동의 기본은 물질적 자기 이익의 추구라고 믿었다. "물질적 자기 이익추구는 자연스런 것이므로 우리는 이기주의를 통제하는 사회적 장벽을 만들어서는 안된다. 오히려 우리는 스스로를 만족시키려는 인간의 욕구를 시인해야 하며, 결국 이기주의는 모든 사람에게 이익이 되는 미덕이다." 두 사람의 주장대로라면 각 개인이 이기적으로 행동하는 것에 따라 부의 희소성은 부의 잉여로 바뀔 수 있다.

각 개인은 그가 활용할 수 있는 모든 자원을 자신에게 가장 유리하게 활용하는 방법을 찾기 위해 끊임없이 노력한다. 그가 염두에 두고 있는 것은 개인의 이익이지 사회의 이익이 아니다. 그러나 개인적인 이익추구 행위는 자연적으로(또는 필연적으로) 사회에 이익이 된다.

애덤 스미스는 존 로크가 사회적 관계에서 도덕성을 제거해버린 것처럼 경제에서 도덕성을 제거해버렸다. 어떤 식으로든 경제에 도덕성을 강제하려고 하면 "보이지 않는 손"의 법칙이 깨질 뿐이다. 스미스의 주장에 따르면 보이지 않는 손은 모든 경제활동을 지배하는 법칙으로, 자본투자, 고용, 자원의 활용, 상품의 생산 등을 자동적으로 배분해주는 힘이다. 이성을 통해 인간은 이 법칙을 이해할 수 있다고 스미스는 말한다. 그러나 인간이 중력을 통제할 수 없는 것처럼 인간의 힘으로 보이지 않는 손을 개선할 수는 없다고 말한다. 시장을 통제하는 데 있어 '자연적' 힘보다 더 효율적인 것은 없기 때문에 합리적이고 획득을 추구하는 개인간 자유롭고 방해받지 않는 거래와 경쟁을 통해서만 부는 가장 잘 추구될 수 있다고 주장하는 것이다. 그에 따르면 경제의 목적은 시장을 끊임없이 확장하는 것이기 때문에 성장을 촉진하는 것은 무엇이든 환영받아야 한다.

인간은 기본적으로 경제적 이익을 추구하는 이기주의자라는 확신에 입각해서 애덤 스미스는 인간의 모든 욕구를 자신의 물리적 필요를 충족시키기 위한 물질적 추구에 종속시켰다. 윤리적 선택을 할 필요가 없고 이익을 추구하는 개인의 실용주의적 판단이 있을 뿐이다.

베이컨, 데카르트, 뉴턴, 로크, 스미스는 기계론적 세계관을 널리 퍼뜨린 사람이다. 이들보다 먼저 나온 사람들도 있었고 이들 뒤에 온 사람들도 있었다. 그러나 이들이 주장한 기본가설은 오늘날까지도 우리를 지배하고 있다. 이 가설을 몇 마디로 요약하면 다음과 같다. 우주에는 정밀한 수학적 질서가 있고 이 질서는 천체의 움직임을 관찰하여 도출할 수 있다. 그러나 불행히도 지구상에서 대부분의 것들은 원시상태에 있고 따라서 혼돈과 혼란 속에 있다. 그러므로 이런 것들을 재배열하여 우주에서 우리가 볼 수 있는 것과 같은 질서를 지구상에도 도입할 필요가 있다. 그러면 문제는 어떻게 하면 자연의 것들을 잘 배열하여 우주의 질서와 같은 질서를 창출해내느냐 하는 것이다. 그 답은 역학의 과학적 법칙을 이용하여 인간의 물질적 자기 이익이 증대되는 데 가장 적합하도록 자연을 재배열하는 것이다. 이 위대한 패러다임의 논리적 귀결은 간단하다. 더 많은 물질적 부가 축적될수록 세계는 더욱 질서 있게 된다. 그러므로 진보는 물질적 풍요를 더욱 증대시키는 것이 되며, 이 물질적 풍요는 결국 질서 있는 세계를 만들어 낼 것이다. 과학과 기술은 이를 실천하는 도구다. 이것이 기계론적 패러다임의 주요 가설을 한마디로 압축한 것이다.

기계론적 패러다임에 대한 비판자들은 항상 있었다. 많은 사람들이 여러 각도에서 이를 비웃었고 비난했고 공격했다. 가설의 일부가 수정되기도 했다. 그러나 데카르트, 로크, 스미스 등을 다시 살펴보면 이들의 현대성에 탄복하게 된다. 어떤 사업가, 정치가, 과학자가 주요현안에 대해 공개적으로 연설하는 것을 들을 때마다 우리는 오래전에 사라진 철학자들의 영혼이 나타나서 연설문을 대신 써준 것이 아닌가 하는 착각에 사로잡히게 된다. 그러므로 우리의 사회지도자나 정치지도자들이 주장하는 바가 현실과 동떨어져 있고 따라서 사회가 현재 직면한 문제를 잘 설명하지 못한다 하더라도 이것은 그들만의 책임은 아니다. 굳이 누군가에게 책임을 물어야 한다면 적어도 책임의 일부는 데카르트, 로크, 스미스와 그의 동료들에게 있다. 결국 우리가 사용하는 것은 그들의 방법론과 사상이기 때문이다.

기계론적 세계관이 최대의 승리를 누린 것은 1859년 찰스 다윈 Charles Darwin이 『종의 기원On the Origin of Species』을 출판한 후부터다. 다윈의 생물학적 진화이론은 뉴턴의 과학적 발견만큼이나 모든 면에서 경탄할 만한 것이었다. 진화론은 기계론적 세계관을 무대에서 밀어내고 완전히 새로운 사회 구성원리로서 주도권을 장악할 수도 있었다. 그러나 다윈의 이론은 뉴턴이 제창한 기계론적 세계관의 부록이 되고 말았다. 다윈의 연구성과가 갖는 의미는 모두 이해되지 못했다. 그보다는 다윈 이론의 좀 더 피상적인 부분 몇 개가 채택되어 기계론적 세계관을 더욱 정당화하는 데 이용되었다고 하는 것이 옳다.

허버트 스펜서Herbert Spencer 같은 사회 철학자는 다윈의 진화론을 "세계는 진보한다"는 주장의 증거로 삼았다. 스펜서와 이른바 사회학적 다윈주의자들은 자연도태의 개념을 적자생존의 개념으로 변형했다. 이렇게 해서 이들은 자기 이익의 추구가 물질적 풍요를 가져오고 그것은 더욱 향상된 질서를 낳는다는 기계론적 세계관의 주장을 더욱 굳건히 해준 것이다.

적자생존은 다음과 같이 해석되었다. "자연상태에서 각 개체는 다른 모든 생물체와 무자비한 전쟁상태에 있다. 끝까지 살아남아서 자신의 유전자를 다음 세대에 전하는 개체들은 스스로의 물질적 이익을 가장 잘 지킨 개체들이다." 진화 그 자체는 질서가 계속 증대되어가는 과정으로 인식되었다. 그러니까 각 세대는 앞선 세대보다 자기 이익을 극대화할 능력과 물질적 풍요를 충족시킬 능력이 뛰어나다는 이야기다. 따라서 다윈의 이론은 기계론적 세계관의 주요 가설을 완벽하게 반복한 것이 되었다.

기계론의 가장 큰 특징은 바로 진보라는 개념이다. 가장 단순하고 추상적으로 압축하면 진보란 '덜 질서 있는' 자연적 세계가 인간에 의해 이용되어 더 질서 있는 물질적 환경으로 나아가는 과정이다. 달리 말하면 진보란 자연에 존재했던 최초의 가치보다 더 큰 가치를 자연으로부터 창출해내는 것을 말한다. 이러한 맥락에서 과학은 하나의 방법론인데, 이 방법론을 통해 사람은 자연의 법칙을 배우고 이에 따라 자연을 몇 개의 원칙과 법칙으로 설명할 수 있게 된다. 기술은 이렇게 얻어진 법칙을 특정한 경우에 적용하는 것이며, 그 목적은 자연과정의 일부를 더 큰 가치, 더 큰 구조, 더 큰 질서의 형태로 바꾸어 당초의 상태보다 더 나은 상태를 만드는 것이다.

기계론적 세계관, 수학, 과학, 기술의 세계관, 유물론과 진보의 세계관, 우리가 경험하는 세계관을 설명할 수 있다고 주장하는 세계관들은 이제 생명력을 잃기 시작했다. 왜냐하면 이 세계관들이 뿌리내리고 있는 에너지 환경이 빈사 상태에 이르렀기 때문이다(여기에 대해서는 나중에 자세히 설명하겠다). 미래 세대는 우리가 현대라고 부르는 지난 400년간을 역사책에서 읽으면 도저히 믿을 수 없다고 고개를 좌우로 흔들 것이다. 오늘날 우리가 보기에 역사를 다섯 단계로 파악한 그리스인들이 유치해 보이는 것처럼, 그들에게는 기계론적 세계관이 매우 유치하게 보일 것이다. 미래 세대는 완전히 새로운 패러다임 속에서 살 것이고, 이제 우리는 그 패러다임을 여러 각도에서 들여다볼 것이다.

제 2 부

엔트로피 법칙

THE ENTROPY LAW

엔트로피 법칙
The Entropy Law

일찍이 인류학자 막스 글루크만Max Gluckman은 말했다. "과학이란 우리 세대의 가장 어리석은 사람조차 지난 세대의 천재보다 앞서갈 수 있는 학문을 말한다."

열역학 제1법칙과 제2법칙은 물리학 입문시간에 강의될 정도로 그 내용이 기초적이면서도 단순하고 상식적이기까지 하다. 그러나 이 두 법칙이 지금의 모습을 갖추기까지는 매우 힘든 과정이 있었고, 그 사이 많은 학자들이 수많은 이론과 추측을 내놓았다. 과학자들은 이 두 법칙의 진정한 의미를 알아내기 위해 오랫동안 고민에 고민을 거듭해왔지만 이미 이 두 법칙이 지구상 모든 문화권에서 일상생활의 기정사실로 받아들여져왔다는 것은 매우 기이한 일이다. "세상에 공짜는 없다", "엎질러진 물이다", "자연의 법칙을 이길 수는 없다"는 등의 이야기를 한번도 들어보지 못한 사람은 없을 것이다. 방금 말한 이야기를 자주 들어보았고 이러한 이야기가 일상생활에서 거듭 증명되는 것을 본 사람은 제1법칙과 제2법칙을 벌써 알고 있는 사람이다.

"열역학"이라고 하면 매우 복잡한 개념처럼 들린다. 그러나 사실 열역학은 우리가 아는 과학개념 중에서 가장 단순하면서도 가장 놀라운 것이다. 제1법칙과 제2법칙을 합쳐서 하나의 문장으로 설명하자면 다음과 같다.

> 우주의 에너지 총량은 일정하며(제1법칙), 엔트로피 총량은 지속적으로 증가한다(제2법칙).

제1법칙을 부연설명하자면 에너지를 창조하거나 파괴하는 것은 불가능하다는 뜻이다. 우주의 에너지 총량은 태초부터 정해져 있었고 우주의 종말이 올 때까지 그것은 변하지 않는다. 즉, 제1법칙은 에너지 보존의 법칙으로서 에너지는 결코 창조되거나 파괴될 수 없으며 한 가지 형태에서 다른 형태로 변화할 뿐이다.

아이작 아시모프Isaac Asimov(러시아 태생의 미국 생화학자)는 여기에 대해 간단한 예를 들고 있다.

> 일정량의 열을 일(운동)로 전환했다고 치자. 이 과정에서 열은 파괴된 것이 아니고 다른 장소로 옮겨진 것이거나 아니면 다른 형태의 에너지로 변화된 것이다.

좀더 구체적인 예로 자동차 엔진을 생각해보자. 휘발유 안에 들어 있던 에너지의 양은 '엔진이 한 일, 발생한 열, 배기가스와 함께 나간 에너지의 합계'와 같다.

가장 중요한 것은 (다시 한번 말하지만) 에너지는 창조될 수 없다는 사실이다. 누구도 여기에 성공한 적도 없고 앞으로도 없을 것이다. 우리가 할 수 있는 일이라곤 에너지를 어떤 상태에서 다른 상태로 바꾸는 일뿐이다. 모든 것이 에너지로 이루어져 있다는 점을 감안할 때 이 문제는 매우 중요하다. 존재하는 모든 것들의 형태, 모습, 운동은 에너지를 여러모로 집중변화시킨 결과 구체적인 형태로 나타난 것에 불과하다. 인간, 초고층 빌딩, 자동차, 풀 한 포기 등은 모두 에너지가 하나의 상태에서 다른 상태로 옮겨진 모습을 보여주고 있다. 초고층 빌딩이 세워지거나 풀 한 포기가 자랄 때 이들은 어딘가 다른 곳에서 온 에너지가 모여서 만들어진 것이다. 초고층 빌딩이 허물어지고 풀 한 포기가 죽어도 이들에 의해 형태가 부여된 에너지는 결코 사라지지 않는다. 그 에너지는 어딘가로 옮겨졌을 뿐이다. "하늘 아래 새로운 것은 없다"는 말을 자주 들어보았을 것이다. 단 한 번의 숨쉬기로도 그것을 알 수 있다. 숨을 들이쉬는 순간 우리는 한때 플라톤이 호흡했던 공기의 분자 5,000만 개를 끌어들이는 것이다.

우리가 걱정해야 할 것이 열역학 제1법칙뿐이라면 에너지가 고갈될 걱정은 할 필요가 없을 것이다. 그러나 세상은 그렇지 않다. 예를 들어 석탄 한 조각을 태운다면 태우기 전과 후의 에너지 총량은 같겠지만 일부는 아황산가스와 기타 기체로 바뀌어 대기 중으로 흩어진다. 이 과정에서 사라지는 에너지는 없지만 이 석탄 한 조각을 다시 태워서 같은 일을 하게 할 수는 없음을 우리는 알고 있다. 여기에 대한 설명은 열역학 제2법칙에서 찾을 수 있다. 제2법칙은 이렇게 말한다. 에너지는 한 상태에서 다른 상태로 옮겨갈 때마다 "일정액의 벌금을 낸다." 여기서 벌금은 '일할 수 있는 유용한 에너지가 손실되는 것'을 말한다. 이것을 가리키는 용어가 바로 엔트로피Entropy이다.

엔트로피는 더 이상 일로 전환될 수 없는 에너지의 양을 측정하는 수단이다. 엔트로피라는 단어를 만든 사람은 독일의 루돌프 클라우지우스Rudolf Clausius였다. 그러나 엔트로피와 관련된 법칙이 처음 발견된 것은 그로부터 41년 전, 프랑스의 젊은 육군장교 사디 카르노Sadi Carnot에 의해서였다. 카르노는 증기기관의 원리를 더 잘 이해하기 위해 고심하던 중 증기기관의 한쪽은 매우 뜨겁고 한쪽은 매우 차갑기 때문에 증기기관이 일을 한다는 사실을 발견했다. 달리 말하면 에너지가 일로 전환되려면 시스템의 각 부분에 에너지의 집중도 차이(즉, 온도차)가 있어야 한다는 것이다.

일이 발생하는 것은 에너지가 높은 수준의 집중도에서 낮은 수준으로 (또는 고온에서 저온으로) 이동할 때이다. 더욱 중요한 것은 에너지가 어떤 수준에서 다른 수준으로 이동한다는 것은 그 다음 일을 수행할 유용한 에너지의 양이 줄어든다는 것을 뜻한다. 예를 들어 댐에서 나온 물은 저수지로 떨어지면서 전력을 발생시키거나 물레방아를 돌리거나 아니면 다른 쓸모있는 일을 한다. 그러나 일단 바닥에 닿으면 물은 더 이상 일을 할 수 없다. 평평한 바닥에 있는 물은 아주 작은 물레방아조차 돌릴 수 없다. 이 두 상태는 유용한 또는 자유로운 엔진 상태와 무용한 또는 구속된 에너지 상태로 불린다.

엔트로피가 증가한다는 것은 유용한 에너지가 줄어든다는 것을 의미한다. 자연계에서 무슨 일이 일어난다는 것은 일정량의 에너지가 무용한 에너지로 전환된다는 뜻이다. 무용한 에너지는 결국 오염이 된다. 사람들은 오염이 생산활동의 부산물이라고 생각한다. 사실 오염이란 것은 무용한 에너지로 전환된 유용한 에너지의 총량을 의미한다. 그러므로 쓰레기란 흩어진 형태의 에너지이다. 제1법칙에 따라 에너지는 창조되거나 파괴되지 않고 단지 전환될 뿐이며, 제2법칙에 의해 한 방향으로만(혼돈과 무질서를 향하여) 변화해가므로 오염이란 엔트로피의 또 다른 이름에 불과하다. 달리 말하면 엔트로피란 어떤 시스템 내에 존재하는 무용한 에너지의 총량을 나타낸다.

이제 엔트로피라는 단어를 생각해낸 클라우지우스에게로 돌아가보자. 클라우지우스는 폐쇄계에서는 에너지 수준 차이가 항상 평준화되는 경향이 있다는 사실을 알아냈다. 부지깽이를 화로에서 꺼내본 사람은 누구나 경험했을 사실을 클라우지우스는 법칙으로 만든 것이다. 뜨거운 부지깽이를 공기 중에 놓아두면 부지깽이는 점점 식고 주변 공기는 따뜻해진다. 이것은 열이 뜨거운 물체에서 차가운 물체로 이동하기 때문이다. 결국 충분한 시간이 지나고 나면 우리는 부지깽이를 만질 수 있게 된다. 주변의 공기도 만질 수 있게 된다. 둘은 같은 온도에 도달한 것이다. 전문가들은 이것을 평형상태라고 부른다. 평형상태에서는 에너지 수준 차이가 없어진다. 이것은 물이 평평한 바닥에 있는 상태와도 같다. 식어버린 부지깽이나 바닥의 물은 더 이상 유용한 일을 할 수 없다. 이때 이들의 에너지는 구속된 에너지이며, 무용한 에너지이다. 하지만 그렇다고 해서 저수지 바닥의 물이 댐 위로 다시 올라갈 수 없거나 부지깽이가 다시 달구어지지 못한다는 것은 아니다. 문제는 그럴 때마다 자유롭고 유용한 에너지원이 소비되어야 한다는 데 있다.

평형상태는 엔트로피가 극대점에 달한 상태이며, 일을 할 수 있는 자유롭고 유용한 에너지가 더 이상 존재하지 않는 상태이다. 클라우지우스는 다음과 같은 결론으로 열역학 제2법칙을 요약했다. "엔트로피(무용한 에너지의 총량)는 극대점을 향해 움직이는 경향이 있다."

지구상에는 두 가지의 유용한 에너지원이 있다. 하나는 지구 자체에 있는 에너지원이고 또 하나는 태양에서 흘러들어오는 에너지원이다. 경제학자 허먼 데일리Herman Daly는 이 두 가지의 차이를 다음과 같이 설명한다.

> 지구상의 에너지원은 두 가지가 있다. 하나는 인간의 시간 단위로 재생가능한 것이고, 하나는 지질학적 시간 단위로만 재생가능해서 인간에게는 사실상 재생불가능한 것이다. 또한 지구 자체의 저엔트로피의 원천은 에너지와 물질로 분리될 수 있다. 지구 자체의 재생불가능한 에너지원의 양은 한정되어 있고, 지구 자체의 재생가능한 에너지원도 총량이 한정되어 있어서 고갈될 때까지 소비하면 재생불가능한 에너지원과 같아진다. 태양 에너지도 총량에 있어서 무한하지만 지구에 도달하는 비율과 형태가 지극히 제한되어 있다.

태양 에너지도 매순간 엄청난 양이 고갈되지만 태양의 엔트로피가 극대점에 달하려면 지구 자체의 에너지원이 완전히 소진되고도 엄청난 시간이 지나야 할 것이다.

매번 담배에 불을 붙일 때마다 지구상의 유용한 에너지의 양은 줄어든다. 물론 앞서도 말했듯이 고립된 시간과 장소에서 엔트로피 과정을 역행시키는 것은 가능하지만 그 과정에서 또 다른 에너지를 소비해야 하기 때문에 결국 전체 환경의 엔트로피 총량은 증가한다. 이러한 사실은 재생과정에서 특히 중요하다. 사람들은 적절한 기술만 개발하면 우리가 소모해버리는 것을 거의 모두 재생하여 재사용할 수 있을 것이라고 생각한다. 하지만 이것은 틀린 생각이다. 앞으로 지구의 경제적 생존에 있어서 좀더 효과적인 재생이 필수적이기는 하지만 100% 가까운 재생률을 이룰 방법은 없다. 예를 들어 오늘날 금속의 재생효율은 30% 정도이다. 재생을 위해서는 재생대상을 수거하고, 수송하고 가공하는 데 별도의 에너지가 필요하기 때문에 결국 환경 전체의 엔트로피 총량이 늘어나게 된다. 따라서 재생이라는 것은 유용한 에너지원을 희생하고 전체 환경의 엔트로피 총량을 증대시키는 대가를 치러야만 가능하다.

한 가지 되풀이해서 강조할 점은, 지구상의 물질적인 엔트로피는 끊임없이 증가하며 언젠가는 극대점에 도달할 것이라는 사실이다. 그것은 지구가 우주에 대해 폐쇄계이고, 폐쇄계에서는 물질을 교환할 수 없기 때문이다. 가끔 운석이 떨어지거나 우주진이 낙하하는 것을 제외하면 우리 지구는 우주 속에 존재하는 폐쇄된 시스템이다. 태양 에너지를 유입하여 물질을 생산할 수 있다는 잘못된 생각을 하는 사람들에게 경제학자 니콜라스 죠르제스크-레겐Nicholas Georgescu-Roegen은 다음과 같이 반박한다. "우주라는 거대한 용광로조차도 에너지만으로는 충분한 양의 물질을 만들어낼 수 없다. 오히려 엄청난 양의 물질이 계속 에너지로 전환되고 있다."

지구의 껍질을 구성하는 한정된 양의 물질도 끊임없이 소진되고 있다. 매순간 산은 침식되고 표토는 깎여나간다. 바로 이런 이유 때문에 궁극적으로 재생가능한 자원도 사실은 재생불가능한 것이 되어버린다. 생물체는 계속 번식하면서 태어나고 죽는다. 이 과정에서 지구의 엔트로피가 늘어난다. 결국 미래의 생명체에게 유용한 물질의 양이 줄어드는 것이다.

농부라면 누구나 끊임없는 재생작용과 햇빛으로도 같은 땅에서 매년 같은 양의 풀을 영원히 자라게 할 수는 없다는 사실을 알고 있다. 오늘 존재하는 풀 한 포기는 같은 자리에서 미래의 풀 한 포기가 덜 나온다는 것을 뜻한다. 이 사실은 니콜라스 죠르제스크-레겐이 처음 제창한 열역학 제4법칙에 포함되어 있다. "폐쇄계에서 물질 엔트로피는 궁극적으로 극대점을 지향한다."

엔트로피 법칙은 이해해야 하는 것이기도 하지만 느끼기도 해야 한다. 이 법칙의 핵심은 바로 진실의 핵심이다. 그러므로 이 법칙의 의미를 제대로 이해하려면 일종의 직관이 필요하다. 이런 이유 때문에 엔트로피 법칙을 다른 각도에서 들여다보는 것도 도움이 된다.

에너지 수준과 엔트로피를 들여다보는 또 하나의 관점은 '집중도'이다. 왜 향수병을 열면 향기가 병에서 빠져나오기 시작해서 결국 방 안을 가득 채우게 되는 것일까? 방문을 열면 몇 분 후 거실에서도 향기를 맡을 수 있다(처음보다 훨씬 약하기는 하지만). 버트란트 러셀Bertrand Russell(영국의 철학자)은 이 현상을 다음과 같이 설명한다.

어떤 장소에 많은 양의 에너지가 있고 인접한 장소에는 매우 적은 에너지가 있을 경우 에너지는 항상 많은 쪽에서 적은 쪽으로 평형이 이루어질 때까지 이동한다. 이 현상은 "민주화를 향한 경향"이라고 설명할 수 있을 것이다.

이것도 제2법칙을 이해하는 하나의 방법이다. 에너지는 항상 좀더 집중된 상태(여기서는 향수병 안)에서 덜 집중된 상태(두 개의 방)로 옮겨간다. 분자 수준에서 향수를 관찰하면, 병 안에 있을 때 분자들은 믿을 수 없을 정도로 빨리 서로 부딪힌다. 그러나 병에서 빠져나올 기회가 생기자마자 이들은 더 큰 공간으로 불규칙하게 빠져나간다. 방 안에 퍼져나가는 동안 충돌횟수는 점점 줄어들며 결국은 방 전체에 골고루 퍼진다.

수많은 사람들이 엔트로피 법칙을 피해가려고 몸부림쳤다. 사실 이 '피해가기'는 과학자들과 철학자들이 매우 즐기는 소일거리였다. 가장 기억에 남을 만한 사람들은 19세기의 위대한 과학자인 J. C. 맥스웰J. C. Maxwell(영국의 물리학자)과 루트비히 볼츠만Ludwig Boltzmann(오스트리아의 물리학자)이었다.

맥스웰은 다음과 같은 가설을 세웠다. "하나의 공간이 있다. 이 공간은 작은 문에 의해 두 부분으로 나누어져 있고 완전히 고립된 상태로 '균일한 온도'의 기체가 들어 있다. 엔트로피 법칙에 따르면 균일한 온도에서는 아무런 일도 할 수 없다. 그러나 조그만 악마(분사 하나 하나를 다룰 수 있을 정도로 군집이 작은 지능 있는 생명체)를 앞서 말한 작은 문으로 들여보내면 엔트로피 법칙을 피해갈 수 있을 것이다. 눈이 매우 좋은 이 악마는 문을 열고 닫으면서 평균속도보다 더 빨리 움직이는 분자들은 왼쪽에서 오른쪽으로 보내고 평균속도보다 더 느리게 움직이는 분자들은 오른쪽에서 왼쪽으로 보낸다. '고속 분자들은 고온에 해당하고 저속 분자들은 저온에 해당하므로 오른쪽 방의 기체는 더 뜨거워질 것이고 왼쪽 방의 기체는 더 차가워질 것이다.'" 긴 얘기가 필요한가? "일단 온도차가 발생하면 그것으로 열기관을 돌려 유용한 일을 할 수 있다."

엔트로피의 극대값이나 균일한 에너지의 평형상태에서 시작해서 맥스웰은 외부 에너지를 사용하지 않고도 엔트로피 과정을 역행하는 방법을 끌어냈다. 이것이 가능하다면 제2법칙은 깨지는 것이다. 그러나 현실세계에서 이런 악마를 만들어낼 수 없다는 것은 너무나 명백하다. 어쨌든 맥스웰의 비위를 맞추기 위해 이런 악마를 만들 수 있고, 또 이 악마가 기꺼이 임무를 수행한다고 치자. 과연 악마는 제2법칙을 위반하지 않고도 일을 할 수 있을까? 스탠리 앵그리스트Stanley Angrist와 로렌 헤플러Loren Hepler는 이 악마이론을 실험해보고 악마조차도 엔트로피 법칙을 피해갈 수 없음을 밝혀냈다. 이들의 발견은 「텍사스 쿼털리Texas Quarterly」에 실렸다.

맥스웰은 문제의 악마가 각 분자의 속도와 방향을 감지하고 그에 따라 적절히 행동할 수 있을 것이라고 가정했다. ⋯ 악마는 온도가 같은 양쪽 방을 들여다보려고 하지만 균일한 방사량 때문에 아무것도 보지 못한다. 두 방이 거의 동일한 조건이기 때문에 악마는 열방사와 그 변화는 감지할 수 있지만 분자는 보지 못한다. ⋯ 그러므로 악마에게는 빛이 필요하다는 결론이 나온다. 빛을 공급해서 방사평형이 깨져야 볼 수 있는 것이다. 그래서 우리는 악마에게 약간의 빛을 준다. 빛은 높은 수준의 에너지를 시스템 안에 공급하고, 악마는 이제 분자를 볼 수 있게 되어 고속 분자와 저속 분자를 서로 분리해놓는다. 악마가 시스템 안의 총질서를 늘릴 수 있다 하더라도(그러니까 엔트로피 총량을 줄일 수 있다 하더라도) 광원에서 더 큰 무질서와 더 큰 엔트로피가 발생하지 않으면 빛을 만들어낼 수 없다. 그러므로 광원, 악마, 기체 등으로 구성된 전체 시스템에서 보면 제2법칙에 따라 엔트로피의 순증가가 일어났음을 알 수 있다.

이 모든 것이 알려주는 것은 간단하다. "세상에 공짜는 없다." 심지어 관찰도 공짜로는 안된다.

비록 맥스웰의 도전은 실패로 끝났지만 이 실험은 과학계의 완강한 고집을 대변해준다. 과학계는 엔트로피 법칙이 지구상의 과학, 철학, 생명에 대해 갖는 의미를 시인하려 들지 않았기 때문이다.

맥스웰의 환상에 이어 루트비히 볼츠만이 무대로 뛰어들었다. 볼츠만은 엔트로피 법칙에 의해 끝없이 잠식당하는 고전 물리학을 구원하려는 결의에 차 있었다. 볼츠만의 "H 이론"은 제2법칙을 받아들이는 척하면서 사실은 그 영향력을 잠식하려는 교묘한 속임수였다. 볼츠만은 어느 정도까지 제2법칙이 유효함을 인정했다. 그는 폐쇄계에서 엔트로피가 증가한다는 점은 시인했지만 그것을 절대적인 진리로 받아들이려고 하지는 않았다. 그는 "분명히" 대신 "아마도" 라는 말을 써서 제2법칙을 하나의 확률 내지는 통계의 법칙으로 끌어내리려고 했다. 즉, 에너지가 차가운 상태에서 뜨거운 상태로 이동할 가능성은 매우 희박하지만 불가능하지만은 않다는 것이 볼츠만의 주장이었다.

볼츠만의 주장을 분명히 해두는 것이 중요한데 왜냐하면 아직도 많은 과학자들이 그의 이야기를 진지하게 받아들이고 있기 때문이다. 에딩턴 경은 볼츠만의 확률이론이 현실세계에서 단 한 번이라도 실현될 가능성이 있는가 하는 의문을 제기해 문제의 핵심에 다가간다. 에딩턴 경은 이렇게 말한다. "두 개의 분리된 공간이 있다고 하자. 첫 번째 공간에는 공기가 들어 있고, 두 번째 공간은 진공상태이다. 두 공간을 차단하는 벽을 열면 공기가 전체에 골고루 퍼진다." 에딩턴 경은 어느 순간 두 공간에 골고루 퍼진 수십억 개 곱하기 수십억 개의 공기분자가 불규칙하게 운동하다가 정확히 똑같은 시각에 공간의 한쪽으로 몰려갈 수도 있음을 시인한다. 그러나 그러한 현상이 어느 정도 가능한가에 대해 에딩턴 경은 다음과 같이 결론을 짓는다.

원숭이 떼가 타자기 위에서 뛰어놀다가 대영박물관에 있는 모든 책을 "쓸 수도" 있을 것이다. 그 확률은 앞서 말한 공간에서 공기분자가 일시에 한 쪽으로 몰릴 확률보다 훨씬 높다.

니콜라스 죠르제스크-레겐은 좀더 직접적으로 핵심에 다가간다. 그의 말은 길지만 인용할 만한 가치가 있다. 왜냐하면 통계적 열역학에 대한 그의 비판은 기계론적 패러다임과 이제 부상하는 엔트로피 패러다임 사이의 싸움에 초점을 맞추고 있기 때문이다.

우리는 일반인들이 통계적 역학, 더 정확히 말해 통계적 열역학으로 알려진 새로운 과학을 통해 물리학자들이 주장하는 바를 그대로 믿도록 오도당하고 있다는 사실을 시인해야 할 것이다. 통계적 열역학이라는 분야가 존재한다는 사실 자체가 여러 가지 반대증거에도 불구하고 인간의 정신이 아직도 맹목적으로 운동을 구성하는 사실에만 매달려 있다는 증거이다. 이로 인해 나타난 증상이 바로 볼츠만의 비극적 투쟁이다. 볼츠만은 경직된 역학법칙으로 확률이론에서 찾아볼 수 있는 불확실성과 뒤얽힌 열역학을 사람들에게 납득시키려 했던 것이다. 이 새로운 학문분야에 따르면 한 줌의 재로 보일러를 데울 수 있다. 그리고 죽은 시체가 벌떡 일어나 처음 살았던 삶의 역순으로 제2의 인생을 시작할 수 있을 것이다. 단지 그 확률이 지극히 낮을 뿐이라는 것이 이들의 주장이다. 우리가 그런 '기적'을 아직 보지 못한 것은 우리가 충분한 수의 잿더미와 시체를 관찰하지 못했기 때문이라는 것이다.

우리는 제2법칙을 에너지가 유용한 상태에서 무용한 상태로, 높은 집중도에서 낮은 집중도로 움직여가는 모습으로 파악했다. 그런데 제 2법칙을 들여다보는 방법은 또 한 가지 더 있는데, 이것이 가장 심오한 방법이다. 엔트로피 법칙은 폐쇄계에서 모든 에너지는 질서 있는 상태에서 무질서한 상태로 이동해간다고 가르친다. 엔트로피가 최소인 상태, 그러니까 집중도가 가장 높고 유용한 에너지가 가장 많은 상태가 가장 질서 있는 상태이다. 반면에 엔트로피 값이 최고인 상태, 그러니까 유용한 에너지가 모두 소진되고 확산된 상태는 가장 무질서한 상태이다.

이것은 우리의 일상생활을 둘러봐도 알 수 있다. 그냥 내버려두면 어느 것도 저절로 더욱 질서 있는 상태로 옮겨가지 않는다. 집을 관리하거나 사무실에서 일하는 사람은 누구라도 알 것이다. 집이든 사무실이든 그냥 내버려두면 점점 더 무질서해진다. 이것을 질서 있는 상태로 되돌리려면 에너지를 소비해야만 한다. 예를 들어 카드 한 장 한 장을 숫자와 그림에 맞추어 질서 있게 쌓아놓았다고 하자. 이 카드 뭉치는 질서의 최대값, 또는 엔트로피의 최소값에 있다. 이 카드 뭉치를 방바닥에 던지면 무질서한 상태로 흩어질 것이다. 카드 한 장 한 장을 집어 처음처럼 질서 있는 상태로 쌓아올리려면 카드를 뿌릴 때보다 더 많은 에너지가 필요하다.

한 곳에서 엔트로피 증가를 역행시키려면 다른 곳에서 엔트로피를 증가시켜야 하기 때문에 결국 주변 환경의 전체 엔트로피는 늘어날 수밖에 없다는 것은 매우 중요하다. 왜냐하면 어떤 사건이 일어날 때마다 어느 정도의 에너지가 소실되며, 이는 미래에는 결코 쓸 수 없는 무용한 상태로 되기 때문이다. 이렇게 분산된 에너지는 분산된 에너지 싱크에 고인다. 이 싱크는 과거 수많은 사건에서 발생한 무용한 에너지가 축적된 웅덩이다. 이것이 사회적으로 갖는 의미는 상상을 초월한다.

앵그리스트와 헤플러를 다시 한번 인용하자면 "인간 또는 기계에 의해 국부적으로 감소되는 엔트로피는 반드시 주변 환경에서 더 큰 엔트로피의 증가를 수반한다. 이렇게 해서 엔트로피의 총량은 늘어나게 된다."

아인슈타인은 과학의 여러 법칙 중 최고의 법칙이 무엇인가에 대해 생각해본 뒤, 다음과 같은 결론을 내렸다.

어떤 이론은 전제가 단순할수록, 그것이 관계된 대상의 종류가 다양할수록, 적용범위가 넓을수록 뛰어난 이론이다. 이런 점에서 고전적 열역학이야말로 내게 깊은 인상을 심어준 이론이다. 이것은 내가 확신을 가지고 믿을 수 있는 보편성 있는 물리학 이론 중 유일한 것이며, 적용 가능한 범위 내에서는 그 기본개념이 결코 도전받지 않을 것이다.

우주론과 제2법칙
Cosmology and the Second Law

과학자들이 제2법칙에 대해 생각할 때마다 떠올리는 문제가 있다. "제2법칙은 어디까지 적용될 수 있을까?"이다. 예를 들어 엔트로피 법칙은 우주를 구성하는 별과 은하 등 거대한 세계에도 적용될 수 있을까? 사실 엔트로피 법칙은 모든 우주이론의 초석이다. 제2법칙이 우주론에 대해 갖는 의미를 처음으로 끌어낸 과학자는 벤자민 톰슨Benjamin Thompson이다(1854년). 톰슨에 따르면 엔트로피 법칙은 우리에게 다음과 같은 것을 가르쳐준다.

과거 일정 기간 동안 지구는 인간이 살기에 부적합한 곳이었을 것이다. 앞으로 일정 기간 동안 또다시 그렇게 될 것이다. 이것을 막으려면 뭔가 조치를 해야 하는데, 그 조치는 현재 우리가 사는 물질세계를 지배하는 법칙 하에서는 불가능하다.

그로부터 2년 후에 헬름홀츠Helmholtz는 엔트로피 법칙에 입각한 표준 우주이론을 내놓았다. "열 죽음heat death"이라는 그의 이론에 따르면 우주는 조금씩 쇠락하여 궁극적으로는 엔트로피 극대점 또는 열 죽음 상태에 이른다는 것이다. 이 상태에서는 모든 유용한 에너지가 소진되므로 어떤 활동도 일어날 수 없다. 열 죽음 상태는 영원한 휴식 상태에 해당한다.

오늘날 우주의 기원과 발전에 대해 가장 널리 받아들여지는 이론은 "대폭발 이론"이다. 조르주 르메르트Georges Lemaître가 처음으로 체계화한 이 이론은 엄청난 밀도의 에너지원이 폭발함과 동시에 우주가 시작되었다고 주장한다. 이 고밀도 에너지는 팽창함에 따라 속도가 느려지고 그 안에서 은하, 항성, 행성 등이 생겨났다는 얘기다. 이 에너지가 계속 확장되어 분산된 형태가 됨에 따라 질서는 점점 사라지고 궁극적으로 엔트로피 극대점에 도달하여 열 죽음이라는 최종 평형 상태가 된다. 대폭발 이론은 제1법칙 및 제2법칙과 잘 맞아떨어진다. 이 이론에 의하면 우주는 완벽한 질서상태에서 점점 더 무질서한 상태로 이동해온 것이다. 이 이론을 어디선가 들은 기억이 날 것이다. 고대 그리스와 중세 기독교도들이 역사를 보는 시각은 오늘날 우주론자들이 우주의 역사를 보는 시각과 공통점이 많다.

우주는 완벽한 상태에서 시작하여 쇠락과 혼돈을 향해서 움직여간다는 것을 받아들이면서도 한편으로 지구의 역사는 그와는 정반대로 전개될 것이라는 생각을 한다는 것은 참으로 기이하다. 그러니까 지구의 역사는 혼돈상태에서 시작해 점차 질서 있는 세계로 '진보한다'는 생각이 그것이다. 이 모순은 너무나 분명한 것이라 엔트로피 법칙을 우회하는 우주이론을 만들어내려는 노력이 별로 놀랍지 않을 지경이다. 한동안 "정상우주론Theory of Continual Creation"이라는 것이 유행한 때가 있었다. 1948년에 프레드 호일Fred Hoyle, 토머스 골드 Thomas Gold, 허먼 본디Herman Bondi 등 세 명의 젊은 과학자들은 다음과 같이 주장했다. "우주는 분명히 팽창하고 있지만 '외부에서' 우주로 마이너스 엔트로피를 주입해서 열 죽음이나 엔트로피 극대점을 피할 수 있다"는 것이다. 엔트로피 증대를 상쇄할 수 있는 적정량의 마이너스 엔트로피를 끌어들일 수만 있다면 사라지는 은하만큼 새로운 은하가 탄생해서 우주는 영원히 존재할 것이라는 이야기다. 따라서 우주의 한 편에서는 잃는 것이 있지만 다른 편에서 얻는 것이 있으므로 전체 시스템은 결코 쇠락하지 않을 것이다.

호일, 골드, 본디에게는 안된 이야기지만, 그로부터 계속된 실험결과 그들의 이론은 틀렸다는 것이 밝혀졌다. 1960년대 천문학자들은 우주 공간 안의 전파원을 세기 시작했다. 정상우주론이 옳다면 전파원의 수는 과거나 현재나 크게 다르지 않아야 한다. 실험결과는 정상우주론자들에게는 치명적인 것이었다. 실험을 통해 먼 옛날에는 전파원의 수가 지금보다 많았다는 것이 밝혀진 것이다. 이를 통해 대폭발 이론과 제2법칙, 그리고 우주의 엔트로피는 극대값을 향해 움직여간다는 사실, 열 죽음 등이 재확인되었다.

정상우주론을 부정하는 다른 증거들도 속속 발견되었고, 이에 따라 대폭발 이론은 신빙성을 더해갔다. 지구로부터 제일 멀리 떨어진 천체인 퀘이사들도 전파원들과 마찬가지로 과거에는 훨씬 더 많았다는 사실이 알려졌다. 마지막으로 펜즐라스Penzlas와 윌슨Wilson 등 두 명의 과학자들은 정상우주론에 최후의 일격을 가했다. 그들은 "우주의 배경방사universal background heat radiation"를 발견했던 것이다. 정상우주론으로는 배경방사를 설명할 길이 없다.

그밖에 다른 이론들도 있다. 예를 들어 "순환이론"이 있는데, 이에 따르면 우주는 팽창단계와 수축단계를 끝없이 반복한다. 따라서 최근의 대폭발은 끝없는 대폭발 중 하나에 불과하며 대폭발은 과거에도 무수히 일어났고 앞으로도 그럴 것이라는 이야기다. 지금 팽창하고 있는 우주가 엔트로피 극대점에 달하면 우주는 다시 수축하기 시작해서 점점 더 질서 있는 상태가 될 것이고, 결국 전우주는 원자핵 정도의 크기로 압축되고 다시 한번 폭발해서 팽창해나갈 것이라는 말이다. 그러나 현재로서는 이것을 뒷받침하거나 반박할 만한 실험결과가 너무 적기 때문에 순환 이론은 추측 수준에 머물고 있다. 현재로서 분명히 말할 수 있는 것은 광막한 우주 안의 조그만 태양계와 그 안의 행성인 지구에 관한 한 엔트로피 법칙은 모든 자연법칙 중 최고의 자리를 유지하고 있다는 사실이다.

시간, 형이상학, 엔트로피
Time, Metaphysics and Entropy

엔트로피 법칙이 가장 중요해지는 순간이라면 시간을 정의할 때일 것이다. 성 아우구스디누스Saint Augustinus는 이렇게 말했다. "누군가 나에게 시간이 무엇인지 묻지 않을 때 나는 시간을 안다. 그러나 누군가에게 설명을 하려고 들면 나는 시간이 무엇인지 더 이상 알지 못한다." 기계론적 세계관에서의 시간은 엔트로피 세계관에서의 시간과 매우 다르다. 고전물리학에서 시간은 과거, 미래 양방향으로 모두 갈 수 있다.

뉴턴의 법칙은 수학에 입각해 있으므로 움직이는 물체의 모든 변화는 이론상 가역적이다. 예를 들면 당구공이 충돌하는 모습을 찍은 필름이 있다고 하자. 그리고 이 필름을 거꾸로 돌린다고 치자. 그래도 이상하게 보이지는 않는다. 뉴턴적 의미에서 시간은 + 와 − 부호를 모두 가질 수 있다. 그러나 이제 나이아가라 폭포에서 물이 떨어지는 모습을 찍은 필름이 있다고 하자. 이 필름을 거꾸로 돌리면 매우 우스꽝스럽게 보일 것이다. 물은 바닥에서 위로 솟구친다. 수학에 입각한 뉴턴

모델은 이론상 물이 거꾸로 흐를 수 있다고 말한다. 그러나 그것이 불가능함을 우리는 알고 있다. 그 이유는 제2법칙에 의해 설명된다.

"시간은 아무도 기다려주지 않는다", "시간은 흘러간다", "시간을 되돌릴 수는 없다" ― 모두 옳은 말이다. 중요한 것은 우리가 경험하는 시간이 비가역적이라는 사실이다. 시간은 한 방향, 즉, 앞으로만 흘러간다. 이 방향은 또한 엔트로피 변화의 함수이기도 하다. 시간은 에너지가 집중된 형태에서 분산된 형태로, 질서 있는 상태에서 무질서한 상태로 변화하는 것을 비춰준다. 엔트로피 과정을 역행시킬 수 있다면 모든 것을 처음 상태로 돌려놓을 수 있을 것이다.

시간은 앞으로만 흐른다. 왜냐하면 에너지는 항상 쓸모있는 상태에서 쓸모없는 상태로 움직여가기 때문이다. 우리의 의식은 주변에서 발생하는 엔트로피 변화를 끊임없이 기록하고 있다. 우리는 가까운 사람들이 늙어가고 죽는 모습을 본다. 화롯가에 앉아 빨갛게 단 석탄이 차갑고 하얀 재로 변하는 모습을 보기도 한다. 우리는 주변세계가 항상 변하는 것을 목격한다. 이 변화가 바로 제2법칙의 전개과정이다. 이는 또한 에너지가 분산되는 피치 못할 과정이기도 하다. "세계가 시간이 없는가(부족한가)?" 이것은 무슨 얘기인가? 답은 간단하다. 우리는 한 사건과 그 다음에 일어나는 사건의 연속을 통해 시간이 흘러가는 것을 경험한다. 그리고 지구상에서 어떤 사건이 일어날 때마다 에너지가 소비되고 엔트로피 총량은 늘어난다. 세계가 시간이 없다고 말하는 것은 유용한 에너지가 고갈되어 간다는 뜻이다. 에딩턴 경의 말처럼 "엔트로피는 시간의 화살이다."

고대 그리스의 세계관과 중세 기독교의 세계관은 역사를 질서로부터 쇠락으로 가는 과정으로 파악했다는 점에서 공통되며, 둘 다 시간의 화살이 날아가는 방향과 엔트로피 과정을 올바로 이해하고 있는 점에서도 같다. 뉴턴 역학에 기초한 오늘날의 패러다임은 엔트로피 법칙을 무시하여 시간이 독립된 과정이라는 환상을 낳았다. 시간은 자연의 움직임과는 독립되어 있다는 주장이다. 이렇게 시간이 자연에서 소외된 것은 데카르트 때문이다. 데카르트는 인간과 자연이 철저히 분리되도록 세상이 짜여져 있다고 생각했다. 과학적 방법의 핵심은 관찰자와 관찰의 객체 사이에 철저한 중립성을 유지하는 것이다. 이렇게 해야 인간은 자연을 마음대로 조작하고 사용하여 물질적 부의 생산을 촉진할 수 있다.

인간과 자연을 효과적으로 분리하여 세상을 바라보는 방법이 나타나자 생명, 시간, 엔트로피 과정 상호간 관계는 사람들의 의식에서 떨어져나갔다. 이렇게 보면 로크와 그의 동료들이 어떻게 해서 현실과 세상과는 완전히 반대로 가는 세계관을 생각해냈는지를 이해하기 쉽다. 엔트로피 법칙은 자연의 모든 것이 쓸모있는 상태에서 쓸모없는 상태로 옮겨간다고 말한다. 로크는 그 반대라고 주장했다. 인간이 손을 대서 가치 있고 유용한 것으로 만들기까지 자연의 모든 것은 쓰레기라는 생각에 입각하여 로크를 위시한 기계론적 패러다임의 창시자들은 세상이 혼돈에서 질서를 향해 "진보한다"고 외쳤다. 시간의 흐름에 관해 이들은 다음과 같이 생각했다. "자연이 보다 빨리 변형되면 진보도 더욱 빨라질 것이고, 세계는 더욱 질서 있게 되며 따라서 시간이 절약된다."

이런 관점은 시간과 역사를 거꾸로 돌리는 관점이다. 이미 언급한 것처럼 시간은 일을 할 수 있는 유용한 에너지가 남아 있을 때만 존재한다. 소비된 시간의 양은 소비된 에너지의 양에 비례한다. 우주의 유용한 에너지가 고갈되어 갈수록 사건이 일어나는 빈도는 점점 떨어질 것이다. 이것은 사용가능한 '실제' 시간이 줄어든다는 것을 의미한다. 궁극적으로 열 죽음이라는 최후의 평형에 도달하면 어떤 사건도 일어나지 않는다. 그러면 우리가 경험할 수 있는 형태의 시간은 존재하지 않게 된다. 왜냐하면 아무것도 일어나지 않기 때문이다. 그러므로 세계의 에너지가 빨리 소비될수록 일어날 수 있는 사건의 수는 적어지고 그 결과 남은 시간은 줄어든다. 따라서 많은 에너지를 소비해서는 결코 시간을 절약할 수 없다. 그 반대로 많은 에너지가 소비되면 많은 시간이 사라진다. 다음 번에 누군가가 "어떤 일을 하는 데 에너지를 많이 써서 시간을 얼마나 절약했는가"라고 물으면 엔트로피 법칙과 시간의 화살을 생각해보고, 지난 400년간 우리가 역사를 바로 잡은 시각이 얼마나 기이했던가도 생각해보라.

엔트로피와 시간에는 또 다른 중요한 측면이 있다. 엔트로피는 우리에게 시간의 방향을 알려주기는 하지만 속도를 알려주지는 못한다. 사실 엔트로피 과정은 시계처럼 진행되는 것이 아니다. 엔트로피 과정은 끊임없이 속도를 바꾼다. 하나의 사건이 일어날 때마다 엔트로피는 증가한다. 어떤 때는 빨리, 어떤 때는 느리게 증가한다. 엔트로피의 증가속도는 얼마나 많은 아기들이 태어나는가, 몇 포기의 풀이 죽는가, 몇 대의 차가 만들어지는가, 몇 방울의 빗물이 지상에 떨어지는가, 바람은 얼마나 부는가, 파도가 해변을 때릴 때마다 얼마나 많은 자갈이 모래로 변하는가에 좌우된다.

역사는 예정되어 있는가, 또는 전개과정에서 사건이 우리의 자유의지를 행사할 수 있는가에 대해 인간은 끊임없이 토론을 해왔다. 인간이 발견한 어떤 개념보다도 먼 길을 걸어 엔트로피 법칙은 이 의문에 대한 답에 접근한다. 시간의 방향을 설정함으로써 제2법칙은 우리가 하는 일의 한계를 설정한다. 우리는 시간을 뒤로 돌리거나 엔트로피 과정을 역행시킬 수는 없다. 그것은 이미 결정된 일이다. 그러나 우리는 엔트로피 과정이 발생하는 속도를 우리의 자유의지에 따라 결정할 수 있다. 우리 인간이 지구상에 행하는 모든 활동은 엔트로피 과정을 가속화하거나 늦춘다. 우리가 삶의 방식과 행동양식을 결정하는 것은 지구상의 유용한 에너지를 얼마나 빨리 혹은 얼마나 천천히 소비할 것인가를 결정하는 것과 같다. 여기서 과학은 형이상학 및 윤리학과 만나게 된다. 자유의지, 결정론, 엔트로피 과정의 관계가 갖는 의미는 기술과 경제이론의 본질을 다룰 때 좀더 깊이 있게 모색해보기로 한다.

생명과 제2법칙
Life and the Second Law

지구상의 엔트로피 총량이 끊임없이 늘어난다면 생명의 과정은 어떻게 설명해야 할까? 확실히 생명체들은 엄청난 정도의 질서를 보여준다. 진화 그 자체는 무질서에서 벗어나 더욱 큰 질서를 축적해나가는 과정이다. 어린 아기가 성장해감에 따라 더욱 많은 양의 에너지를 저장하게 된다는 것은 의심할 여지가 없다. 식물이나 동물을 볼 때마다 우리는 수십, 수백억 개의 분자가 어떻게 그렇게 질서 있게 모여있는가에 감탄한다. 그렇다면 생명체는 제2법칙을 위반하는 것인가? 천만에! 오랫동안 과학자들은 이 문제로 고민해왔다. 그러나 오늘날 과학자들은 생명도 지상의 다른 모든 것과 마찬가지로 엔트로피 법칙의 철권을 벗어나지는 못함을 시인한다.

해롤드 블럼Harold Blum은 이 문제에 관한 선구적 저술인 『시간의 화살과 진화Time's Arrow and Evolution』에서 이렇게 말한다. "생명체의 성장에 따른 부분적인 소량의 엔트로피 감소는 우주에서의 보다 큰 엔트로피의 증가를 수반한다."

생명체들은 주변 환경에서 자유 에너지를 흡수하여 엔트로피 과정의 반대 방향으로 움직여갈 수 있다. 이러한 자유 에너지의 궁극적인 원천은 태양이다. 즉, 모든 식물과 동물은 태양에 의존하고 있다. 광합성으로 살아가는 식물은 태양에 직접적으로 의존하는 것이고, 식물이나 다른 동물을 잡아먹고 살아가는 동물은 간접적으로 태양에 의존한다. 노벨상을 수상한 물리학자 어윈 슈뢰딩거Erwin Schrodinger에 따르면 "모든 생물은 주변 환경으로부터 마이너스 엔트로피를 지속적으로 흡수하여 살아간다. 마이너스 엔트로피야말로 생명체의 양식이다. 생명체는 주변 환경의 질서를 파괴하여 자기 몸에 흡수하지 않으면 살아가지 못한다."

달리 말하면 모든 생명체는 평형을 향해 나아간다. 예를 들어 우리 인간은 어떤 생각을 할 때나 손가락 하나를 움직일 때마다 에너지를 소비한다. 이렇게 계속 소비만 하면 결국 평형상태에 도달하는데, 이는 곧 죽음을 뜻한다. 이것을 피하려면 우리는 주변의 넓은 환경으로부터 끊임없이 자유 에너지(마이너스 엔트로피)를 흡수해야 한다.

과학자들이 생명체와 제2법칙을 조화시키기 어려운 이유는 평형열역학이 폐쇄계를 다루고 있기 때문이다. 폐쇄계는 주변 환경과 에너지를 교환하지만 물질은 교환하지 않는다. 그러나 생명체는 개방계이다. 개방계는 주변 환경과 에너지뿐만 아니라 물질도 교환한다. 생명체는 살아 있는 동안 결코 평형상태에 도달할 수 없다. 평형상태는 곧 죽음이기 때문이다. 그러므로 생명체는 주변의 에너지를 빨아들여 평형상태로부터 멀리 떨어져 있으려고 한다. 이러한 상태를 "정상상태"라고 한다. 물질과 에너지가 생명체를 통해 흐르는 것을 멈추면 정상상태는 깨지고 이 생명체는 평형상태, 즉, 죽음을 향해 흘러간다. 그러므로 생명체의 주요 관심사는 엔트로피가 아니라 자유 에너지의 흐름이다. 이러한 분야를 연구하는 과학을 "비평형 열역학"이라고 한다. 비평형계는 평형계와 같은 방법으로 설명될 수 없지만 둘 다 제2법칙이 설정한 광범위한 대명제에 종속된다.

버트란트 러셀은 이렇게 말했다. "모든 생명체는 주변 환경에서 가능한 한 많은 것을 변화시켜 자신을 위해 사용하려고 하는 일종의 제국주의자들이다." 이러한 에너지 사냥 과정에서 지구상의 모든 생명체는 에너지를 자신의 시스템으로 통과시키면서 소비하고 결국 무용한 에너지로 만들어버린다. 아주 작은 식물조차도 자신의 질서를 유지하기 위해 더욱 큰 무질서를 만들어낸다. 식물은 광합성을 통해 살아간다. 태양으로부터 마이너스 엔트로피를 흡수하는 것이다. 이 과정에서 식물은 태양 에너지의 극히 일부분만을 포착하여 사용한다. 나머지는 단순히 분산된다. 식물에서 일어나는 극소량의 엔트로피 감소와 비교할 때 전체 환경에서 소실되는 에너지의 양은 엄청난 것이다. 먹이사슬을 보면 엔트로피의 증가가 눈에 띌 만큼 선명하게 드러난다.

화학자 타일러 밀러Tyler Miller는 간단한 먹이사슬로 이를 설명하고 있다. 이 먹이사슬은 풀, 메뚜기, 개구리, 송어, 인간으로 구성되어 있다. 제1법칙에 따라 에너지는 소멸되지 않는다. 그러나 제2법칙에 따라 가용 에너지는 먹이사슬이 한 단계 진행할 때마다 쓸모없는 에너지로 전환되며, 이에 따라 전체환경에는 더욱 큰 무질서가 발생한다. 이것이 현실이다. 메뚜기가 풀을 먹을 때, 개구리가 메뚜기를 잡아먹을 때, 송어가 개구리를 먹을 때 등 각 단계마다 에너지 손실이 발생한다. 밀러는 이렇게 말한다. "먹이를 집어삼키는 과정에서 에너지의 약 80~90%는 단순히 낭비되거나 손실되며 열의 형태로 주변 환경으로 빠져나간다." 따라서 집어삼킨 에너지의 10~20%만이 포식자의 살로 변해서 다음 단계 포식자의 에너지원이 되는 것이다. 그러면 각 단계의 개체가 얼마나 희생되어야 그 윗 단계의 생물이 죽음을 면할 수 있을까? "어떤 사람이 1년을 살아가는 데는 300마리의 송어가 필요하다. 그리고 300마리의 송어들은 9만 마리의 개구리가 필요하고, 이 개구리들은 2,700만 마리의 메뚜기가 필요하며, 이 메뚜기들은 1,000톤의 풀을 뜯어먹는다."

그러므로 사람 하나가 생명체로서 '질서'를 유지하려면 2,700만 마리의 메뚜기나 1,000톤의 풀이 필요하다. 그렇다면 모든 생명체는 주변 환경에 더 큰 무질서를 창조해야만 생명을 유지할 수 있다는 사실에 의심의 여지가 있을까?

에너지는 모든 생명체를 통해 계속 흘러가며 높은 수준에서 생명체로 들어가 낮은 수준에서 빠져나온다. 생명체들은 주변 환경에서 마이너스 엔트로피를 흡수하여 생명을 유지한다. 살아남기 위한 투쟁은 어떤 생명체가 유용한 에너지를 흡수하는 능력을 얼마나 갖추고 있는가에 따라 판가름난다. 에너지의 흐름과 생물진화에 대해 처음 논한 생물학자 알프레드 로트카Alfred Lotka는 모든 종의 생물은 서로 다른 타입의 "변환자"로 인식될 수 있다고 했다. 이 변환자들은 유용한 에너지를 흡수하고 사용한다. 각 변환자 또는 생명체는 주변으로부터 에너지를 빨아들이는 여러 가지 도구로 무장하고 있다.

로트카에 따르면 "눈, 귀, 코, 미뢰, 손가락 끝의 촉각 등 감각기관과 머리, 입 사이의 긴밀한 관계는 한 가지 사실을 우리에게 알려준다." 그것은 생명체가 에너지의 흡수자 및 변환자로 설계되어 있다는 사실이다. 그렇지 않다면 생명체는 살아남지 못할 것이다. 진화의 관점에서 볼 때 로트카는 자연도태설에 의해 "자신의 체중, 물질순환, 전체 에너지 유입량을 늘릴 수 있는" 생물만이 살아남을 수 있다고 주장한다. 물론 이것은 사용가능한 물질과 에너지가 환경에 존재할 때의 이야기다.

자연도태는 생명체를 통과하는 에너지의 흐름을 극대화시키는 개체를 선호한다는 로트카의 주장은 스스로에 의해 약간 수정되었다. 오늘날 받아들여지는 이론은 이렇다. 물질과 에너지의 흐름을 극대화하는 것은 어떤 생태계의 발전 초기, 그러니까 유용한 에너지가 아직 남아돌 때 흔히 보이는 현상이다. 그러나 주어진 생태계를 다양한 종의 생물들이 채우기 시작하면 이들은 에너지 흐름을 좀더 효율화하여 환경이 갖는 에너지 용량의 한계에 적응한다. 이처럼 흐름이 극대점을 유지하는 초기 단계는 일반적으로 "식민화 단계"라고 하며, 뒤에 오는 극소 에너지 흐름 단계는 "절정 단계"라고 한다.

전체적으로 호모 사피엔스는 식민화 단계에서 절정 단계로 옮겨가야 한다. 인간들, 특히 고도의 산업사회에 사는 사람들은 인간과 사회 시스템 모두에서 에너지 흐름이 계속 증가하는 쪽으로 활동하고 있다. 오늘날 인류가 당면한 위기는 전환의 위기이다. 다음 시대로 가면 인간은 절정 단계로 옮겨가서 인간 및 사회시스템에서 에너지의 흐름을 극소화하는 방향으로 활동할 것이다. 그렇지 않으면 인류는 전환에 실패한 수많은 생물들과 같은 길을 걷게 될 것이다. 생명의 역사는 멸종에 대한 기록으로 가득차 있다. 멸종 생물 리스트에 한둘쯤 올리는 것은 어려운 일이 아니다.

우리는 생물학적 진화를 '진보'로 파악하는 데 너무나 익숙해져 있다. 이제 우리는 어떤 종이 한 단계 진화할 때마다 더 많은 양의 에너지를 유용한 상태에서 무용한 상태로 변환시킨다는 사실을 알았다. 진화의 과정에서 나중에 오는 종은 앞선 종보다 더 복잡하여 유용한 에너지의 변환자로서 더 잘 무장되어 있다. 우리가 받아들이기 힘든 것은 진화하면 할수록 에너지 흐름의 값은 더욱 커지고 이로 인해 환경 전체에 더 큰 무질서가 발생한다는 사실이다.

엔트로피 법칙은 진화로 인한 생명체의 활동으로 유용한 에너지의 총량이 줄어든다고 말한다. 그런데 오늘날 우리가 알고 있는 진화의 개념은 이와는 정반대이다. 우리는 진화가 어떤 마술처럼 더 큰 총체적 가치와 질서를 창출해낼 것이라고 믿는다. 그러나 우리가 살고 있는 환경이 너무도 분산되고 무질서해진 것은 눈으로 봐도 알 수 있다. 우리는 처음으로 진화, 진보 그리고 물질적 가치가 있는 것들의 창조 등에 대한 우리의 시각을 다시 한번 생각해보기 시작했다. 이것이 갖는 의미에 대해서는 나중에 설명하기로 한다. 하지만 설명은 제쳐두고라도 이것을 피해갈 방법은 없다. 진화는 한편으로 거대한 무질서의 바다를 만들면서 군데군데 점점 더 큰 질서의 섬을 만들어내는 과정이다. 생물학자나 물리학자라면 누구도 이 진리를 부인하지 못할 것이다. 그러나 학생들 또는 대중들 앞에 서서 이 사실을 분명히 시인할 수 있는 사람은 얼마나 될까?

이와 같은 진화에 대한 설명 때문에 머리를 망치로 얻어맞은 것 같은 생각이 들고 방금 들은 진화에 대한 이야기가 생각하기도 싫을 정도로 절망적이라면 그것은 우리가 기존 세계관에 너무 젖어 있기 때문일 것이다. 그 때문에 세계의 틀을 짜는 다른 방법은 도저히 받아들일 수가 없는 것이다. 그러나 우리는 제2법칙이 생명과 진화의 진정한 기반이라는 사실을 깨닫고 인정하기 전에는 오늘날의 식민화 단계에서 절정 단계로 옮겨갈 수 없다.

신체 외적 도구와 에너지
Exosomatic Instruments and Energy

모든 생물은 주변 환경으로부터 유용한 에너지를 빨아들이기 위해 끊임없이 투쟁하고 있다. 다른 생물들이 눈, 귀, 코, 이빨, 발톱 등 자신의 신체에 달린 것에만 의존하여 에너지를 얻는 데 반해 인간만은 신체 외적인 도구를 사용한다. 더욱 발달된 신경계와 두뇌를 가진 인간은 여러 가지 도구를 발명하여 자연이 준 생물학적 도구를 보충하고 확장하는 데 성공한 것이다.

신체 외적 도구라고 하면 인간이 유용한 에너지(마이너스 엔트로피)를 포착하고 변환시키고 처리하는 데 쓰이는 모든 도구를 포함한다. 우리는 환경으로부터 에너지를 끌어내기 위해 여러 가지 공구와 기계를 발명한다(우리는 집을 지어 열을 얻고 체온을 유지하며, 길과 다리를 만들고 새로운 수송수단을 고안하여 에너지 이동을 돕기도 한다. 우리는 또한 에너지의 처리와 분배를 좀더 효율적으로 하기 위해 언어, 관습, 경제조직, 정부 등을 만들어낸다).

이 모든 신체 외적 활동은 문화의 큰 부분을 이룬다. 사회발전이라는 것도 결국은 인간의 생존을 확보할 수 있는 '질서의 섬'을 만들어내려는 노력이다. 우리 인간은 다른 모든 생명체와 마찬가지로 에너지의 지속적인 흐름을 유지하는 능력을 통해 생존한다. 또한 문화는 더 큰 환경에서 에너지를 끌어내는 수단이 된다. 그렇다면 열역학 제1법칙과 제2법칙은 우주의 다른 부분에서와 마찬가지로 지구상의 모든 문화와 문명을 지배하는 최고의 원칙으로 작용할 것이다. 이 두 법칙을 내팽개치고도 살 수 있다고 생각하는 것은 우리 몸속으로 에너지가 지속적으로 흐르지 않아도 살 수 있다고 생각하는 것만큼이나 위험하다.

어떤 문화에서 발견되는 모든 복잡한 행동을 추출하여 몇 개의 범주로 나눈다면 에너지의 변환, 교환, 폐기 등의 용어가 맨 윗자리를 차지할 것이다. 인간은 항상 방금 말한 행동을 하느라고 바쁘다. 그런데 이러한 과정의 실상을 바라보기는 어려운 경우가 많다. 왜냐하면 에너지와 관련된 활동들은 자연 자체와는 아무런 관계가 없는 것처럼 보이는 활동들과 밀접하게 엮여 있기 때문이다. 수세기에 걸쳐 칠해지고 덧칠해진 문화의 페인트를 한 겹씩 벗겨가다 보면 그 밑바탕에는 유용한 에너지가 계속 변환되고, 교환되고, 폐기됨을 알 수 있을 것이다. 이 말을 믿기 힘들다면 직접 한번 시험해보라. 보고, 듣고, 만지고, 냄새 맡고, 느끼고, 소비하는 것들 그리고 여러분이 변화시키고 다른 것과 상호교환하는 것들을 관찰해보라. 이렇게 관찰된 항목 하나하나를 양방향으로 추적해보라. 그것이 태어난 원천과 최종 목적지를 따라가 보라. 그러면 이들 모두는 어떤 원재료(유용한 에너지)에서 출발해서 무용한 폐기물(무용한 에너지)로 생을 마감할 가능성이 매우 크다. 아니, 100% 그렇다고 해도 좋다.

에너지는 인간의 삶의 기반이자 문화의 기반이기도 하다. 그러므로 어떤 사회에서든 권력은 에너지를 변환, 교환, 폐기하는 신체 외적 도구를 통제하는 사람이 장악한다. 계층의 분화, 착취, 특권, 빈곤 등은 모두 한 사회의 에너지 흐름이 어떻게 설정되어 있는가에 따라 결정된다. 신체 외적 도구를 통제하는 사람들이 에너지 흐름을 통제한다. 이들은 사회라는 테두리에서 어떻게 일을 배분할 것인가 결정한다.

지난 수백년간 정치 철학자와 경제 철학자들이 쓴 무수한 글을 읽으면 아주 기이한 느낌이 든다. 이들 위대한 학자들은 하나같이 자연의 법칙, 사회계약, 생산수단에 관한 변증법, 권력의 본질 등에 대해 역설하고 있지만 에너지 흐름이나 엔트로피 법칙에 대해서는 거의 한마디 언급도 없다. 열역학 제2법칙이 19세기 후반이 되어서야 과학적으로 형성된 것은 사실이지만 그 이전의 사람들이라고 해서 에너지에 대해 일체 언급하지 않은 것을 면제받을 수는 없다. 고대 그리스인이나 중세 기독교 신학자들도 제2법칙을 모르기는 마찬가지였다. 그러나 그들은 직관을 통해 제2법칙을 이해했고, 그 핵심진리를 그들의 문화와 세계관에 도입했다.

이제 막 떠오르는 엔트로피 패러다임이 정치학과 경제학을 비롯한 모든 학문 분야에 영향을 미치기 시작하면 이것을 거북하게 느낄 정치학자와 경제학자들이 많을 것이다. 그러나 앞으로 몇 년 내에 이런 일들이 일어나기 시작하면 정치 및 경제적 사고에서 신성시해온 기본개념이 근본적으로 바뀔 것이다. 그 변화는 구석구석까지 철저하게 영향을 미칠 것이다. 이유는 간단하다. 이제까지 금과옥조로 여겨온 비진리들뿐만 아니라 이 금과옥조의 수호자로 임명된 사람들까지 의심하게 될 것이기 때문이다.

엔트로피 패러다임이 들어선다고 해서 모든 학문이 정치학이나 경제학처럼 타격을 입는 것은 아니다. 예를 들어 많은 인류학자들은 주어진 환경에서의 에너지 기반이 문화형성에 있어 가장 큰 결정요인이 된다는 것을 오래전부터 알고 있었고, 인류학자들은 사람들이 환경을 구성하는 방법에 변화가 발생한 시점을 기준으로 역사의 주요시기들을 나누었다. 그러므로 각 시기의 특성을 살펴보고 이들 모두를 관통하는 하나의 끈을 들여다보는 것은 중요하다. 그 끈이 바로 엔트로피 법칙이다.

제 3 부

새로운 역사관의 틀 —엔트로피

ENTROPY: A NEW HISTORICAL FRAME

역사와 엔트로피 분수령
History and Entropy Watersheds

"행복한 사람들은 역사를 만들지 않는다Les gens heureux n'ont pas d'histoire." 이것은 오래된 프랑스 속담으로 행복한 인간은 역사를 만들어 낼 수 없다는 뜻이다. 그리고 이런 미국 속담도 있다. "필요는 발명의 어머니이다Necessity is the mother of invention." 이 두 속담을 통해 역사 전체를 이해할 수 있다. 그러나 역사가들은 여기에 반발하며 "세계는 그보다 훨씬 더 복잡하다"고 외칠 것이다.

아놀드 토인비Arnold Toynbee(영국의 역사가)는 사회의 역사가 문명적인, 그리고 환경적인 도전과 응전의 연속이라고 주장할 것이다. 오스왈드 슈펭글러Oswald Spengler(독일의 철학자, 교육학자)는 문명의 역사는 마치 인간의 삶처럼 탄생, 성장, 죽음을 거치는 순환과정이라고 이야기할 것이다. 오르테가 이 가제트Ortega y Gasset는 역사란 카리스마를 가진 소수의 엄청난 창조력이 대중에 의해 흡수되면서 무뎌지고 생명을 잃는 평준화 과정이라고 정의할 것이다. 마르크스Marx 같으면 역사는 변증법적이고 유물론적이며, 역사의 한 단계가 펼쳐질 때마다 그것을 파괴할 씨앗이 이미 그 안에 잉태되어 있고 새로운 현실의 태아가 그것을 대치한다고 주장할 것이다.

쓸데없는 토론은 그만두자. 역사가들은 모두 역사라는 낱말 맞추기 게임의 일부를 맞춘 것이라고 해두자. 다른 퍼즐에서와 마찬가지로 그 퍼즐의 완성된 모습이 어떤 것인지를 모르면 퍼즐 한 조각 한 조각을 짜맞추기란 여간 어려운 것이 아니다. 그런데 역사의 퍼즐을 이해하는 열쇠는 엔트로피 법칙과 앞서 말한 두 개의 격언이다. 역사를 개인 수준으로 끌어내리면 모든 것이 분명해진다. 우리가 현재 삶의 방식에 대해 매우 만족하고 행복해한다 치자. 그러면 우리는 생활방식을 근본적으로 바꾸는 일 따위는 생각지도 않을 것이다. "좋은 것을 부수지 말라Don't knock a good thing"는 속담 그대로이다.

개인 차원에서 우리는 현재 우리 삶의 방식이 어떤 식으로든 실패하고 있을 때 그 방식을 바꾸고자 노력한다. 우리는 모두 개인적인 위기를 경험했다. 우리 삶을 다시 한번 들여다보는 고통도 겪었고, 새롭고 알지 못할 무엇인가를 시도할 때의 공포도 느껴보았다. 그런데 바로 이렇게 기존 방식이 더 이상 통하지 않을 때 우리는 탈출구를 생각하기 시작한다. 우리의 사고력과 감정이 가동되기 시작하고 여러 가지 대안을 가지고 고민하며 이런저런 실험을 해본다. 마지막에 가서 우리는 가능성 있는 대안 하나 또는 몇 개에 매달려서 일을 해결하려고 한다. 적어도 다음 위기가 닥칠 때까지는 말이다.

개인의 역사는 사회의 역사와 크게 다르지 않다. 두 가지 경우 모두 행복은 공백상태를 남기고 위기는 발명의 시대를 남긴다. 불행히도 대부분의 현대 역사학자들은 정반대의 주장을 하고 있다. 이런 이유로 우리는 상식이 가르치는 바를 잠시 제쳐두고 이 문제에 대한 역사가들의 생각을 고찰해보자.

역사의 여유 또는 잉여 이론은 이렇다. 사람들의 행동양식에 중요한 변화가 생기는 것은 이들이 풍요의 결과 잉여를 충분히 축적해서 생각하고 실험할 수 있는 여유가 생겼을 때라는 것이다. 예를 들어 수렵채취인들이 충분한 잉여를 축적하지 못했다면 그들은 농경사회로 결코 옮겨가지 못했을 것이라는 주장이 자주 제기된다. 이들의 논리에 따르면 기근 위기에 놓여 있는 사람들은 미래의 어떤 사건, 즉, 추수를 위해 자원을 투자하는 것을 매우 꺼렸을 것이다. 달리 말하면, 배고픈 사람은 수렵채취를 그만두고 대여섯 달 동안 밭을 갈지는 않는다는 이야기다.

이러한 주장은 언뜻 보면 합리적인 것처럼 보인다. 그러나 자세히 들여다보면 아귀가 맞지 않는다. 우선 수렵채취사회가 충분한 잉여를 축적했다고 치자. 그렇다면 도대체 무엇 때문에 이 사람들이 자신들의 삶을 송두리째 뽑아가면서 불확실하고, 위험하며, 한 번도 해보지 않은 밭갈기를 시작할 것인가? 모든 것이 잘될 때 사람들은 자신의 생활양식을 결코 바꾸지 않는다. 완전히 미친 경우를 제외하고는 말이다. 우리는 역사의 "광인 이론"을 선뜻 제시할 수가 없다. 그러니까 잉여 이론의 배후에 있는 불확실한 생각은 어딘가 다른 곳에 있을 것이다. 사실 그렇다. 이 책을 여기까지 읽었으니 독자 여러분은 이런 식의 사고가 기존 기계관과 직결된다고 해도 별로 놀라지 않을 것이다.

현대적 세계관에 의하면 역사는 꾸준히 일직선으로 진보해왔다. 이 진보의 과정에서 어떤 시대가 확보한 잉여의 덕분으로 사람들은 새로운 도구와 기술을 발명하는 데 필요한 자유시간을 얻었다. "새로운 도구와 기술로 인해 사람은 더욱 물질적 잉여를 이루게 되었고, 이로 인해 더욱 시간이 남아돌아서 더욱 발달된 도구와 기술을 개발했고, 이는 더 큰 잉여를 낳는 식으로 계속 발전해왔다는 것이다. 세계라는 기계는 더욱 효율화되고 개선되고 확장되어왔으며, 우리의 삶은 이 과정에서 더욱 안전하고 안락해졌다." 이것이 우리의 세계관이다. 우리는 이런 식으로 세상을 파악해온 것이다. 이로 인해 우리 주변의 세상이 온통 엉망인 것도 이상할 것이 없다. 사실 역사는 우리가 세뇌당한 것과는 완전히 반대 방향으로 전개되어 왔으니까 말이다.

여러 가지 증거로 미루어볼 때 수렵채취인들은 필요에 의해 농경을 시작했다. 사냥감과 식용식물은 점점 줄어들었고 새로운 사냥터도 사라졌고 활동영역을 넓힌다는 것도 불가능했다. 생존 위기에 직면한 이들은 실험을 할 수밖에 없었다. 이런저런 아이디어를 시험해보았다. 재래식의 수렵채취생활이 점점 비경제적이 되자 점진적으로 여러 단계를 거쳐 농경이 수렵채취를 대치했다. 오늘날 남아 있는 수렵채취사회에 대한 연구는 "결핍, 위기, 실험"의 이론을 뒷받침한다. 그러나 역사상의 수많은 변화 중 하나일 뿐인 정착 농경의 등장만 계속해서 되뇌일 필요는 없다. 우리는 그때 이후 인간의 문화에 일어난 주요한 변화의 기록을 갖고 있기 때문이다. 그리고 그 기록들을 보면 큰 변화는 예외없이 풍요함의 축적 결과에서 나온 것이 아니라 기존의 원천이 고갈되었기 때문에 일어났다.

이것이 의미하는 바는, 역사란 제2법칙의 반영이라는 사실이다. 엔트로피 과정은 항상 극대점을 향해간다. 한 가지 사건이 일어날 때마다 일정량의 에너지는 영원히 무용한 것이 되어버린다. 축적된 엔트로피로 인해 사회가 에너지원 자체에 대한 질적 변화를 꾀하는 때가 이른바 역사의 분수령이라는 시점이다. 바로 이 전환의 시기에 낡은 방식은 쓸모없게 되는 것이다. 이때 사회의 엔트로피 총량은 너무나 커져서 새로운 에너지원으로 이동이 일어나고 새로운 방식의 기술이 태어나며 새로운 사회, 경제, 정치 체제가 형성된다.

엔트로피 법칙은 유용한 에너지의 획득이라는 측면에서 볼 때 이렇게 새로 형성된 환경이 앞선 환경보다 더 열악하다는 사실을 말해준다. 그 이유는 각 단계를 지날 때마다 이 세계가 갖고 있는 유용한 에너지는 점점 줄어들기 때문이다. 세계의 전체적 무질서는 항상 증가하고, 유용한 에너지의 총량은 항상 감소한다. 인간의 생존이 유용한 에너지에 달려 있기 때문에 이것은 사람이 삶을 영위하기가 점점 힘들어진다는 것, 그리고 갈수록 열악해지는 환경 속에서 버티려면 일을 덜 하는 것이 아니라 더 해야 한다는 것을 의미한다. 이런 열역학 환경에서는 인간의 육체만으로 늘어난 작업을 감당할 시간이 없기 때문에 인간은 적절한 수준의 생존을 유지하기 위해 더욱 복잡한 기술을 개발해야만 했던 것이다.

뉴턴 패러다임의 추종자들은 이런 생각을 도저히 받아들일 수 없을 것이다. 그들은 새롭고 좀더 발달된 기술이 비효율적인 인간의 힘을 더욱 효율적인 도구의 힘으로 대치하여 인간의 짐을 덜어줌과 동시에 더욱 많은 부를 생산한다고 주장한다. 이것이 진보라는 것이다. 사실 문화적 진보를 도구의 힘이 차지하는 비중이 늘어나는 과정으로 파악하는 것은 흔히 있는 일이다. 수렵채취사회에서 사람들은 근육의 힘을 주요 에너지원으로 써야만 했다. 보통의 성인은 1/10마력 정도의 힘을 낸다. 이 수치를 오늘날 보통의 미국인들이 자유로이 사용할 수 있는 수천만 마력의 기계의 힘과 비교해보라. 이것은 현대기술의 산물이다. 뉴턴 추종자들은 이렇게 말한다. "그러므로 역사는 진보의 과정이며 인간은 먼 옛날보다 훨씬 잘 산다는 것은 분명하다." 이러한 사고의 배경에는 근본적인 가설이 깔려 있다. '에너지의 흐름이 클수록 사회는 더욱 효율적이 되고 문명은 더욱 진보하며 세계는 더욱 질서 있게 된다.'

이제 이러한 어리석은 생각을 버려야 할 때가 왔다. 인류가 기술발전을 이룩할 때마다 에너지를 추출하고 소비하는 과정이 더 빨라진 것은 사실이다. 그러나 에너지는 결코 창조되거나 파괴될 수 없으며, 유용한 쪽에서 무용한 쪽으로만 변해간다는 사실을 우리는 기억해야 한다. 그러므로 이른바 효율성이 한 단계 높아질 때마다(여기서 효율성이란 에너지 흐름을 가속하기 위한 신기술을 척도로 한 것이다) 에너지의 분산과 무질서의 증가만이 가속화되었을 뿐이다. 에너지 흐름이 가속화됨에 따라 각 엔트로피 분수령 사이의 시간도 짧아졌다. 수렵채취인들이 수렵채취를 포기하고 농업으로 돌아서기까지는 수백만 년이 걸렸고, 농경이 시작된 시점에서 산업사회로 '옮겨가야 했던' 시점까지는 수천 년이 걸렸다. 그러므로 수백 년밖에 지나지 않은 현대인들은 자원(재생 불가능한 에너지원)을 다 소진해버리고 이제 또 하나의 엔트로피 분수령 앞에 서 있는 것이다.

게다가 우리가 알고 있는 것과는 반대로, 생존을 위해 1인당 더 많은 에너지를 소비하는 것은 효율적이지 않다. 효율성이라고 하는 것이 '일을 줄이는 것'으로 정의된다면 말이다. 오히려 그 반대이다. 일이란 간단히 말해서 유용한 에너지를 써버리는 것이다. 백만 년 전과 비교할 때 오늘날 산업사회에서 우리는 당시보다 1인당 1,000배의 에너지를 '소비'해야 생활을 영위할 수 있다. 이러한 일을 근육의 힘 대신 기계로 수행한다는 이유 한 가지 때문에 현재 우리가 일을 '적게' 한다는 환상에 사로잡힌다면 그것은 매우 슬픈 일이다.

역사를 더듬어보면 같은 에너지 환경에서도 아주 오랫동안 살아남은 문명도 있었다. 그들은 식민화 단계에서 절정 단계로의 전환을 성공적으로 수행할 수 있었던 것이다. 모든 문명들에 있어 환경에 적응한다는 것은 에너지 흐름의 속도를 줄여서 전체 환경의 엔트로피 증가를 감소시키는 것을 의미한다. 물론 가장 적응이 잘된 절정 단계라 할지라도 궁극적으로 에너지에 관한 질적 변화를 영원히 막을 수는 없다. 여기서 문제는 이러한 문명이 얼마나 빨리 혹은 얼마나 천천히 엔트로피 분수령에 도달하는가 하는 것이다. '정상상태'로 들어간 문명들은 세계를 폐쇄계로 파악했고, 따라서 이 세계는 자기들이 이미 꽉 채워놓았으며 따라서 도망갈 길이 없는 장소라고 생각했다는 사실은 매우 흥미롭다. 그들에게 있어 '한계 안에서 살아간다는 것'은 제2의 천성이었던 것이다.

그러나 현대적 세계관은 매우 다른 모습을 보여준다. 기계 패러다임은 운동하는 물질을 강조한다. 그래서 움직임과 거리에 특별한 의미를 부여한다. 기계 패러다임은 '끊임없는 성장'이라는 이미지와 직결되어 있다. 한계라는 것은 패배의 조짐이다. 우리 시대의 정신은 팽창과 정복이다. 무엇보다도, 우리에게는 항상 정복해야 할 신세계가 있다. 이제 인구는 40년마다 두 배로 늘어나며 전 세계 구석구석의 빈자리는 빠짐없이 채워져서 이제 서 있을 자리밖에 없어 보인다. 유용한 에너지원을 찾기는 점점 더 힘들어지고 동시에 에너지 폐기물을 버릴 장소가 없어진다. 우리가 이렇게 서로 부딪히며 우왕좌왕하고 있을 때 새로운 목소리가 터져나온다. 점점 커지는 이 목소리는 "한계 안에서 살아갈 방법을 찾아내야 한다"라고 외치고 있다. 호모 사피엔스에게 있어서 식민화 단계는 완전히 끝난 것이다.

그런데 이렇게 불을 보듯 뻔한 사실을 외면하려는 사람들이 있다. 우주개발론자들은 다른 행성을 식민화해서 거기서 에너지를 얻을 수 있을 거라고 주장한다. 그러나 이들의 꿈은 실현되지 않을 것이다. 6일 간의 인구 증가분에 해당하는 사람들을 우주로 쏘아올리는 데만 전인류의 1년간 GNP를 모두 투입해야 한다. 그리고 천문학자들에 따르면 지구와 비슷한 기후조건을 가질 가능성이 있는 태양계 이외의 행성계 중 가장 가까운 것도 10광년이나 떨어져 있다고 한다. 현재의 기술로는 수백 년이 걸리는 거리다. 혹여나 그곳에 간다 하더라도 생명을 유지할 수 있을지 미지수다. 마지막으로, 다른 행성에서 유용한 자원을 얻어 필요한 만큼 가져온다는 생각은 완전히 상식 밖의 이야기다. 지구에서조차 새로운 광물자원을 캐는 일은 엄청난 비용이 요구되는데, 자원이 묻혀 있는 행성을 발견했다고 하더라도 그 먼 곳에서 광물을 캐서 지구까지 가져오는 비용을 감당할 방법이 없다.

지구라는 폐쇄계에 내재하는 물리적 한계를 인정하는 것만이 우리 스스로를 완전히 구할 수 있는 길이다. 우리의 생존과 다른 모든 생물종의 생존은 자연과 화해하고 생태계와 협동하며 살아가려는 우리의 의지에 달려 있다. 이러한 의지력을 발휘하여 이제까지 우리가 지구에 입힌 상처가 치유될 수 있는 자연적 재생과정에 필요한 시간을 충분히 준다면 우리를 비롯한 모든 생명은 지구상에서 오랫동안 건강한 삶을 영위할 수 있을 것이다.

우리가 이러한 변화를 한사코 거부하고 식민화를 계속하여 우리 앞에 가로놓인 모든 것을 파괴한다면 우리에게 선택의 가능성은 없어질 것이다. 우리는 결국 전환점에 도달할 것이고 지구의 물질과 에너지는 고갈되어 절정상태로 돌아선다 하더라도 남아 있는 저低엔트로피 자

원이 너무 적기 때문에 생명을 존속시키는 데 필요한 환경적 균형을
회복할 순환과정 자체가 불가능해질 것이다.

식민화 단계에서 절정 단계로 옮겨가는 것이야말로 생물종으로서
인간이 이루어야 할 가장 심오한 변화이다. 이제 우리는 갈림길에 서
있다.

최후의 에너지 분수령
The Last Great Energy Watershed

역사는 엔트로피 법칙을 따른다. 역사상 두 시대를 고찰하여 이를 밝혀보자. 4세기부터 19세기의 서유럽을 예로 들어보자. 이 시기를 선택한 것은 이때가 현대적 패러다임의 발전 및 현대의 미국 생활방식의 탄생과 연결되어 있기 때문이다. 15세기에 걸친 이 기간을 역사가들은 중세 암흑시대와 산업화시대의 두 부분으로 나눈다(르네상스는 이두 시대의 전환기로 인식된다).

일반적인 역사 교과서를 보면 중세에서 현대로 옮겨가는 것이 인간정신의 획기적인 각성의 결과라고 되어 있다. 마치 어떤 신비로운 이유로 인해 인간들은 중세 초기에 생각을 멈추고 일제히 수백 년 동안동면하기로 결심한 것처럼 보인다. 학자들은 종교개혁, 시민계급과 자본주의의 대두, 엄청난 변화 속에서 탄생한 무역로 등의 의미에 대해논란을 벌이지만, 이러한 변화의 바닥에 깔려 있는 주요 원인에 대해논의하는 학자들은 별로 없다. 13세기와 16세기 사이에 서유럽은 엔트로피 분수령을 거쳤다. 중세의 에너지 기반이었던 나무는 점점 구하기 힘들어졌고 인구증가로 인해 문제가 더욱 심각해지자 사람들은 그 대안으로 석탄을 발견했다. 이로 인해 서유럽의 생활방식도 근본적인 변화를 겪었다. 즉, 나무에서 석탄으로의 경제기반 변화야말로 중세에 종말을 고함과 동시에 산업혁명의 첫 장을 연 것이다.

유럽의 공간활용상태를 살펴보면 감탄하게 된다. 모든 것은 기하학적 크기와 형태에 따라 깔끔하게 배열되어 구분되어 있고, 열린 공간도 어딘가 손질한 듯한 인상을 풍기며 대륙 전체가 조각가의 작품처럼 아주 옛날부터 치밀한 계획 하에 세부까지 신경써서 만들어진 것처럼 보인다. 그래서 4세기까지만 해도 유럽이 알프스에서 카르파티아 산맥에 이르기까지 빽빽한 숲이었다는 것을 상상하기는 힘들다. 몇 백 킬로의 유럽대륙 상공을 날아다녀도 가도가도 끝없는 숲에 가끔씩 공터가 하나씩 나타나는 것만 보였을 것이다. 몇 군데에서 피어오르는 모닥불 근처에는 몇 채의 움집이 있고, 이삼십 명의 사람들이 숲 근처에서 왔다 갔다 했을 뿐이었을 것이다.

서유럽은 건조한 중동과는 매우 다른 모습이었다. 중동의 토양이 메마른 데 비해 서유럽의 토양은 습하고 무거워서 쟁기질하기가 힘들었다. 이러한 환경적 차이로 인해 서유럽은 경작기법상 근본적인 변화를 겪어야 했고, 이는 대륙의 발전에 큰 영향을 미쳤다.

로마의 구식 쟁기는 유럽의 기름지고 무거운 땅을 갈아엎기에는 너무도 약했다. 6세기 중엽쯤 슬라브족들은 바퀴와 두 개의 날이 달린 더 무거운 쟁기를 사용하기 시작했다. 이 두 날짜리 쟁기는 '수직 날은 땅을 파며 앞으로 나아가고 수평 날과 보습은 풀밭을 갈아엎었다.' 신형 쟁기는 땅을 깊이 갈아주었기 때문에 과거처럼 가로세로로 두 번 쟁기질 할 필요가 없었다.

또한 신형 쟁기는 농업생활의 구조 자체를 바꿔놓았다. 워낙 무거웠기 때문에 여덟 마리의 소가 한 조가 되어 쟁기를 끌어야 했는데, 어떤 농가도 그렇게 소를 많이 갖고 있지는 못했기 때문에 농가들은 서로 협조해야 했다. 자신의 경작지에 울타리를 치고 혼자 농사를 짓기가 현실적으로 어려워진 것이다. 무거운 신형 쟁기는 넓은 개활지에서만 쓸모가 있었다. 이 두 가지 이유 때문에 북유럽의 장원경제에서는 공동경작이 주류를 이루게 되었다.

9세기가 되자 이 신형 쟁기는 대륙 곳곳에 전파되었고, 기름진 강바닥의 땅을 갈아엎는 데 효과적이었으므로 사람들은 저지대의 숲을 끝없이 벌목했다. 이는 인구증가에 따라 경작지가 더 필요했기 때문이기도 하다.

두 날 쟁기 발명에 이어 두 가지 기술이 개발되었다. 땅이 더욱 기름진 북유럽의 일부에서는 인구가 늘어나 수확량을 늘여야 했고 이에 대응하기 위해 전통적인 2포식 농업 대신 3포식 농업이 시작되었다. 2포식에서는 지력을 회복하기 위해 경작지의 반을 방치했지만, 3포식 농업에서는 노는 땅이 1/3로 줄었다. 여기에는 몇 가지 이익이 있었다. 우선 수확량이 늘었고, 쟁기질 작업량이 줄었다. 그러나 토지 사용량의 증가로 인해 3포식 농업은 2포식보다 지력을 빨리 소진시켰고, 따라서 엔트로피 과정을 가속시켰다.

3포식 농업이 도입됨에 따라 소를 말로 바꿀 수 있었다. 말은 두 배 빨리 일을 했지만 풀뿐만 아니라 곡식도 먹여야 했다. 다행히 3포식 도입으로 인해 귀리 수확량이 늘어나서 말의 곡물수요를 충당할 수 있었다. 그러나 말을 경작에 이용하기 위해서는 세 가지 기술적 개선이 필요했다. 11세기가 되자 오늘날 볼 수 있는 마구와 편자가 고안되었고,

말 두 마리를 앞뒤로 부리는 방법이 완성되었다. 이 세 가지 기술혁신을 통해 더 무거운 쟁기를 다룰 수 있게 됨에 따라 작업속도도 크게 빨라졌다.

두 날 쟁기, 3포식 농업, 말에 의한 경작 등을 통해 사람들은 같은 땅에서 더욱 많은 소출을 올렸고 넓은 땅을 경작지로 개간하는 작업에 박차를 가하게 되었다. 9세기부터 12세기까지 농작물의 잉여분이 생겼고 이에 따라 인구는 꾸준히 증가하여 기존 농경지의 지력이 끊임없이 소진되었으며, 더 많은 경작지를 얻기 위해 대대적인 벌목이 행해졌다. 모든 주요 엔트로피 분수령의 서막을 연 악순환이 시작된 것이다. 기술이 더욱 발달함에 따라 에너지의 흐름, 인구, 엔트로피가 모두 증가했다.

14세기 중엽이 되자 유럽인들은 엔트로피 분수령에 도달했다. 인구가 에너지의 기반을 갉아먹었고 지력은 쇠퇴했으며, 나무가 부족해서 서유럽과 북유럽 사람들은 위기에 직면했다. 12세기 유럽 일부에서는 풍차(더 많은 경우 수차)를 이용해서 과거에는 불모지였던 땅을 경작지로 바꾸는 데 성공했다. 그러나 그들은 산림파괴와 인구증가라는 대가를 치러야 했다.

역사학자 윌리엄 맥네일William McNeill은 다음과 같이 말한다.

북유럽의 대부분은 14세기 중엽에 일종의 인구 포화점에 도달했다. 서기 900년쯤 시작된 개발 붐으로 인해 거대한 장원과 농경지가 계속 들어섰고, 이로 인해 인구밀도가 높은 지역에서는 숲이 드물어졌다. 숲은 연료와 건축자재의 원천으로 필수적이었기 때문에 목재의 부족은 심각한 문제를 일으켰다.

급증하는 도시의 인구를 먹여 살려야 했기 때문에 경제적 문제는 더욱 심각해졌다. 11세기에 잉여 농산물의 매매센터로 도시가 형성되기 시작했다. 그러나 인구증가량이 농업생산량 증가를 앞질러가자 더 이상 교환할 잉여작물이 없어졌고 도시는 붕괴되기 시작했다. 중세의 경제, 사회, 정치적 삶의 조직 전체가 붕괴되기 시작한 것이다. 바로 이때 새로운 에너지 기반이 도입되었고, 이것은 오늘날까지 살아 있다.

중세 에너지 위기가 얼마나 심각해졌는가 이해하기 위해서는 그 당시 나무가 인간의 삶에 얼마나 필수적이었는지를 아는 것이 중요하다. 오늘날의 화석연료처럼 나무는 모든 곳에 쓰였다. 루이스 멈포드Lewis Mumford가 작성한 리스트를 인용해본다.

목수가 쓰는 도구는 자르는 날만 제외하면 모두 나무로 되어 있다. 갈퀴, 소의 재갈, 손수레, 마차 등도 모두 나무로 되어 있다. 양동이와 빗자루, 목욕탕의 욕조도 나무이다. 유럽 일부의 가난한 사람들은 나무로 된 신을 신었다. 농부뿐만 아니라 섬유업자도 나무를 썼다. 직조기, 물레바퀴, 기름 짜는 기계와 포도주 짜는 기계도 모두 나무였다. 활판 인쇄술이 발명된 지 100년 후까지도 활자는 나무로 만들어졌다. 도시에서 사용되던 수도관들도 나무등치인 경우가 많았다. 펌프의 실린더도 마찬가지였고, 배는 물론 산업에 쓰이는 여러 가지 기계도 나무로 되어 있었다.

멈포드는 당시 나무의 중요성을 다음과 같이 요약한다. "원자재, 공구, 기계, 식기 및 기타 도구, 연료, 최종생산물로서 나무는 지배적인 산업자원이었다."

경작지를 얻기 위한 벌목으로 나무 공급이 부족했지만 목재 기근의 원인은 더욱 빨라진 상업활동이었다. 유리공장과 비누공장도 나무를 태웠지만 나무를 가장 많이 소비한 곳은 역시 제철소와 조선소였다. 16세기와 17세기에 걸쳐 영국의 목재 위기는 너무나 심각해져서 벌목을 규제하는 왕립위원회가 설립될 지경이었다. 그러나 규제도 소용이 없었다. 1630년대 목재가격은 15세기말의 2.5배가 되었다.

목재 위기의 대안은 석탄이었다. 목재를 석탄으로 바꾼 것은 단순히 에너지 기반의 변화에 그치지 않았다. 석탄이 도입되기 전까지 유럽문화는 철저하게 나무에 기반을 둔 것이었다. 에너지 기반이 바뀌자 생활방식 전체가 뿌리째 변화될 필요가 생겼다. 사는 방식, 이동방식, 복장, 행동양식, 정부의 통치방식 등 모든 것들이 안팎으로, 위아래로 뒤집혀버린 것이다.

석탄으로의 전환은 13세기 영국의 헨리 2세 치하에서 시작되었다. 당시 뉴캐슬 주민들은 땔 나무가 없어서 실제로 얼어죽었다. 왕은 대체 에너지원으로 석탄을 캐는 것을 허가했다.

15세기 교황 피우스Pius 2세는 스코틀랜드 방문 중 누더기를 걸친 사람들이 교회 앞에 줄을 선 모습을 보고 놀란 이야기를 다음과 같이 적고 있다. "사람들은 검은 돌덩이를 받아들고는 희색이 만면하여 돌아갔다. 나무가 없는 이 나라에서 사람들은 그 돌을 땔감으로 썼다." 1700년경 영국에서 석탄은 에너지원으로서 나무를 대체하기 시작했다. 그로부터 150년 사이에 서유럽 대부분이 같은 길을 걸었다.

오늘날 우리는 나무를 석탄으로 대치한 것이 대단한 발전이며 진보를 향한 힘의 승리라고 생각한다. 그러나 이런 이야기는 당시 사람들에게는 거의 먹혀들지 않았을 것이다. 석탄은 열등한 에너지원으로 천대받았다. 석탄은 더러웠고 많은 오염물질을 내뿜었다.

석탄은 또한 나무보다 캐기도 힘들고 처리하기도 어려웠다. 그리고 사용가능한 형태로 바꾸기까지 엄청난 양의 에너지가 필요했다. 그 이유 역시 제2법칙으로 설명된다. 세계의 유용한 에너지는 끊임없이 무용한 에너지의 형태로 분산된다. 인간은 가장 먼저 손에 넣을 수 있는 에너지부터 쓰기 시작한다. 그러므로 시간이 지남에 따라 후대의 사람들은 앞선 사람들보다 더 구하기 어려운 에너지에 의존해야 하는 것이다. 나무를 베는 것보다 석탄을 캐고 처리하는 것이 더 힘들다. 유전을 개발하고 석유를 뽑아 올리는 것은 더 어렵다. 원자력 발전은 더더욱 어렵다. 리처드 윌킨슨Richard Wilkinson은 『빈곤과 진보Poverty and Progress』라는 저서에서 경제발전의 역사를 다음과 같이 고찰하고 있다.

> 경제발전 과정에서 인간은 원료와 그 원료의 추출방법을 끊임없이 바꿔야만 했다. 구하기 쉬운 원료에서 어려운 원료로 넘어감에 따라 인간은 점점 더 복잡한 처리 및 생산기술을 이용해야 했다. … 가장 광범위한 생태학적 맥락에서 경제발전이란 좀더 집중적으로 자연환경을 착취하는 방법의 발전을 의미한다.

우리들 대부분은 받아들이기 힘들겠지만 윌킨슨의 주장은 매우 옳다. 역사 속에서 누군가가 뭔가 좀더 나은 방법을 발명하면 우리는 그것을 위대한 진보라고 생각하는 데 익숙해져 있다. 사실 이른바 '더 나은 방법'이란 에너지를 추출하기 어려운 환경에 적응하기 위해 개발된 '다른 방법'일 뿐이다. 그리고 윌킨슨이 말한 대로 각 단계가 진행될 때마다 개발되는 새로운 방법은 궁극적으로 앞선 단계보다 더 많은 일

또는 에너지를 요구한다. 그것은 인간 이외의 도구에 의해 수행되기는 하지만 말이다.

증기기관의 발명이야말로 적절한 예이다. 우리는 산업혁명을 이렇게 배웠다. "어느날 제임스 와트James Watt라는 총명한 젊은이가 마굿간에서 (마굿간이든 어디든 상관없다) 서툰 솜씨로 뭔가를 고치다가 조그만 발명을 했는데, 그는 그것을 증기기관이라고 불렀다. 이 소식은 전 세계에 퍼졌고 눈 깜짝할 사이에 '산업시대'라는 시동이 걸렸다."

교과서 어디를 뒤져봐도 고대 그리스인인 헤론이 기원전 3세기에 증기기관을 발명했다는 이야기는 나오지 않는다. 헤론은 공장에서 심심풀이용 장난감으로 증기기관을 만들었는데, 당시 이것으로 일할 생각은 할 필요가 없었다. 왜냐하면 일을 할 노예는 얼마든지 있었기 때문이다. 헤론의 경우는 예외지만 어쨌든 현대식 증기기관의 배후에 있는 이야기를 알아둘 필요가 있다. 왜냐하면 이 과정은 에너지 환경의 변화는 중요한 기술적 변화(단순히 기존 기술을 개선하는 것만이 아닌)를 반드시 불러일으킨다는 사실을 생생하게 보여주고 있기 때문이다.

현대식 증기기관은 석탄채굴을 좀더 쉽게 하기 위해 설계되고 사용되었다. 채굴 작업이 계속됨에 따라 갱도는 더욱 깊어졌고, 따라서 석탄을 끌어올리기도 힘들어졌고 통풍도 어려워졌다. 17세기에 탄광은 또 다른 문제에 부딪혔다. 어느 정도 파들어가자 지하수면을 만나는 바람에 배수를 해야 했기 때문이다. 이 모든 문제들은 기술적인 해결책을 필요로 했고, 증기기관이 그 답이었다. 최초의 증기펌프로 특허를 얻은 사람은 토머스 세이버리Thomas Savery였다.

증기펌프가 광산에서 사용되기 시작한 후 석탄 에너지 환경 하에서 증기기관은 무수한 기계적 · 구조적 혁신을 겪었다. 석탄 에너지 채굴과 관련된 문제가 증기펌프에 의해서 해결되자마자 또 하나의 문제가 생겼다. 석탄의 운송문제였다. 무겁고 큰 부피 때문에 마차를 이용한 육상수송은 쉬운 일이 아니었다. 당시 영국의 도로는 거의 비포장이었는데, 석탄마차의 엄청난 무게 때문에 도로에 깊은 골이 파졌고 이 길마저 비가 오면 도저히 다닐 수가 없었다. 이와 더불어 마차를 끄는 말을 먹이는 데 드는 비용이 증가했다. 농경지가 심각하게 부족한 상황에서 말과 사람을 동시에 먹여 살리는 것은 불가능했던 것이다. 수송의 위기에 대한 답은 증기기관차와 철도의 발명이었다. 증기펌프와 마찬가지로 증기기관차도 새로운 석탄환경이 창출해낸 필요에 부응하기 위한 기술적 산물이었던 것이다. 증기펌프와 증기기관차는 산업시대의 기술적 초석으로 등장했다.

증기펌프와 증기기관차는 도끼, 말, 손수레 등 나무시대의 도구들보다 훨씬 복잡했고 많은 에너지를 소비했다. 이미 에너지 환경은 나무시대보다 더 힘들어져 있었던 것이다. 역사 전체에 걸쳐 기술의 질적인 변화는 항상 더욱 복잡하고 많은 에너지를 소비하는 방향으로 나아갔다. 왜냐하면 환경의 변화는 항상 덜 유용하고 캐기 힘든 에너지원 쪽으로 나아가기 때문이다.

새로운 환경이 만들어질 때마다 인간은 더 많은 일을 해야 했을 뿐만 아니라 새로운 작업방식은 옛날 방식보다 더 열등한 대체물로 인식되었다. 어떤 경우에 이러한 반응은 즉각적으로 나왔고 어떤 경우에는 한참 시간이 흐른 후에야 나왔다. 예를 들어 통조림을 보자. 오늘날 가공식품과 천연식품 중 선택하라고 하면 가공식품을 선택하는 사람은 거의 없다. 비록 오랫동안 가공식품이 더 뛰어난 대체재로 찬양받기는 했지만 말이다. 가공식품의 경우 생산에 필요한 에너지(또는 일)의 양은 천연식품의 경우보다 훨씬 많다.

월킨슨은 또 하나의 생생한 예를 제시한다. 그것은 의복이다. 선사시대 인간은 가죽으로 옷을 해 입었으나, 동물의 가죽이 점점 희귀해지자 인간은 양털로 그것을 대치했다. 17세기와 18세기가 되자 인구 증가로 인해 농경지 수요가 늘어 양의 방목은 경제성이 없어졌다("양이 사람을 잡아먹는다"는 당시의 유명한 슬로건이다). 사람들은 목초지를 경작지로 바꿀 것을 요구했고, 이렇게 되자 양털을 대체할 재료가 필요해졌다. 여기에 대한 답이 바로 면이었다. 면화는 해외 식민지에서 값싸게 재배하여 본국으로 수입해 의복으로 가공하면 되었다. 그러나 사람들은 이를 별로 달갑게 여기지 않았다. 프리드리히 엥겔스Friedrich Engels는 『영국 근로계층의 생활조건The Condition of the Working Class in England』에서 다음과 같이 말했다.

> 근로자들은 양모로 된 옷은 어떤 것이든 거의 입지 못한다. 그들이 입는 무거운 면은 양모보다 두껍고, 뻣뻣하고, 무겁기만 하지 양모처럼 추위와 습기를 막아주지는 못한다. 반면 신사들은 양모로 만든 옷을 입었다. 브로드클로스broad cloth(폭이 넓고 질이 좋은 모직 천)라는 말은 중류계급을 지칭하는 말로 사용되었다.

마찬가지로 오늘날 우리는 합성섬유로 된 옷에 크게 의존하고 있다. 그러나 선택할 수만 있다면 많은 사람들은 100% 순면이나 양모로 된 옷을 선호할 것이다.

인간이 원하던 바는 아니지만 각 단계의 의복은 앞선 단계의 의복보다 생산을 위해 더 많은 일(또는 에너지)이 필요했다. 동물을 죽이고 가

죽을 처리해서 온 가족에게 옷을 해 입히는 것은 크게 힘든 일이 아니었을 것이다. 그러나 양을 먹이고 키우며, 털을 깎고 실을 짜서 모직의 복을 만드는 일은 훨씬 더 많은 양의 인간 에너지 및 기계 에너지가 필요했다. 면화를 재배하고 가공하는 일에는 더 많은 에너지가 필요했다. 합성섬유에 이르면 두말할 필요도 없다. 석유채굴에서부터 거대한 공장에서 옷이 되어 나오기까지의 과정에 투입되는 한 벌당 에너지는 동물을 죽이고 가죽을 처리하는 것과는 비교가 되지 않을 정도로 천문학적이다.

이것이 이른바 '진보'의 참모습인 것이다. 앞으로 기술의 변화가 어떻게 해서 단위 출력당 노동입력을 늘이고, 엔트로피 과정을 가속하고, 무질서를 증대시키는가에 대해 좀더 상세히 들여다볼 것이다.

기술
Technology

"임금님이 벌거벗었네!" 기술이 실제로 어떤 것인가를 알게 된 순간 우리를 엄습하는 느낌은 바로 이것이다. 기술을 싸고 있는 신비로운 껍데기를 다 벗겨내고 나면 남는 것은 벌거벗은 변환자뿐이다. 인류가 그 재능을 동원하여 생각해낸 모든 기술은 자연의 창고에서 꺼낸 에너지의 형태를 바꾸는 변환자 이외에 아무것도 아니다. 이 변환과정에서 에너지는 문화와 인간 사이를 흘러간다. 여기서 에너지는 비평형 상태에서 잠시 생명과 그 부산물을 유지하는 데 사용되고, 결국 분산된 상태의 쓰레기, 즉 무용지물이 된다.

기술이 복잡해지고 그 영역이 확장됨에 따라 우리는 점점 기술을 자연과는 독립된 것으로 인식한다. 마치 무에서 유를 창조하는 것처럼, 또는 어떤 신비로운 과정을 통해 기존의 에너지원에 뭔가를 더해서 처음보다 더 많은 것을 얻어내는 것처럼 기술을 보는 것이다. 이것은 아이러니다. 사실, 기술은 결코 에너지를 창조하지 않는다. 단지 기존의 유용한 에너지를 소비할 뿐이다. 기술의 규모가 크고 복잡할수록 에너지 소비량도 많아진다. 기술 앞에서 우리는 가끔 탄복하기도 하지만 이들도 결국 자연 속에서 다른 모든 것들과 마찬가지로 위대한 제1법칙과 제2법칙의 지배를 받고 있다. 이 두 법칙을 다시 한번 설명해보겠다. 첫째, 세계 안의 물질과 에너지의 총량은 일정하다. 둘째, 에너지는 항상 유용한 형태에서 무용한 형태로, 또는 질서 있는 상태에서 무질서한 상태로 변환된다. 기술은 바로 이 변환이며 그 이상도 이하도 아니다.

이 모든 것이 분명한데도 아직도 우리는 기술이 우리를 환경에 대한 의존에서 해방시켜줄 것이라는 환상에 사로잡혀 있다. 이보다 더 잘못된 것은 없다. 생명은 폐쇄계가 아니다. 다른 모든 생명과 마찬가지로 인간도 주변 환경과의 상호교환을 통해 살 수 있다. 주변 환경으로부터 에너지가 끊임없이 흘러들어오지 않으면 며칠 안에 우리는 모두 죽고 말 것이다. 기술은 우리를 자연으로부터 점점 멀리 끌고 가는데도 우리는 바로 이 기술 때문에 자연에 더욱 의존하게 된다. 이는 우리의 문화 패턴과 개인 생활양식을 유지하기 위해 우리가 자연의 에너지를 더 많이 필요로 하게 되었다는 뜻이다.

우리는 또한 기술이 더 큰 질서를 창조한다는 믿음에 사로잡혀 있다. 현실은 정반대인데도 말이다. 엔트로피 법칙은 유용한 에너지가 소비될 때마다 주변 환경 어딘가에 더 큰 무질서가 생겨나는 것을 가르쳐준다. 현대 산업사회로 흘러들어가는 무지막지한 양의 에너지는 우리가 사는 세계에 엄청난 양의 무질서를 만들어내고 있다. 기술을 빨리 발달시킬수록 에너지 변환과정도 빨라지며 유용한 에너지가 빨리 분산될수록 무질서가 커진다.

간단히 말해서 우리는 조지 오웰George Orwell식 악몽 속에 살고 있는 것이다. 우리는 현재의 행동양식이 만들어가는 세계가 실제 우리가 만들어낸 세계와는 다를 것이라는 식으로 스스로를 세뇌시키고 있다. 오웰의 『1984년』에서 사람들은 전쟁은 평화이고 거짓말이 진실이라는 식으로 세뇌당한다. 마찬가지로 우리는 무질서는 질서이고, 쓰레기는 소중하며, 일하는 것과 일하지 않는 것은 같다는 식의 잘못된 생각에 젖어 있다.

세계가 혼돈 속으로 깊이 빠져들수록 우리는 문제의 근원을 들여다보기를 꺼린다. 그 대신 기술로 몸을 단단히 감싸고 모든 비판을 방어하지만 기술이 우리 주변 환경에서 어떤 일을 저지르고 있는지 인식하지 못하며, 우리 자신에 대해서 어떻게 하고 있는지는 더더욱 모른다. 우리는 우리가 옷도 잘 입고 잘 보호되고 있다는 허구에 매달리고 있다. 우리 자신이 만든 세계의 무질서한 파편 때문에 더욱 노출되고 더욱 위험에 빠지고 있으면서도 말이다.

외부 비용
External Costs

기술의 "외부 비용"에 관한 논의가 요즘 유행이다. 이 말은 특정한 제품, 공정, 계획 또는 서비스에 의해 파생된 이른바 2차 효과의 결과로 발생하는 예상치 못한 비용을 가리킨다. 우리는 모두 외부 비용과 점점 친숙해진다. 원자력 발전소 내 사고로 저준위 방사능이 대기 중에 유출되면 즉각 다음과 같은 의문이 제기된다. "피해보상은 누가 할 것인가? 국민? 전력회사? 설계회사? 정부?" 어쨌든 이럴 때 발생하는 비용이 외부 비용이다. 정치가와 경제학자들이 외부 비용에 대해 이야기할 때 그들은 기술에 가끔 수반되기도 하는 '골치 아픈 부작용'이라는 뜻으로 이 말을 쓴다. 이 부작용에 대한 대가는 가끔 비싸기도 하지만 그런대로 참을 수 있다. 왜냐하면 기술에서 얻는 이익이 외부 비용보다 크다고 생각되기 때문이다. 그러나 이것은 바람직하지 않다.

'외부 비용'은 엔트로피 법칙의 결말을 피해 가려는 손쉬운 방패일 뿐이다. 새로운 기술로 인해 발생하는 무질서는 단순한 부작용이 아니다. 그리고 긴 안목으로 볼 때 기술에서 얻어지는 이익보다 외부 비용이 적은 것도 아니다. 만약에 이익이 더 크다면 기술은 제2법칙을 깨뜨리고 우리의 신성한 신전에서 그 자리를 차지해야 옳다. "모든 기술은 주변 환경에 더 큰 무질서를 창조하는 대가로 일시적인 '질서의 섬'을 만들고 있을 뿐"이라는 것이 진실이다. 20년 전만 해도 어떤 미국인도 이 사실을 믿으려 하지 않았을 것이다. 당시 우리는 기술이 주는 이익이 그 피해보다 항상 크다고 믿었다. 기술이 가끔 달갑지 않은 부작용을 낳는다 해도 기술을 개발하고 적용함으로써 과거의 실수를 보상하는 해결책을 찾을 수 있으리라 믿은 것이다.

오늘날 사람들에게 새로운 기술이 개발되어서 인간과 사회에 큰 기여를 하게 되었다고 말하면 사람들은 즉각 회의적인 표정을 짓는다. 그것이 정부의 새로운 계획이든, 에너지를 추출하는 새로운 방법이든, 새로운 약품이든, 사람들의 반응은 "좀더 두고 보자"이다. 표면적으로는 이익이 커보일지 몰라도 우리 마음속 소리는 의심에 차서 이렇게 속삭인다. "언제, 어디서, 어떻게 될지 모르지만 조만간 이 기술도 뭔가 말썽을 일으켜서 배보다 배꼽이 더 커질지도 몰라." 원자력은 저준위 방사능과 암을 일으킨다. 더 크고 더 빠른 자동차는 일산화탄소 중독과 오염을 야기한다.

엔트로피 법칙은 어디에는 적용되고 어디에는 적용되지 않는 것이 아니다. 그것은 언제 어디서나 적용된다. 『기술사회The Technological Society』의 저자인 자크 엘룰Jacques Ellul에 의하면 — 엘룰은 아마 가장 유명한 기술 비평가일 것이다 — "역사를 들여다보면 모든 기술은 당초부터 예측불가능한 2차 효과를 품고 있다. 2차 효과는 차라리 그 기술 없이 지내는 것보다 더 끔찍한 결과를 낳는다."

다음 번에 어떤 기술자, 정치가 또는 사업가가 어떤 계획, 제품, 공정 등에서 더 나은 설계, 더 나은 지도력 등을 통해 2차적인 문제를 제거할 수 있다고 주장하는 것을 들으면 제2법칙을 생각해보라. 특정한 기술에 의해 파생된 2차적 무질서를 다른 기술을 적용하여 일시적으로 해결할 수 있는 것은 사실이다. 그러나 엘룰은 이어서 말한다. "모든 새로운 기술은 앞선 기술이 그것을 필요로 했기 때문에 탄생했다." 이것이 바로 제2법칙이며, 제2법칙을 피해갈 길은 없다. 기술을 더 많이 도입하면 할수록 왜 세상은 고장투성이가 되는지 우리는 아직도 의아해하고 있다.

세계는 더욱 무질서해질 수밖에 없는데 그것은 새롭고 복잡한 기술적 해결책을 어떤 문제에 적용하는 것이 불난 데 기름을 붓는 격이기 때문이다. '변환자'의 수가 빨리 늘어날수록 유용한 에너지는 더 빨리 소비되고 분산과 무질서도는 커진다. 해결책보다 문제가 더 빨리 늘어나는 것이다.

역사상 수많은 문명이 기술을 사용했고 정도의 차이는 있지만 저마다 비극적인 결말을 초래하지 않고도 잘 적용하고 살았다고 주장하는 사람들도 있을 것이다. 따라서 우리라고 그렇게 못하리란 법은 없다는 얘기다. 그들은 현대문명의 기술과 과거 여러 문명의 기술 사이의 차이를 인식하지 못하고 있다. 산업혁명 이전의 문명에서 기술은 그것이 수행하는 기능에 한정되어 있었다. 즉, 기술은 도구에 불과했지 생활방식을 규정하지는 않았다. 그러나 기계 패러다임 안에서는 기술이 사람들의 행동방식을 결정한다. 인간은 일상생활의 모든 측면에 기술을 끌어들이기 위해 의식적으로 노력하고 있다. 그 목표는 예측가능성과 동기화이다. 우리 문화의 일부가 기술적 과정 밖에 놓여 있으며, 이들은 예측이 불가능하고 통제가 불가능한 상태에 있게 된다. 이러한 불확정성의 섬들을 모두 제거하지 않고는 사회는 제기능을 발휘하지 못한다는 것이 기계 패러다임의 주장이다.

기술과 질서를 삶의 모든 활동으로 끌어들이려고 노력하는 과정에서 우리는 변환을 가속할 뿐이고 이에 따라 엔트로피 증대를 가속시킬 뿐이다. 과학자 유진 슈워츠Eugene Schwartz는 그의 저서『기술 과잉 Overskill』에서 기술사회를 창조하는 우리의 노력을 거대한 다람쥐 쳇바퀴에 비유하고 있다. "이 쳇바퀴에서 기술자들은 같은 곳에 머물기 위해 더욱 빨리 달려야 한다. 그러나 다람쥐 쳇바퀴와 달리 인간 쳇바퀴에서는 빨리 달릴수록 더욱 뒤떨어진다. 해결책처럼 보이는 것은 결국 문제를 가속화시키는 결과를 낳는다." 게다가 새로 등장하는 문제는 과거의 문제보다 해결하기가 더 힘들다. 왜냐하면 사건이 전개될 때마다 엔트로피는 늘어나고 유용한 에너지는 줄어들기 때문이다. 질서를 유지하기는 점점 힘들어지고 질서를 만들어내는 데는 더 큰 비용이 든다. 문명 전체에 기술을 전파시키려고 하면 할수록 사회는 점점 와해되어 간다. 세상은 점점 더 복잡해지고 문제는 커지며 엔트로피가 증가하고 따라서 무질서도 늘어난다. 이 모든 과정은 지수함수적으로 진행된다. 이러한 이유 때문에 현대세계의 위기가 그렇게 무서운 것이다.

방금 쓰인 '지수함수적'이라는 말을 아무 생각 없이 넘기지 않기 위해서 기술사회의 문제에 대해 그것이 실제로 어떤 의미를 가지는지 살펴보자. '지수함수적 성장'이란 두 배가 되는 과정이 반복되는 것을 뜻한다. 생태학자 타일러 밀러Tyler Miller는 다음과 같이 말한다. "종이 한 장(두께 0.1㎜)의 두께를 두 배로 늘이는 일을 35번 반복하면 그 두께는 로스엔젤레스에서 뉴욕에 이른다. 42번 반복할 경우 달까지 간다.

몇 번 더 늘려서 50번 반복한다면 그 두께는 1억 5,000만 킬로미터가 되는데, 이것은 지구에서 태양까지의 거리다. 이렇게 지수함수적 특성을 갖는 기술적 해결책은 생명과 지구 전체를 파멸로 이끌고 가는 일 방통행로이다."

기술의 수확체감
Diminishing Returns of Technology

미국 경제잡지들은 자국의 기술쇠퇴를 한탄하는 기사로 가득차 있다. 이것은 우려할 만한 사실인데, 왜냐하면 기술진보야말로 미국이 세계에서 경제적 우위를 유지하는 원동력이 되었기 때문이다. 이렇게 쇠퇴하기 시작한 데 대해 사람들은 몇 가지 이유를 제시한다. 어떤 사람들은 교육의 질을 지적한다. 어떤 사람들은 줄어드는 이윤과 투자의욕 상실이 문제라고 한다. 또 어떤 사람들은 정부의 규제와 제한 때문에 새로운 제품과 공정을 발명한 뒤 시장까지 내보내는 시간이 너무 길어져서 연구개발이 비싸고 위험한 일이 되었다고 한탄한다. 또 어떤 사람들은 환경규제 때문에 연구와 최종제품을 사용하는 데 제약을 받는다고 불평한다.

　1976년 개최된 의회 경제위원회 공동청문회에서 일부 기술 전문가들은 수확체감현상이 널리 퍼질 것이며, 과거에 미국이 누렸던 눈부신 기술진보는 다시는 오지 않을 것이라고까지 했다. 어떤 증인의 이야기는 국회의원들을 경악시켰다. 그에 의하면 지난 10년간 연구개발에 수십억 달러를 투자했는데도 100%의 시장잠재력을 가진 기술은 두 가지밖에 나오지 않았다는 것이다. 그것은 주름이 가지 않는 바지와 휴대용 계산기였다. 둘 다 대단한 것이 아니다. 누가 혹은 무엇이 책임을 져야 하며, 우리는 무엇을 할 수 있는가에 대해서 수많은 이야기가 오고갔지만 기술의 수확체감 배후에 깔려 있는 이유를 이해하는 전문가는 거의 없어 보였다.

기본으로 되돌아가 보자. 기술은 독립적이고 자생적인 힘이 아니다. 그것은 에너지의 변환자일 뿐이다. 그러므로 기술에서의 돌파구는 에너지원의 질적 변화에 이어 나타난다. 그것은 특정한 에너지 환경에 적합하도록 에너지를 변환시켜야 하므로 여기에 맞는 특정한 형태의 기술이 개발되기 때문이다.

예를 들어 증기기관은 산업혁명의 기본 기술이었다. 이것은 땅속에서 캐낸 석탄의 에너지를 변환시키기 위해 발명되었다. 새로운 에너지 환경의 신기술은 사방으로 뻗어나간다. 이 시기에 새로운 에너지 환경의 기술적 초석이 놓인다. 많은 실험과 다양한 파생기술이 연이어 나타난다. 파생기술의 단위비용은 그 기술이 개선되어감에 따라 점점 싸진다. 그러나 새로운 기술이 계속 전파되어가면서 전체 시스템이 소비하는 에너지의 양은 늘어나고, 엔트로피 값은 극대점을 향해 나아가며, 에너지 흐름의 전과정에서 수확체감의 법칙이 적용되기 시작한다. 환경으로부터 에너지를 끌어내는 일은 더욱 비싸지고 복잡해진다. 과거의 에너지 흐름으로 인해 생겨난 무질서는 계속 축적되며 그 압력은 더욱 거세져서 새로운 기술적 가능성에 대해 더욱 큰 제약을 가한다. 초기 단계에 사회가 의존하게 된 수준만큼의 에너지 변환을 이 기술은 더 이상 유지하지 못하며 결국 임계점에 도달한다.

이렇게 되면 새로운 기술에 대한 노력은 줄어들고, 사람들은 기존 기술을 보완해서 늘어만가는 무질서에서 야기되는 문제를 해결함과 동시에 에너지원이 고갈되어가는 상황에서 지속되는 에너지 수요를 충당하려고 한다. 이것이 바로 오늘날 미국에서 벌어지고 있는 상황이다.

모빌 오일Mobil Oil사의 롤리 워너 2세Rawleigh Warner, Jr. 회장에 의하면, "산업계는 과학적 진보를 위한 장기적 노력에 투자하는 대신 점점 더 많은 연구비를 환경, 건강, 안전규정 준수에 지출하도록 강요당해왔다." 철강산업 같은 분야는 총설비투자의 20% 정도를 공해 방지시설에 할애하고 있다. 브루킹스 연구소Brookings Institution의 연구에 따르면 이러한 비용은 최근 1년간 미국의 경제성장을 17~20% 가량 떨어뜨렸다고 한다. 같은 연구 보고서에 따르면 80년내 중반까지 업계의 환경관리투자는 400억 달러(1975년 달러화 기준)에 이를 것이라고 되어 있다. 동시에 국립석유연구원은 점점 고갈되어가는 석유자원 때문에 향후 몇 년간 시추와 채굴이 좀더 어려운 유정의 탐사에만 1,720억 달러가 들 것으로 추산하고 있다.

궁극적으로 새로운 에너지 환경에 따라 창출된 기술은 한계까지 왔고 이제 엔트로피 분수령을 향해 나아가고 있다. 최근 「뉴스위크」는 "혁신Innovation"이라는 제목의 커버 스토리에서 편집자의 입을 빌어 이 사실을 솔직하게 시인하고 있다. "어느 정도 미국의 기술적 우위가 둔화되는 것은 불가피하다. 미국은 더 이상 프론티어가 제공하는 풍부한 자원에 기댈 수 없다. … 이미 이들 자원은 탐사되었거나 일부는 고갈되었다."

어떤 형태의 에너지 흐름 전체에 있어서 지배적으로 사용되는 기술은 공동의 에너지원과 부합한다. 경제체제, 수송 및 통신 시스템, 도시의 위치, 형태, 기능 등은 모두 공동의 에너지 흐름에 의해 좌우된다. 이 에너지 흐름이 엔트로피 분수령에 도달하고 새로운 에너지 환경이 창출되면 과거의 에너지 흐름에 사용되던 낡은 형태의 기술은 급격한 변화를 겪거나 아니면 에너지원이 고갈됨에 따라 쓸모없게 된다. 사회의 에너지 기반이 나무에서 석탄으로, 석탄에서 석유로 옮겨갔을 때 발생한 기술적, 제도적 변화만 살펴보아도 이 사실을 알 수 있다.

제도의 발달
Institutional Development

역사가들은 문화 또는 문명의 발전단계가 일정한 지점에 이르면 보편화하는 과정이 시작된다는 것을 알고 있다. 달리 말하면 다양한 경제적 및 정치적 활동을 좀더 중앙집중식으로 통제하는 체제를 굳건히 하려는 공동의 노력이 시작된다는 뜻이다. 결국 더 이상 공고히 할 수 없는 시점이 찾아오고 그때부터 그 문화와 문명은 와해되거나 분해되기 시작한다. 그러나 거기까지 가기 전에는 위기가 닥칠 때마다 중앙집중식 통제가 더욱 강화된다는 결과가 나온다. 분명히 선진국들은 이러한 과정을 밟아왔다. 사회적 혹은 경제적 위기는 매번 어쩔 수 없이 새로운 형태의 통제체제를 수립함으로써 해결되었고 권력은 점점 더 소수의 손에 장악되었다. 권력을 분산하고 책임과 통제권을 더 많은 사람들에게 부여하는 것으로 위기가 해결되는 일은 거의 없다. 각 기관과 제도는 더욱 크고, 복잡하고, 중앙집중화되려는 경향이 있는데 이것은 여러 가지 형태의 기술에서도 찾아볼 수 있다. 그 이유는 엔트로피 법칙에서 찾을 수 있다.

정치 및 경제기구들은 기계와 마찬가지로 에너지의 변환자들이다. 이들이 하는 일은 문화 전체를 통과하는 에너지 흐름을 더욱 원활히 하는 것이다. 새로운 에너지 환경의 초기 단계에서 이 기구들은 일반적으로 좀더 융통성이 있다. 왜냐하면 초기 단계에는 에너지 흐름이 주로 새로운 에너지 환경에 쓰일 새로운 변환자(기술)를 창조하는 데 쓰이기 때문이다. 에너지의 일부는 더 큰 시스템을 통해 흐르지만 대부분은 아직도 변환자로 사용될 기계를 만드는 데 집중된다. 이 단계에서 정치·경제기구는 설계자와 조정자의 역할을 한다. 이들의 역할은 혁신적인 것이며, 따라서 고도의 기동성을 요한다.

기술개발의 도약 단계에서 전국민의 조직화에 역점을 두는 사회라 할지라도 정치·경제기구는 상당히 융통성 있고 단순해야 한다. 그래야 모든 기술적 가능성을 탐색해보고 실험해보는 이익을 누릴 수 있기 때문이다.

새로운 에너지 환경의 도약 단계에서 사람들은 에너지 흐름의 상당 부분을 박탈당하는데, 그 에너지는 새로운 에너지 변환자의 기반을 건설하는 데 쓰인다. 그리고 사람들은 열악한 생활환경과 국가에 의한 조직화를 잘 참아내는데, 그것은 사람들이 지나간 에너지 환경의 마지막 단계에서 겪은 엄청난 박탈과 무질서를 다시는 겪으려 하지 않기 때문이다. 이것은 17, 18, 19세기에 농촌을 떠나 도시의 빈민가로 향한 수백만 명의 유럽 농민들에게 해당하는 이야기다. 물론 공장과 주변 마을의 환경도 열악했지만 그래도 목재 부족, 척박해진 토양, 인구과잉 등으로 기아와 공포가 들끓는 시골보다 못하지는 않았다.

새로운 에너지 환경의 제2단계에서는 보다 많은 에너지가 사회 시스템으로 직접 흘러든다. 이 단계는 이미 1차적 기술기반이 갖추어진 상태이기 때문에, 이때부터 기술은 증식되기 시작한다. 그리고 바로 이때 엔트로피 과정의 영향이 표면에 드러난다. 에너지 흐름이 전체에 걸쳐 더욱 큰 2차적 무질서를 만들어내기 때문이다.

이 무질서는 대체로 세 가지다. 첫째, 에너지를 다양한 제품이나 서비스로 변환하는 과정에서 파생되는 무질서, 둘째, 개인과 집단 간 에너지 교환에서 발생하는 무질서, 셋째, 에너지 폐기물에 의한 무질서다. 앞에서도 말했듯이 사람들은 생존을 위해 에너지 흐름에 의존하며 끊임없이 에너지의 변환, 교환, 폐기 과정에 관여한다. 노동력을 부가하여 제품을 만들거나 서비스를 행하면 에너지를 소비하게 되고 이에 따라 환경 전체의 엔트로피 값은 증가한다. 물건이나 서비스를 사고 돈을 낼 때 사용하는 지폐의 총액은 이미 소비해버린 에너지에 대한 대가에 해당한다. 결국 돈은 에너지를 살 수 있는 권리를 저장하는 수단 이외에 아무것도 아니다. 월급과 임금도 결국 수행된 일이나 소비된 에너지에 대한 대가이다. 낡은 코트든 먹다 남은 음식이든 뭔가를 버리면 에너지는 다시 한번 분산된다.

흐름의 모든 단계에서 에너지는 변환되고, 교환되고, 폐기된다. 이 과정에서 에너지는 항상 더욱 분산된 형태로 변하고, 엔트로피가 증가한다. 무질서의 형태, 범위, 크기 등은 에너지 흐름이 어떻게 구성되는가에 달려 있다. 사회 안에서 일이 배분되는 방식(에너지의 변환), 사람, 집단, 조직 사이에서 에너지가 분배되는 방식(에너지의 교환), 흐름의 각 단계에서 쓰레기가 처리되는 방식(에너지의 폐기) 등이 표면에 나타나는 무질서의 사회 · 경제 · 정치적 특성을 결정한다.

흐름 전체에 걸쳐 무질서가 증가함에 따라 흐름 자체의 진행이 방해를 받는다. 흐름을 최대로 유지하기 위해서는 시스템 구석구석에서 점점 더 빨리 증가하는 무질서를 끊임없이 청소해주어야 한다. 정치 및 경제기구들은 그 기능과 영역이 확대되어 유지보수기능을 행하기 시작한다. 위기가 한 번 지나갈 때마다 관료체제는 비대해진다. 어떤 시점에서 무질서가 너무 커져 사회 전체 혹은 일부 기능이 위협받을 정도가 되면 적절한 기구를 움직여 쌓이고 쌓인 무질서로 인해 발생한 방해물을 제거한다. 거기에 나선 기구들은 최대한 에너지 흐름을 유지하기 위해 급증하는 사회·경제적 무질서를 흡수하고 그 결과 크게 부풀어오른다. 그러나 불어나는 무질서를 더 이상 감당할 수가 없어 이 기구들이 터져버리면 더욱 새롭고 크고 중앙집중적인 기구가 나타나 질서를 바로 잡는 식의 순환이 계속된다.

동시에 가능하다면 국가는 고갈되어가는 에너지를 보충하기 위해 새롭고 유용한 에너지원을 찾는다는 목적으로 영토확장을 꾀한다. 모든 제국주의적 또는 식민주의적 팽창은 새로운 에너지원을 확보하려는 노력에서 비롯되었다. 물론 새로운 땅을 정복하려면 더 많은 에너지를 써서 군대, 무기, 통치기구 등을 공급해야 한다. 그래야 새로운 영토를 점령하고 다스릴 수 있기 때문이다. 이렇게 해서 국가의 기구는 더욱 비대해지고 중앙집중화된다.

마지막으로 사회는 제3단계에 도달하는데, 여기서 사회의 총체적 제도(정치 및 경제조직)는 너무나 중앙집중화되고 확장되어 전체 시스템이 더 이상 감당할 수 없을 정도로 엄청난 에너지를 소비한다. 거대 다국적 기업과 비대한 정부관료체제를 유지하는 데 드는 비용이 끊임없이 상승한다는 것을 아는 사람이라면 이러한 기업과 정부가 하는 일은 점차 적어지는 대신 운영을 위한 에너지는 점점 더 많이 소요된다는 사실을 목격할 수밖에 없을 것이다.

총체적 제도라는 것은 시스템 전체를 통해 에너지 흐름을 원활히 하기 위해 존재하는 것이지만 결국에는 그나마 남아 있는 에너지원의 대부분을 삼켜버린다. 이렇게 되면 시스템 전체에 걸쳐 흐름의 속도가 떨어지고 사회는 무기력해지고 총체적 제도 하나만을 유지할 수 있는 에너지원도 없어진다. 거기까지 도달하면 제도 전체가 와해되기 시작하고 사회는 외부의 침략이나 내부 반란 또는 혁명에 대해 더욱 취약해진다. 엔트로피 분수령에 도달한 것이다. 고대 이집트, 메소포타미아, 로마, 극동 문명의 흥망성쇠가 이러한 에너지 프로세스를 보여주는 고전적인 예이다. 그러나 이들 말고도 우리가 아는 다른 모든 문명이 똑같은 과정을 거쳤다.

　그런데 항상 이런 식일 수밖에 없는가? 대부분의 인간사회가 존재의 절정 단계로 옮겨가지 않고 식민화 단계에 계속 머물기로 한다면 위의 질문에 대한 답은 "그렇다"이다. 식민화 단계에서 중요한 것은 에너지 흐름의 양을 늘리는 것이다. 이미 살펴본 것처럼 흐름의 양이 많아지면 엔트로피 과정이 가속되고 무질서가 축적되는 속도도 빨라진다. 이로 인해 더욱 큰 제도적 통제, 복잡성, 중앙집중화 등의 현상 및 앞서 말한 여러 가지 일들이 생겨나는 것이다. 그러므로 여기서 "식민화"라는 단어가 쓰인 것은 우연이 아니다.

　18세기와 19세기에 제국주의 열강들이 해외영토를 식민지로 만든 것은 방금 이야기한 역사적 발전과정이 진실임을 보여주는 생생한 예이다. 식민지 행정부는 식민지에서 본국으로 흘러가는 에너지의 양을 증가시키는 데 적합하도록 구성되어 있었다. 엔트로피 과정이 진행되고 무질서가 증가함에 따라 식민지 행정부는 통치기구와 군대를 확장해야 했고, 이로 인해 본국으로 향하던 에너지 흐름은 방향을 바꾸어 자체 소요를 충당하게 되었다. 결국 점령군과 식민지 행정부는 본국에 의해 더 이상 유지될 수 없는 상태에 이르렀고, 현지의 입장에서 보면 감당할 수 없을 정도의 에너지를 소비하는 기생충이 되어버렸기 때문에 현지인들이 들고 일어나 정부를 타도해버리는 것이다.

오직 절정 상태에서만 이러한 복잡성과 중앙집중화의 과정이 늦출 수 있다. 에너지 흐름의 총량을 줄임으로써 엔트로피 과정은 느려지고 (하지만 절대로 멈출 수는 없다) 무질서 과정도 느려진다. 에너지의 흐름이 낮은 수준에서 지속적으로 유지된다면 사회체제를 통해 에너지를 변환하는 역할을 맡은 기구도 팽창속도를 아주 느리게 묶어둘 수 있을 것이다. 어떤 사회가 주변 환경으로부터 더욱 많은 에너지를 얻어내려고 할 때에만 기구(그리고 기술)의 복잡성과 통제력이 강화되는 것이다. 그러므로 절정 상태에서는 작고 분권화된 기구가 선호되며, 식민화 상태에서는 크고 중앙집중적인 기구가 선택되는 것이다.

전문화
Specialization

전문화는 증가하는 복잡성 및 집중화와 나란히 진행된다. 기술사회에서 인간을 위시한 모든 것은 확장되는 사회 메카니즘의 부품으로 진락한다. 사회 전체의 기능이 더욱 복잡해지고 집중화되면서 각 개인의 기능은 더욱 세분화되고 한정되며, 이들의 생존은 시스템 안의 다른 기능에 더욱 의존적이 된다.

기계에 대해 조금이라도 아는 사람은 단순한 기계일수록 부품 수가 적고, 부품 수가 적을수록 고장이 덜 난다는 사실을 잘 알고 있다. 단순한 기계는 보다 더 융통성이 있어서 변화에 더 쉽게 적응한다. 반면 우리의 기술사회는 기능적으로 너무 전문화되어 있어서 메카니즘의 일부분만 고장이 나도 전체 시스템이 마비될 위기에 처한다.

1965년 11월 9일 약 3,000만 명의 미국인들은 지나치게 전문화된 사회에서 하나의 전문기능이 잘못되면 어떤 일이 벌어질 수 있는가를 생생하게 경험했다. 그날 오후 늦게 캐나다 온타리오 주의 발전소에서 릴레이 하나가 끊어졌고, 몇 분 후 미국 북동부 전역에 전력공급이 중단되었다. 수만 명의 사람들이 엘리베이터나 지하철에 갇혔고, 미국 대서양 해안지역 전체에 엄청난 교통혼잡이 발생했다. 해가 지자 이 지역은 칠흑 같은 어둠에 휩싸였다. 조명, 난방도 꺼졌고 생존을 위해 의존해온 기술사회의 여러 시설이 모두 마비되었던 것이다.

우리는 지나치게 전문화된 사회가 드러내는 취약성의 예를 일상생활에서 자주 겪는다. 물론 위에서 이야기한 정전의 경우처럼 심하지는 않더라도 말이다. 예를 들어 개리에 있는 제철소 노동자들의 파업이 좀 길어졌다고 하자. 그러면 덴버에 있는 백화점 캐셔가 일자리를 잃을 수도 있다. 철이 없으면 자동차 회사들은 차를 만들 수가 없다. 미국의 자동차 3대 메이커가 생산량을 줄이거나 아예 조업을 중단하면 플라스틱에서 유리에 이르기까지 부품을 납품하며 사는 협력 업체들도 조업을 단축할 수밖에 없다. 어떤 지역의 근로자 6명 중 1명이 자동차 관련 산업에 직·간접적으로 종사하고 있다면 조업중단 혹은 단축이 시작되고 몇 주 후부터 이 지역경제는 위축되기 시작할 것이다. 소비자들의 구매력은 떨어질 것이고, 고객이 줄어들어 백화점 측은 캐셔를 해고할 수밖에 없다. 그래서 덴버에 있는 이 백화점 직원은 구직자 대열에 낄 수밖에 없는 것이다.

기술 전문화는 사회 각 기능의 작동범위를 너무 제한하기 때문에 어떤 기능을 다른 임무에 적응시켜 재배치하는 일은 거의 불가능하다. 사회의 모든 구성요소가 특정 임무만 수행하도록 설계되어서 다른 것은 하지 못한다. 임무의 내용이 바뀌면 그 요소는 무용지물이 되어버린다. 인간의 전문화에 있어서도 사정은 똑같다.

우리는 매일 전문성의 한계에 부딪힌다. 예를 들어 발 전문의가 발이외에 신체 부위가 겪는 질병에 대해 믿을 만한 의학적 의견을 내놓기를 기대할 수는 없다. 반독점법 전문 변호사는 반독점법은 잘 알지 몰라도 이혼법에 대해서는 그렇지 못할 것이다. 유전학자는 유전자와 염색체에 정통하지만 정글의 생태학에 대해서는 아는 것이 별로 없을 것이다. 미국의 "직종 분류 사전"에는 2만 개 이상의 전문직종이 나와 있다. 이제 우리는 점점 적은 수의 분야에 대해 점점 더 깊이 아는 시대를 살고 있고, 결국에는 한 가지에 대해서는 모두 알지만 나머지에 대해서는 전혀 모르는 상태가 되어버릴 것이다.

생물학자들에 의하면 지나친 전문화는 종의 멸종에 가장 중요한 역할을 한다고 한다. 어떤 종이 특정한 생태계 내에서 지나치게 전문화되면 환경변화에 적응하지 못한다. 즉, 전환에 대비할 수 있는 융통성과 다양성을 갖추지 못하는 것이다. 인간 사회도 마찬가지다. 오늘날 우리는 지나치게 전문화되고 또 기존의 에너지 환경에 너무 익숙해져서 근본적으로 다른 에너지 환경으로 옮겨가는 데 필요한 융통성을 대부분 잃어버렸다.

세계관과 에너지 환경
World Views and Energy Environments

이제 핵심적인 의문으로 다가가 보자. 당시에 뉴턴의 기계론적 세계관은 왜 받아들여졌는가? 그리고 어떻게 해서 오늘날까지 위세를 떨치고 있는가? 왜 열역학 제2법칙이 확립된 지 100년이 지난 오늘날에야 엔트로피 패러다임이 기계론적 세계관의 경쟁자로 떠오르고 있는가?

앞에서도 본 것처럼 모든 생명현상의 기본은 에너지이고, 이는 궁극적으로 태양에서 나온다. 역사 전체에 걸쳐 기술과 제도는 에너지가 환경으로부터 인간과 사회 시스템을 통해 잘 흘러가게 하는 변환자로 작용했다. 어떤 문화가 개발한 특정한 기술과 제도는 그 문화가 속했던 특정한 에너지 환경을 비춰주는 거울이다. 여러 가지 에너지 환경은 각각에 맞는 변환자가 필요하기 때문이다. 또 한 가지 분명한 것은 어떤 문화 혹은 문명이 발전시키는 세계관은 그것이 속한 특정한 에너지 환경의 거울이라는 것이다. 어떤 문화의 세계관을 살펴보면 그 사람들이 왜 그러한 삶의 방식을 택했는지를 알 수 있다. 에너지 환경이 변하면 사람들의 일하는 방법도 변해야 한다. 즉, 환경에서 에너지를 변환하는 방법을 바꿔야 한다. 사람들이 주변 환경과 자신과의 관계에서 이런 근본적인 변화를 겪고 나면 그들의 세계관도 새로운 환경을 반영하고 합리화하고 고무하고 설명하는 방향으로 변해간다.

그렇다고 해서 한 가지 에너지 환경에서는 한 가지 세계관밖에 나오지 않는다고 말하려는 것은 아니다. 사실 비슷한 에너지 환경에서도 서로 다른 세계관이 나왔다. 그러나 어쨌든 세계관이라는 것은 적어도 그것이 속해 있는 에너지 환경과 조화를 이루거나 일치하기는 하는 것이다. 다양한 수렵채취문화의 세계관들은 농업사회에서는 모두 쓸모없는 것이 될 것이다. 농경사회의 세계관이 산업사회에서 겪을 운명도 마찬가지이다. 그러므로 에너지 환경은 인간이 어떤 신념체계를 선택할 것인가에 대해 광범위한 한계를 설정한다.

예를 들어 뉴턴의 기계론적 패러다임을 보자. 이 패러다임은 17세기에서 18세기에 걸쳐 유럽의 여러 문화가 재생불가능한 에너지원에 입각한 환경으로 옮겨가는 시대에 형성되었다. 이렇게 재생불가능한 에너지원으로 이동함에 따라 인간은 순환과 흐름이 지배하는 세계에서 물량과 비축이 중요한 사회로 이동하는 것이다. 세계관의 변화도 그만큼 엄청난 것이었다.

재생가능한 에너지원을 변환하는 것으로 살아가던 문화는 세계를 끊임없는 계절의 순환으로 파악했다. 나고, 살고, 죽고, 다시 태어나는 순환과정은 질적인 과정이다. 에너지원은 생기와 다채로움으로 넘쳤다. 재생가능한 자원의 측면에서 볼 때 질서와 쇠락은 세계가 나아가는 방식을 일깨워주는 지침이었다. 고대 그리스인들과 초기 기독교의 세계관은 생명을 가지고 있고 재생가능한 자원에 입각한 에너지 환경의 모습을 보여준다.

이러한 모습을 재생불가능한 에너지 환경이 보여주는 모습과 대비해보자. 석탄과 석유는 무생물이다. 이들은 끊임없이 작은 단위로 분해될 수 있고, 아무리 작아도 각 부분은 전체의 특성을 지니고 있다. 석탄 먼지 하나는 그 구성에 있어 석탄 덩어리와 다를 것이 없지만 나뭇잎은 그 줄기나 뿌리와 크게 다르다. 재생불가능한 에너지원은 그 양이 고정되어 있고 쉽게 계량화된다. 정확한 측정도 가능하다. 가지런히 늘어놓을 수도 있다. 반면, 재생가능한 에너지원은 끊임없이 변하고 흘러간다. 잠시도 가만히 있지 않는다. 이들은 항상 생성되어가는 과정에 있는 것이다. 따라서 정밀한 측정이 어렵다. 뉴턴 패러다임은 수학공식, 측정에 대한 강조, 위치와 거리에 대한 관심을 통해 재생불가능한 에너지원을 효과적으로 착취하는 데 안성맞춤인 패러다임이 되었던 것이다.

학자들은 무한한 진보라는 개념이 어떻게 해서 세계 전체를 하나의 기계로 보는 사고와 손을 잡았는가를 의아하게 생각한다. 여기에 대한 답 역시 재생불가능한 에너지원에서 찾을 수 있다. 사상 최초로 거대하고 끝없는, 비축된 태양 에너지가 나타났던 것이다. 정확히 말하면 30억 년 동안 형성된 것이다. 사회가 걸신들린 것처럼 이 에너지 창고를 파먹고 있는 동안 순환과 계절의 개념은 점점 뒤로 밀려났다. 수십억 년 동안 비축된 에너지의 노다지를 캤는데 매일 태양이 떠서 우리를 비추고 삶의 에너지를 만들어주기를 기다릴 필요가 없게 된 것이다. 그러자 시간도 자연의 변화라는 흐름과 연관을 잃어버렸다. 시간은 땅속 깊이 묻혀 있는 석탄광맥과 유정 속에 들어 있는 태양 에너지를 우리가 얼마나 빨리 뽑아낼 수 있는가를 측정하는 함수로 전락했다. 그러므로 뉴턴 패러다임에서 시간은 사람의 마음대로 빨라졌다.

앞으로 갔다 뒤로 갔다 하는 것은 하나도 이상한 일이 아니다.

재생불가능한 에너지원이 있으므로 우리는 태양을 마음대로 껐다 켰다 할 수 있다. 원하기만 하면 우리는 태양을 보통보다 두 배 오래 비추게 할 수 있다. 왜냐하면 우리에게는 '저장된 태양'이 있기 때문이다. 재생불가능한 에너지원을 손에 넣자 인간은 더 이상 자연에 기댈 필요가 없으며, 자기 마음대로 세계질서를 재편할 수 있다는 확신을 갖게 되었다. 분산, 쇠락, 무질서 등은 걱정할 필요가 없었다. 시간은 통제할 수 있는 것이고 에너지는 창조될 수 있는 것이며 물질적 진보는 보장된 것이었다.

삶과 그에 관련된 활동들을 바라보는 새로운 방법에 합리적 근거를 부여한 것이 바로 뉴턴의 패러다임이다. 그러나 이 패러다임은 도전에 직면해 있고 이제 곧 포기될 것이다. 왜냐하면 이제 인간은 재생불가능한 에너지원을 떠나 다시 한번 재생가능한 에너지원으로 옮겨가려는 시점에 서 있기 때문이다.

제 4 부

재생불가능한 에너지와 다가오는 엔트로피 분수령

NONRENEWABLE ENERGY AND THE APPROACHING ENTROPY WATERSHED

에너지 위기
The Energy Crisis

미국인들의 에너지 소비행태를 정확히 표현하는 단어는 하나뿐이다. 그것은 '중독'이다. 통계만 봐도 엄청나다. 미국 인구는 세계 총인구의 6%에 불과하지만 전 세계 에너지 총소비량의 1/3을 차지한다. 스웨덴과 서독(통일 이전)의 경우, 미국과 비슷한 생활수준이지만 1인당 에너지 소비량은 미국의 반밖에 되지 않는다.

미국의 에너지 흐름의 크기를 정확히 가늠한다는 것은 불가능하지만 일단 총발전량 통계를 보면, 1970년에 미국은 석유, 천연가스, 석탄, 원자력 발전소에서 1조 7,000만 킬로와트의 전력을 생산했다. 이것은 미국을 제외한 세계 4대 소비국가(소련, 일본, 서독, 영국)의 발전량을 합친 것보다 많다.

미국의 에너지 소비는 가난한 제3세계 국가와는 비교 자체가 사실상 불가능할 정도로 엄청난 차이를 보이고 있다. 예를 들어 아이티 같은 나라는 1인당 연간 에너지 소비량이 석탄 환산 68파운드(석탄으로 환산할 경우)이다. 미국은 이 수치가 2만 3,000파운드이다. 이런 상태에서 에너지의 혜택을 본다느니 못 본다느니 하는 이야기는 아무런 의미가 없다. 이렇게 에너지 소비가 불평등한데도 앞으로 20년내 미국의 에너지 수요는 두 배가 증가할 것으로 예상된다. 이러한 지수함수적 증가세가 계속될 경우 앞으로 200년 후면 미국땅은 발전소로 가득 찰 것이다.

세계의 에너지 수요는 2000년이 되면 현재의 네 배가 될 것으로 예상된다. 이것은 주로 인구의 폭발적 증가 때문이다. 인구통계를 보면 매일 33만 3,000명의 아기가 지구상에 태어나는데, 1일 사망자 13만 4,000명을 빼면 24시간 동안 20만 명의 인구가 증가하는 셈이다. 1년이면 7,300만 명이 증가하게 되고, 이들은 살기 위해 유용한 에너지를 소비해야 한다.

인구문제를 제대로 파악하려면 역사적인 맥락에서 보는 수밖에 없다. 세계 인구가 10억에 도달하는 데는 200만 년이 걸렸고, 20억이 되는 데는 100년밖에 걸리지 않았다. 그리고 1930년에서 1960년 사이 30년 동안 이 숫자는 30억으로 늘어났다. 그로부터 15년 후에는 40억에 도달했다. 현재의 세계 인구증가율 1.7%가 그대로 유지된다면 2015년에는 현재의 두 배인 80억이 될 것이고, 2055년에는 다시 그 두 배인 160억이 될 것이다.

지수함수적 인구증가 때문에 지구의 에너지 기반에는 상상을 초월하는 압력이 가해진다. 노벨 경제학상 수상자인 바실리 레온티예프 Wassily Leontief의 연구에 따르면, 앞으로 몇 년간의 인구증가를 소화하기 위해서 광물 생산량은 다섯 배 증가해야 하고 식품 생산량도 네 배 증가해야 한다.

더욱 놀라운 것은 많은 국제 경제학자들의 예측이다. 폭발하는 세계 인구의 최저생활만 보장하려 해도 향후 30년 동안 "이제까지 인류역사상 수행되었던 건설공사의 총량과 맞먹는 양의 작업을 통해 집, 병원, 항만, 공장, 교량, 기타 여러 가지 시설을 지어야 할 것이다."

이러한 공사에는 천문학적 분량의 재생불가능한 에너지가 투입되어야 한다. 이미 직면하고 있는 세계적 에너지의 문제를 생각해보면 (에너지 부족, 치솟는 에너지 가격, 늘어나는 오염 및 쓰레기 등), 아무리 노력해도 인류의 미래 에너지 수요를 충족시킬 수 없다는 것은 너무나 분명하다. 현재 우리 사회는 재생가능한 에너지 재고가 바닥이 나고 있고, 위험스럽게도 엔트로피 분수령에 다가가고 있다. 여러 가지 통계 수치가 나와 있지만 값싸고 재생불가능한 에너지 시대는 끝났다는 것이 중론이다.

경제학자 에밀 브노와Emile Benoit는 「원자력 과학자 회보Bulletin of Atomic Scientists」에 기고한 글에서 이렇게 말했다. "세계의 석유 소비가 현 수준을 유지한다면 기존 매장량은 25년 후에 고갈된다. 현재 매장량의 네 배에 해당하는 유전이 새로 발견된다 해도(대부분의 전문가들은 그렇게 많이 발견되리라고는 생각하지 않는다) 그로부터 또다시 25년이 지나면 원유 매장량은 완전히 고갈될 것이다." 생태학자 레스터 브라운Lester Brown은 『제29일The Twenty-ninth Day』에서 다음과 같은 계산을 하고 있다. "현재 채굴이 가능한 원유를 모두 뽑아올려 미국인에게 나눠주면 1인당 500배럴이 돌아간다. 또 원유를 정유하면 1배럴당 42갤런의 휘발유가 나온다. 그러므로 보통의 미국인이 1갤런에 10마일 정도 달리는 대형 승용차를 타고 1년에 1만 마일씩 달릴 경우, 12년 후면 그에게 배정된 전 세계의 석유 매장량이 사라진다."

합성연료
Synfuels

원유 매장량이 점점 줄어드는 대신 채굴, 처리, 소비와 관련된 비용은 점점 올라간다. 이 때문에 많은 사람들이 석유 이외에 다른 재생불가능한 에너지원을 찾는 데 매달리고 있다. 예를 들어 현대 산업사회에서 구세주로 찬양받는 합성연료를 보자. 사실 합성연료라는 명칭 자체가 잘못된 것이다. 모든 합성연료는 뭔가를 합성해서 얻은 것이 아니고 재생불가능한 에너지원에서 파생된 것일 뿐이다.

미국 정치가들은 미국을 '석탄의 사우디아라비아'로 만들겠다고 야단들이다. 그러나 이들이 떠들어대는 것처럼 석탄이 그렇게 풍부한 것도 아니다. 정부관리들은 미국인들이 500년간 쓸 수 있는 석탄이 국내에 매장되어 있다고 한다. 그러나 이들이 한 가지 빠뜨린 것이 있다. 현재 연간 4.1%에 달하는 석탄 소비 증가율을 감안하면 500년이 아니라 135년밖에 버티지 못한다. 135년이라도 괜찮은 편이라 할 수 있다.

석유를 손에 넣기가 점점 힘들어지므로 이를 상쇄하기 위해 미국은 석탄 생산에 박차를 가하고 있지만 우리가 석탄에 의존할 수 있는 절대 기간은 몇 세대에 그치고 말 것이다. 그리고 미국 내에 남아 있는 석탄을 캐기 위해 정부는 더 많은 돈을 지출할 것이고, 인플레와 오염은 더욱 심해질 것이다.

현재 계획은 1990년까지 석탄을 원료로 한 합성연료 휘발유 100만 배럴을 생산하는 것으로 되어 있다. 이 계획이 확립되기도 전에 한 백악관 관리는 어떤 기자에게 이렇게 털어놓았다. "이 사업은 연방정부가 제시한 사업 중 가장 정신나간 것 중 하나가 될 가능성이 있다." 그 이유는 간단하다.

첫째, 현재의 석탄액화기술로는 석탄 1톤을 캐서 고온으로 가열하여 압력을 가해봐야 고작 3~4배럴 정도의 액체연료만 나올 뿐이다. 정제과정에 엄청난 에너지가 들어갈 뿐 아니라 합성연료의 원료를 대기 위해 매년 현재의 채굴량보다 수백만 톤이나 더 많은 석탄이 채굴되어야 한다. 사실 합성연료 제조공정에는 각 단계마다 대량의 물이 필요하기 때문에 엄청난 양의 석탄을 캘 필요조차 없을지 모른다. 매우 신빙성 있는 조사결과가 나와 있다. "만약 계획대로 석탄채굴을 시작하고 발전소와 액화 및 기화 공장을 건설하면 이 작업을 위해 대량의 물이 필요하다. 그 물의 양은 현재 미국 전국에서 소비되는 물의 3~4배가 될 것이다. 이 사업의 전망이 불투명한 데는 또 한 가지 이유가 있다. 미국 석탄 매장량의 대부분은 서부에 있고 따라서 합성연료공장도 이곳에 세워질 예정이다. 그런데 미국 서부는 이미 물부족을 겪고 있다."

둘째, 합성연료를 처리하려면 이를 위한 산업기반시설이 기초부터 모두 건설되어야 한다. 현재 미국에서는 합성연료공장이 하나뿐이다. 켄터키 주의 캐틀스버그에 있는 이 공장은 625배럴의 기름을 생산해내기 위해 250톤의 석탄을 소비한다. 625배럴이라고 해봐야 주유소

하나의 수요를 충당할 정도이다. 정부 계획대로 하루에 100만 배럴을 생산하려면 적어도 50만 배럴짜리 공장 20개를 세워야 한다. 공장 하나하나는 대형 정유공장보다 클 것이다. 정부는 공장 하나에 드는 건설 비용을 20억 달러로 잡고 있지만, 랜드 연구소Rand Corporation의 예측에 따르면 다른 분야의 에너지 가격상승을 감안하여 계산해볼 때 합성연료공장 건설에는 정부 예측보다 100% 정도의 비용이 더 든다는 것이다. 따라서 합성연료공장 전체 계획의 총비용은 대략 1,000억 달러에 달한다. 이 비용은 인간을 달에 보내기 위해서 10년간 계속된 아폴로 계획에 투자된 금액의 네 배에 해당하는 돈이다. 그 외에 보이지 않는 비용도 있다. 방대한 규모의 송유관이 건설되어야 하고 수백만 톤의 석탄을 실어나를 수송시스템도 보강되어야 한다. 이러한 비용을 모두 감안하여 「뉴욕 타임스」가 추산한 바에 따르면 총비용은 3,000억 달러에 이른다.

이 천문학적 금액도 모자랄지 모른다. 왜냐하면 정부가 구상하는 규모의 합성연료공장은 자국 내에 단 한 군데도 없으므로 예기치 못한 설계상의 문제가 발생할 것은 뻔하다. 그러나 정부는 초고속으로 계획을 추진하려 한다. 10년 이내에 합성연료 생산량을 현재의 625배럴에서 100만 배럴로 올리겠다는 것이다. 건설공사는 매우 빡빡한 공정 아래 추진될 수밖에 없다. 이렇게 되면 "비용은 많이 들고 공장의 성능은 신통치 않을 것이다." 예를 들어 캐틀스버그 합성연료공장은 당초 예측의 네 배나 되는 비용을 소모하고 있다. 설계와 시공상의 문제는 원자력 발전소에서 겪었던 것과 비슷할 것이다. 오늘날 원자력 발전소가 오랫동안 가동을 중단하는 것은 흔한 일이 되어버렸다.

그 다음 문제는 이 거대한 20개의 공장을 어디에 건설하느냐 하는 것이다. 지난 10년 동안 미국 전체에 걸쳐 단 하나의 대형 정유공장 부지가 확보되었을 뿐이다. 그것은 주로 지역 주민들이 자기가 사는 곳에 거대한 공장이 들어서는 것을 싫어하기 때문이다. 그래서 모두들 더 많은 연료를 원하고 있지만 아무도 자기 동네에 연료공장이 들어서는 것을 원하지 않는 것이다.

현실적으로 합성연료공장 부지로 희박하게나마 가능성이 있는 곳조차 얼마 되지 않는다. 미국 에너지부의 연구결과에 따르면, 석탄이 매장되어 있음과 동시에 대형 합성연료공장에 공급할 용수도 확보할 수 있는 지역은 미국 전역에 걸쳐 41개 군에 불과하다. 이 군들은 석탄 매장량이 풍부한 몬테나, 와이오밍, 콜로라도, 노스다코타 주 등에 위치하고 있는데, 인구가 1,000명도 안되는 곳도 있다. 에너지부는 이런 곳에 합성연료공장이 들어서면 각 군의 인구가 2만 500명 정도 늘어날 것으로 추산한다. 이렇게 되면 주거기반시설, 예를 들어 하수도, 주택, 도로, 쓰레기 수거, 학교 등의 시설이 들어서야 한다. 에너지부는 또한 이러한 시설이 각 군에 대해 약 7,000만 달러 정도의 재정부담을 안겨줄 것으로 보고 있다.

이 모든 문제와는 별도로 대량의 석탄을 연소시킬 때 발생하는 환경적 위협으로 인해 합성연료사업은 결코 지지할 수 없는 사업이다. 자연을 훼손하며 석탄을 캐고 대기를 심각하게 오염시키는 합성연료공장을 세우는 것은 시작에 불과하다.

국립과학아카데미National Academy of Sciences의 연구에 따르면, 앞으로 수백 년에 걸쳐 화석연료에서 에너지를 생산하는 활동은 이산화탄소 방출에 의한 기후변화 때문에 제한을 받을 것이다. 석탄을 많이 때면 땔수록 더 많은 이산화탄소가 대기 중으로 방출되어 온실효과를 초래한다. 국립과학아카데미의 보고서에 따르면 앞으로 75년 동안 대기 중 이산화탄소 양은 두 배가 될 것이라고 한다. 이렇게 되면 "중위도 지방의 기온은 3~6°C 정도, 양극 지방의 기온은 9~12°C 정도 상승할 것이다." 이는 지구상의 수많은 동식물에게 상상을 초월하는 타격을 가하고 전 지구의 생태적 균형을 심각하게 흔들 것이다. 무엇보다도 극지방의 얼음이 녹아 세계적으로 해수면이 상승하여 현재의 항구도시들은 거의 모두 물에 잠겨버릴 것이다. 또한 기상이변이 일어나 기존의 생물종 중 상당수가 멸종할 것이다.

이런 걱정을 하는 것은 국립과학아카데미뿐만이 아니다. 지난 몇 년간 발표된 수많은 보고서들이 똑같은 결론을 제시하고 있다. 월드워치 연구소World Watch Institute는 앞으로 수십 년간 현재의 수준으로 이산화탄소가 대기 중에 방출되면 지구 온도는 크게 변하고 이에 따라 "아마 빙하기가 왔다가 간 것에 버금가는 규모의" 기후변화가 일어날 것이라고 주장한다.

합성연료는 이러한 문제를 더욱 악화시킨다. 백악관 환경위원회The Council on Environmental Quality는 합성연료를 쓰면 온실효과가 더욱 가속화될 것이라고 한다. 왜냐하면 합성연료는 보통연료보다 이산화탄소를 더 많이 만들어내기 때문이다. 같은 양의 열(그러니까 일)을 얻는 데 있어 합성연료는 석탄의 1.4배, 석유의 1.7배, 천연가스의 2.3배의 이산화탄소를 방출한다.

열역학의 법칙은 에너지를 변환시키기 위해서는 별도의 에너지를 투입해야 한다고 가르친다. 순에너지는 총에너지에서 에너지를 만들어내기 위해 투입된 에너지를 뺀 값이다. 이렇게 보면 합성연료는 효율성도 형편없다. 5만 배럴의 합성연료 공장은 출력 100만 킬로와트의 석탄 화력 발전소의 세 배에 해당하는 석탄을 소비할 것이다. 게다가 석탄을 채굴하고, 거대한 공장을 세우기 위해 철을 생산하고, 파이프라인 및 새로운 수송시스템을 건설하는 데 들어가는 에너지까지 감안하면 합성연료의 효율은 더욱 형편없어진다. 석유의 경우 1BTU(열량 단위로서, 1파운드의 물을 화씨 1도 높이는 데 필요한 열량)의 에너지를 투자하여 50BTU를 생산할 수 있는 데 비해 석탄에서 얻는 합성연료는 17BTU, 혈암유는 6.5BTU에 불과하다.

합성연료 생산계획의 다른 측면들도 비슷한 문제를 안고 있다. 혈암유를 예로 들어보자. 석유 1배럴을 생산하는 데 1.5톤의 혈암이 필요하며 제조공정에 2배럴의 물이 필요하다. 그리고 혈암유는 제조과정에서 독성연기를 발생시키므로 이 문제도 해결해야 한다. 타르 모래의 경우는 더하다. 1배럴의 석유를 얻기 위해 4,400파운드의 타르 모래를 캐서 가열해야 한다. 여기서도 한 형태의 에너지(혈암 및 타르 모래)를 다른 형태의 에너지(액체 연료)로 바꾸는 데 많은 에너지가 소요되므로 에너지의 순생산량은 매우 적다. 최첨단 추출기술을 동원하더라도 혈암유는 미국의 현재 에너지 소비량의 2%만을 공급할 수 있을 것으로 추정된다.

핵분열 에너지
Nuclear Fission

최근까지만 해도 원자력은 에너지의 희망이었다. 그러나 이 희망은 급속히 퇴색해가고 있다. 1979년 3월, 스리마일 섬의 원자력 발전소 노심이 거의 녹아버릴 뻔한 사건 이전에도 이미 원자력 산업에만 심각한 문제들이 노출되어 '원자력의 평화적 이용'이라는 목표에 어두운 그림자가 드리워졌다.

매우 높은 발전비용과 안전 및 건강에 관한 심각한 우려 때문에 건설계획 중이던 원자력 발전소의 수는 급격히 줄었다. 세계 각국에서 원자력 발전량의 증가는 당초 예측의 1/3에도 못 미치고 있는 실정이다. 미국에서 1973년에 발주된 신규 원자력 발전소는 36기였고, 1974년에는 27기, 1975년에는 4기로 격감했다. 1976년에는 2기였고, 1977년에는 다시 4기로 증가했다. 원자력 발전소 1기 건설에 20억 달러 정도의 비용이 든다는 사실은 제쳐두더라도 보이지 않는 비용이 '원자력은 값싼 에너지'라는 신화에 찬물을 끼얹고 있다.

1978년에 공개된 의회보고서는 다음과 같은 사실을 지적하고 있다.

많은 사람들의 생각과는 달리 원자력은 이제 더 이상 값싼 에너지원이 아니다. 얼마가 들지 알 수 없는 방사성 폐기물 및 사용되는 핵연료 관리 및 재처리, 원자력 발전소의 폐기 및 사후관리 등의 비용을 포함하면 "원자력은 석탄 같은 재래식 에너지원보다 훨씬 비쌀 수도 있다."

원자력 발전은 비용뿐만 아니라 현재로서는 해결할 수 없는 사회적 및 건강상의 문제를 일으킨다. 발전에 필요한 우라늄을 채굴하는 광부들이 암이나 기타 질병에 노출될 뿐만 아니라 우라늄 광산 근처에 사는 주민들에게도 심각한 건강상의 문제를 야기할 수 있다. 이미 1억 톤 정도의 우라늄 폐석(우라늄을 채굴한 뒤 광산에 남는 광석 부스러기)이 미국 남서부 몇 개 주에 쌓여 있다. 이 폐석의 반감기는 8만 년이다. 콜로라도 주에서는 이 폐석을 이용해 지은 학교와 주택에서 살거나 일하는 부모와 그 아이들이 선천적 결함을 가지고 태어나는 경우가 늘었다.

원자로 자체도 안전하지 못하다. 스리마일 섬의 핵사고는 원자력 발전소에서 발생한 수십 건의 고장 및 방사능 누출사고 중 가장 심각한 것이었을 뿐이다. 미국의 모든 원자로는 끊임없이 소량의 방사능을 주변 환경으로 방출하고 있다. 물론 업계 사람들은 이 방사능이 법적 기준 이하라는 사실을 재빨리 지적한다. 그러나 그들은 강하건 약하건 간에 모든 방사능은 잠재적으로 위험하다는 의학적 증거가 존재한다는 사실은 절대 말하지 않는다.

방사능에는 적정량이라는 것이 없다. 모든 방사능은 항상 지나치게 많다. 방사능 입자 하나가 암이나 돌연변이를 일으킬 수도 있다. 그러나 발병 과정이 매우 느려서 방사능 노출로부터 발병까지는 20년이 걸릴 수도 있다. 그렇기 때문에 오늘날 원자력 발전소 건설은 미래의 역병을 풀어놓는 일이 된다. "미래를 걱정하는 과학자의 모임"은 서기 2000년까지 미국인 1만 5,000명이 경미한 핵사고와 누출의 직접적인 결과로 사망할 것이라고 추정했다. 만약에 대규모의 "차이나 신드롬(원자로가 과열되어 노심마저 녹아버리는 것)"이 발생한다면 10만 명이 죽고 수천 평방 킬로미터의 땅이 오염되어 오랫동안 쓸 수 없을 것이라고 이 모임은 내다보고 있다.

더욱 심각한 문제는 원자력 발전소 1기당 매년 400~500파운드의 플루토늄(핵폭탄을 만드는 재료)이 만들어진다는 것이다. 현 추세대로라면 미국의 원자력 발전소 하나는 매년 40개의 핵탄두를 만들 수 있을 만큼의 플루토늄을 생산한다. 20년 후에는 2만 개의 핵탄두를 만들어낼 수 있는 핵분열 물질이 국경을 넘어 이동할 것이다. 이러한 물질의 안전을 보장한다는 것은 불가능하다. 이미 미국 전역의 원자로와 저장 시설에서 700파운드의 플루토늄이 사라졌다. 원자탄을 만들 수 있는 기술적인 지식은 미국 내 도서관 어디를 가든 쉽게 얻을 수 있다는 사실을 감안할 때 플루토늄의 생산은 사람들에게 "당신들 마음대로 핵폭탄을 만드시오"라고 권고하는 것과 같다.

기술평가청의 최근 연구보고서인 "핵전쟁의 효과The Effects of Nuclear War"에 의하면 테러범이 작은 핵폭탄 하나만 폭발시켜도 마천루가 밀집한 중심가의 몇 블록 정도를 완전히 파괴함과 동시에 허용치의 1,000배가 넘는 방사능이 방출된다고 한다. 이로 인해 교외 지역까지 치명적인 낙진 피해를 입는다. 플루토늄을 도시의 대기 중에 방출하면 약 100킬로미터의 지역을 10만 년간 오염시킬 수 있다.

그 외에도 '핵폐기물 처리'라고 하는 해결 불가능한 문제가 있다. 믿어지지 않는 이야기지만 원자력 연구개발에 그렇게 많은 노력을 기울이고, 발전소 건설에 수십 수백억 달러를 투자한 지금도 과학계, 전력 회사, 정부는 핵폐기물 제거방법을 모르고 있다. 국립과학아카데미 위원회 위원장인 하버드대 하비 브룩스Harvey Brooks 교수는 핵폐기물 처리에 대해 이렇게 말한다. "궁극적으로 원자력이 사회적으로 받아들여지지 않는다면, 그것은 주로 대중이 핵폐기물 문제를 제대로 이해했기 때문일 것이다."

1976년말 현재 3,000톤의 사용 연료봉이 미국 내 핵폐기물 풀에서 잠자고 있다. 1983년이면 이것은 1만 3,000톤으로 늘어날 것이다. 피복이나 장비 같은 고형 폐기물도 이에 못지 않은 골치거리다. 이미 2,200파운드의 플루토늄을 함유한 1,300만 입방피트의 방사성 고형 폐기물이 존재한다. 업계의 예측에 따르면 서기 2000년까지 1억 5,200만 갤런의 고준위 액체 폐기물도 만들어질 것이라고 한다. 이 거대한 양의 폐기물을 '안전하게' 파묻으려는 계획은 많지만 아직 안전이 증명된 것은 하나도 없다. 미국의 역사는 200년밖에 되지 않고 인류문명의 역사라고 해야 수천 년에 불과하다. 인류문명의 역사보다 더 오랜 기간 동안 치명적인 방사성 물질을 저장해두려는 계획이 얼마나 무모한 것인지를 상상해보라.

아직 핵폐기물 발생량이 적은 오늘날도 폐기장에서의 누출과 사고 소식이 끊임없이 들려온다. 워싱턴 주의 리치랜드에 있는 미국 정부의 핵물질 저장소에서 50만 갤런 이상의 액체 방사성 폐기물이 누출된 바 있으며, 1978년 6월에는 "방사성 입자가 저장시설에서 빠져나온다"는 미 환경청 조사보고에 따라 켄터키 주정부는 맥시 플래츠에 있는 핵폐기물 저장시설을 폐쇄했다. 테네시 주의 오크 릿지, 메릴랜드 주의 오션 시티, 캘리포니아 주 샌프란시스코 근처에 있는 폐기물 처리장에서도 비슷한 사실이 보고된 바 있다.

　미국의 원자력 발전량이 계속 정체상태에 머문다 하더라도 21세기가 되면 매 2년 혹은 3년마다 새로운 처리장을 만들어야 핵폐기물 문제를 해결할 수 있다. 이렇게 되면 폐기장 하나가 생길 때마다 25만 년간 이를 추적관리해야 함과 동시에 무장경비원을 24시간 배치해야 한다. 보통의 핵폐기물이 무해한 것이 되려면 이 정도의 시간이 지나야 한다.

핵융합
Nuclear Fusion

원자력 발전소로 인해 발생하는 문제들이 해결불가능한 것으로 보이는데도 불구하고 아직도 원자력의 망령은 우리 주변을 맴돌고 있다. 20년 전 미국인들은 핵분열 에너지가 '무한하고, 깨끗하며, 계산할 수 없을 정도로 싼' 에너지 시대를 열어줄 것이라는 약속에 열광했다. 오늘날 이 신화가 스리마일 섬 사고를 비롯한 여러 사고들로 인해 치명타를 입었음에도 불구하고 새로운 원자력의 가능성이 사람들을 열광시키고 있다. 그것은 핵융합이다. 핵융합 예찬론자들의 주장은 20년 전 핵분열 예찬론자들의 주장과 닮아 있다.

기술적으로 볼 때 핵융합 에너지는 핵분열 에너지의 반대이다. 핵분열은 원자핵을 쪼개지만 핵융합은 서로 다른 원자 2개의 핵을 결합시킨다. 핵융합 에너지는 전혀 새로운 것이 아니다. 태양에서 계속 일어나는 반응이 바로 핵융합으로서, 이로부터 나오는 에너지가 수십억 년간 지구에 쏟아져왔고 생명이 여기에 의존하고 있는 것이다. 1950년대 인간은 수소폭탄을 통해 핵융합 반응을 배웠다. 과학자들은 이제

수소폭탄이 폭발할 때 나오는 가공할 양의 에너지를 핵융합 발전소라는 그릇 속에 담아 유용하게 이용하는 방법을 찾기 위해 고심하고 있다.

핵융합 에너지 예찬론자들은 핵융합이 핵분열보다 효율도 높고, 방사성 폐기물도 적고, 언젠가는 수소로 핵융합을 할 수 있을 것이라는 점을 들어 핵융합에 찬성표를 던진다. 사실 수소는 바닷물에서 무한대로 얻을 수 있다. 어떤 의미에서는 핵융합 발전이 현대의 영구기관에 해당한다고 볼 수 있다. 그러나 엔트로피 법칙은 영구기관이 불가능한 것임을 증명했듯이 핵융합 발전의 가능성에 대해서도 심한 제약을 가하고 있다.

첫째, 폐쇄된 공간 안에서 핵융합이 지속적으로 진행될 수 있다고 보장할 수 없다. 사업적으로 수익성이 있으려면 핵융합로는 노심 $1cm^3$당 1초에 100조 개의 수소 원자를 융합시켜야 한다. 현재까지 폐쇄된 공간에서의 핵융합 반응은 몇 분의 1초밖에 지속되지 못했다. 이 반응 시간을 늘이지 못하면 융합 과정은 그것이 생산하는 에너지량보다 소비하는 에너지가 훨씬 많아진다. 가장 낙관적인 예측에 따르더라도, 핵융합 반응이 수익성이 있으려면 적어도 2025년까지 기다려야 한다. 오늘날 세계의 덜미를 잡고 있는 에너지 위기를 생각할 때, 2025년은 너무 멀다.

둘째, 몇 가지 핵융합 기술이 나와 있지만 주로 연구되고 있는 것은 중수소-3중수소 반응이라고 불린다. 왜냐하면 핵융합에 중수소와 3중수소를 결합하는 방식을 쓰기 때문이다. 3중수소는 리튬으로 만드는데 리튬은 우라늄 만큼이나 희귀한 재생불가능한 자원이다. 그러므로 핵융합 에너지원은 무한한 것이 아니다. 리튬이 고갈되면 핵융합도 끝나는 것이다. 핵융합 발전소는 점점 희귀해지고 있는 그 밖의 다른 재생불가능한 에너지원을 다량 소비한다. 예를 들어 니오븀과 바나듐이 그것이다. 100만 킬로와트짜리 핵융합 발전소를 가동하려면 280만 파운드의 구리를 더 캐야 하는데, 구리 역시 점점 희귀해지고 있다.

셋째, 핵융합 발전이 '깨끗하다'고 하지만 이 깨끗함은 좀 기이하다. 리튬 광산의 광부들은 우라늄 광부들과 마찬가지로 건강상의 영향을 받을 것이다. 그리고 핵융합로도 폐기물이 없다고 말할 수 없다. 대형 핵융합로라면 연간 250톤의 방사성 폐기물을 쏟아낼 것이다. 그러면 오늘날의 원자로와 같은 폐기물 문제가 생긴다.

게다가 핵융합로 설계와 관련하여 기술적 및 유지보수상의 문제가 있다. 과학자들이 중수소-3중수소 융합을 실험대상으로 삼은 이유 중 하나는 그 반응이 섭씨 1억℃ 정도에서 일어나기 때문이다(해수를 연료로 쓸 수 있는 수소-붕소 융합로의 가동 온도는 30억℃이다). 이처럼 고온과 방대한 양의 방사선을 지속적으로 감당해낼 수 있는 물질은 현재 우리가 아는 한 없다. 따라서 방금 말한 상상을 초월하는 온도가 매우 의미심장하게 들린다.

바텔 퍼시픽 노스웨스트 연구소Battelle Pacific Northwest Laboratory의 선임연구원인 보웬 R.레너드 2세Bowen R. Leonard, Jr.는 고온과 방사선 때문에 핵융합 발전은 도저히 생각할 수 없을 정도로 비싸질 것이라고 말한다. "핵융합 수준의 방사선은 강철을 위시한 구조물의 강도를 매우 약화시키기 때문에 이들은 곧 깨지기 쉬운 상태가 된다. 따라서 끊임없이 부품을 교체해야 하고 이로 인해 가동이 자주 중단될 것이다." 구조물의 일부, 예를 들어 노심에 가장 가까운 벽 같은 것들은 매년 교체해야 할 것이다. 그러나 방사능이 워낙 강하기 때문에 어느 누구도 안전하게 유지보수작업을 할 수 없을 것이다. 따라서 엄청난 비용을 들여 유지보수용 로봇을 따로 설계제작해야 할 것이다. 그리고 핵융합 발전소의 수명은 아무도 모르지만 대략 25년 정도로 추산되는데, 발전소의 수명이 다하면 해체되어 폐기장으로 보내야 한다.

물리학자이자 태양 에너지 예찬론자인 아모리 로빈스Amory Lovins 는 이렇게 말했다. "이 모든 기술적 및 자원상의 문제뿐만 아니라 핵융합 발전은 우리가 원하지 않는 요소들을 담고 있다. 즉, 핵융합 발전은 복잡하고, 돈이 많이 들고, 공사기간이 길며 중앙집중적이고 기술집약적인 발전방식이다." 로빈스는 분열이든 융합이든 원자력은 버터를 자르려고 톱을 들이대는 격이라고 말한다.

광물
Minerals

석유, 석탄, 우라늄, 태양에너지 등 여러 형태의 에너지는 하나만 따로 떼서 생각할 수가 없다. 환경에서 에너지를 추출해내기 위해서는 시추기, 트랙터, 발전소 등 재생불가능한 자원을 사용해야 한다. 에너지를 이용하여 일을 하려 해도 기계나 공장 등 재생불가능한 자원을 투입해서 만든 시설을 통해서만 가능하다. 그렇기 때문에 에너지 자원의 고갈 자체는 현재 우리가 맞닥뜨린 물리적 한계의 일부에 불과하다. 고도의 산업경제가 유지되고 성장하는 데 필요한 주요 재생불가능한 광물자원은 거의 빠짐없이 급속도로 고갈되고 있다.

미국만 해도 매년 발전소, 수송수단, 학교, 기계, 주택, 교량, 의료활동 및 중장비용으로 1인당 거의 4만 파운드에 달하는 광물자원을 소비하고 있다. 미국은 지구 전체의 소중한 광물자원을 고갈시키는 주범이다. 미국 내무부에 의하면 미국 경제는 세계 보크사이트 총생산의 27%, 철광석의 10%, 니켈의 28%를 생산하거나 수입한다. 세계 모든 나라가 오늘날의 미국과 같은 생활수준에 도달하려면 주요 재생불가능한 광물 자원을 현재의 200배 정도 소비해야 한다(이것은 지금부터 21세기 초 사이 인구가 두 배가 된다는 가정에 입각한 것이다). 미국의 생활수준을 쫓아가는 것이 대부분 개도국의 목표이지만 이것은 이룰 수 없는 꿈일 뿐이다.

많은 전문가들은 현재의 소비수준이 계속 유지된다면 적어도 75년 후 세계 각국은 유용한 광물 가채 매장량의 반을 고갈시켜버릴 것이라고 주장한다. 미국 지질연구원의 지질학자이자 이 분야 권위자인 프레스톤 클라우드Preston Cloud 박사는 1978년 의회 합동경제위원회에서 다음과 같이 말했다. "21세기 초에 고갈될 위험이 있는 광물로는 구리, 금, 안티몬, 비스무트, 몰리브덴 등이 있다. 2050년이 되면 미국 내 주석, 상업용 석면, 콜롬비움, 형석, 운모판, 고품질의 인, 스트론튬, 수은, 크롬, 니켈 등의 가채 매장량이 고갈될 것이다. 그나마 남아 있는 자원에 대한 각국의 경쟁이 치열해진 가운데 대부분의 주요 광물을 수입에 의존하면 가격은 올라갈 것이고 광물수출국들은 이것을 무기로 삼을 것이다. 이는 OPEC 회원국들이 석유를 무기로 삼은 것과 같다."

재생불가능한 자원이 사회를 통해 흐르는 것은 재생불가능한 자원의 소비에도 영향을 미친다. 물론 나무와 물고기는 생명체이고 번식을 통해 많은 개체를 만들어낸다. 그러나 이러한 자원을 소비하는 속도가 새로 태어나는 속도보다 빠르다는 데 문제가 있다. 고高엔트로피 경제 체제는 재생가능한 자원을 너무 빨리 소비해버리기 때문에 사실상 이들을 재생불가능한 자원으로 만들어버린다. 화석연료의 시대가 오기 전까지 인류는 필요한 에너지를 거의 전부 나무, 물고기, 풀밭, 경작지 등에서 얻었다. 그러나 이러한 에너지원들의 생산성은 극대점에 달했고 이제 하락하고 있다는 증거가 나와 있다. 1967년 이래 세계의 산림

생산성은 계속 줄어들고 있다. 어업은 1970년 정점에 달했으나 지금은 긴 역사를 자랑하던 많은 어장에 '고기의 씨가 말라버렸다'. 연간 1인당 곡물생산을 킬로그램 단위로 계산해서 얻는 경작지 생산성도 1976년에 최고에 달했다. 1인당 양모, 양고기, 쇠고기(모두 풀밭에 의존한다) 생산량은 모두 감소하고 있다. UN, 의회, 학계, 각종 보고서, 청문회 등 모든 곳에서 움직일 수 없는 통계적 증거가 제시되고 있는데도 잘못된 이론에 아직도 매달려 있는 사람들이 있다. 그 이론에 따르면 현재의 성장률을 유지해도 세계 인구를 영원히 또는 적어도 상당히 오랫동안 먹여살리기에 충분한 재생불가능한 자원이 존재한다. 그러나 이들의 생각은 기본 가설부터 잘못되었다.

예를 들어 지구 전체가 광물 덩어리라고 하는 사람들이 있다. 그들은 지구 전체 중 극히 일부만 사용가능하거나 아니면 잠재적으로 채굴가능하다는 사실을 간과하고 있다. 지구를 구성하는 물질 전체가 에너지로 전환될 수 있다고 하자. 그렇다면 우리는 모두 공중에 떠다녀야 할 것이다. 10대 주요 광물의 수요가 현재처럼 매년 3%씩 성장하면, 수백 년 후면 우리는 지구 전체를 다 파먹어버릴 것이다. 인류의 역사는 350만 년쯤 되고 지구의 역사는 40억 년이 넘는다는 사실을 생각할 때 이것은 그리 긴 시간이 아니다.

어떤 사람들은 해저에서 캐내는 망간 덩어리가 비금속 광물수요를 충족시켜줄 수 있을 것이라고 한다. 일부 전문가에 따르면 "구리는 현재 생산량의 1/4, 니켈은 현재 생산량의 세 배, 망간은 현재 생산량의 여섯 배를 해저에서 조달할 수 있을 것"이라고 한다. 또 그들은 가까운 장래에 방금 말한 수치들을 네 배로 늘이는 것도 가능할 것이라고 한다. 이러한 수치들은 겉보기엔 그럴듯하지만 지수함수적 소비증가에 비추어보면 아무것도 아니다. 현 추세대로 소비가 증가한다면 1백 년 후의 구리 수요는 현재의 90배, 니켈은 28배, 망간은 17배가 되어 바다에서 얼마쯤 건져올린다고 해야 몇 년 혹은 몇 십 년을 버틸 수 있을 뿐, 그 이후에는 모든 광물이 완전 고갈될 것이다.

대체와 재생, 그리고 보전
Substitution, Recycling and Conservation

희귀한 광물을 덜 희귀한 광물로 대체하거나 기존의 광물을 좀더 효과적으로 재생하면 재생불가능한 광물자원의 재고를 무한히 유지할 수 있을 것이라고 믿는 사람들이 여전히 존재한다. 주요 금속광물의 공급이 급속히 줄어들고 있기 때문에 생산과정에서 어떤 광물을 다른 광물로 대체하는 것은 별 이익이 없다. 윌리엄 오퓔스William Ophuls가 지적한 바와 마찬가지로 "대체재(구리를 알루미늄으로 대체하는 것 등)는 일반적으로 당초 재료보다 효율이 떨어지므로 주어진 기능을 수행하는 데 더 많은 에너지가 든다." 또 어떤 물질은 특이한 성질 때문에 대체가 불가능하다.

재생은 광물자원의 고갈에 대한 해결책으로 자주 제시된다. 재생은 이미 전 세계 안티몬 수요의 반을 충당하고 있다. 철, 납, 니켈의 경우는 1/3, 수은, 은, 금, 백금의 경우는 1/4을 충당한다. 그러나 재생도 열역학 제2법칙에서 예외가 될 수는 없음을 잊지 말아야 할 것이다. 어떤 광물이든 재생될 때마다 그 일부는 불가피하게 손실되어 회수가 불가능하다. 앞에서도 말한 것처럼 오늘날의 재생효율은 대부분 금속의 경우 30% 정도이다. 그리고 재생은 또 한 번의 오염을 유발하며 원료의 '수거, 수송, 변환'에도 막대한 에너지가 든다. 대체재와 마찬가지로 재생도 기하급수적인 금속수요증가라는 상황에 비추어보면 파국을 잠시 늦춰줄 수 있을 뿐이다. 수십 년, 아마 50년이 고작일 것이다. 물론 더욱 효율적인 재생방법을 개발하는 것이 반드시 필요하겠지만 통계를 살펴보면 예측가능한 미래에 전체 광물수요에서 재생이 차지하는 비율은 1%가 약간 넘을 것임을 알 수 있다.

재생과 마찬가지로 보전도 매우 중요하다. 그러나 이것도 재생과 마찬가지로 부분적인 해결책일 뿐이다. 미국과 생활수준이 비슷한 유럽 여러 나라들의 1인당 에너지 소비량이 미국의 반밖에 되지 않는다는 것은 자주 지적되는 사실이다(여기에 대해 이렇게 반박할 수 있다. 미국인들이 에너지 소비를 현 수준의 반으로 줄인다고 해도 지수함수적 소비증가, 자원고갈, 오염 등의 근본적인 문제는 여전히 남는다. 그리고 유럽도 환경의 낙원은 아니다). 보전은 절대적으로 필요한 일이지만 어떤 보전계획도 한계가 있음을 기억해야 한다. 왜냐하면 이 계획은 기존의 고에너지 소비체제에 맞추어 시행되어야 하기 때문이다. 현재의 소비체제에 조금이라도 제약을 가하는 보전계획은 에너지 흐름 여기저기에 심각한 왜곡현상을 발생시킬 뿐이다.

미국 정부는 에어컨 자동온도조절장치의 온도를 높게 설정하여 전력소비를 줄이고자 노력하고 있다. 이것은 에너지 흐름을 높은 수준으로 유지하도록 되어 있는 시스템을 그대로 둔 채 보전만 하려고 하면 어떤 문제가 생기는가를 보여준다. 미국인들의 에어컨 중독은 전설적이다. 오늘날 미국인들이 여름 석 달 동안 냉방을 위해 소비하는 전력은 중국 사람들(중국의 인구는 미국 인구의 네 배이다)이 1년 내내 사용하는 전력 총량과 맞먹는다.

편의를 위한 도구로 등장한 에어컨은 이제 필수품이 되었다. 지난 20년간 에너지 흐름이 유래없는 속도로 증가하는 가운데 뉴욕의 세계 무역센터에서 캘리포니아의 홀리데이 인 호텔에 이르까지 미국 전역에 세워진 건물들은 창문이 열리지 않도록 설계되었다. 당시 사람들은 완전히 폐쇄된 환경에서 1년 내내 쾌적한 냉난방을 공급할 수 있는 전력이 공급될 것이라고 생각했다. 하지만 자동온도조절장치의 온도를 높게 설정하면 건물 안에 있는 사람들은 가끔 창문을 열고 신선한 공기를 끌어들여야 한다. 그러나 이렇게 할 수 있는 방법은 수십만 개의 건물에 달려 있는 수백만 개의 창문을 바꾸는 것뿐이다. 창문을 바꾸려면 엄청난 에너지, 자원, 시간, 인력이 든다.

전력소비를 줄이려는 이 운동에는 다른 의미들도 담겨 있다. 신축 건물의 냉방시스템은 정부가 설정한 한계보다 더 낮은 온도에서 가장 효율적으로 작동하도록 설계되어 있다. 이것을 규정에 맞는 온도까지 올리려면 어떤 건물에서는 공기를 '가열해야' 한다고 한다.

이런 사례는 끝없이 많다. 우리가 당연한 것으로 받아들이는 많은 시스템은 에어컨이 있다는 것을 전제로 설계된 것이다. 예를 들어 컴퓨터가 제대로 작동되려면 습도가 낮아야 하고 공기는 서늘해야 한다. 에어컨을 꺼버리면 작동이 불가능해진다.

자동온도조절장치의 설정온도를 바꾸면 생물학적, 심리적 영향도 나타난다. 우리는 에어컨에 철저히 적응이 되어서 인류 역사의 99%에 해당하는 기간 동안 당연한 것으로 여겨져온 온도와 습도가 이제는 견딜 수 없게 되어버렸다. 덜 시원한 사무실에서 일하는 근로자보다 더 시원한 사무실에서 근무하는 근로자의 생산성이 높다는 연구결과도 있다. 여기서도 우리는 엔트로피 법칙을 피부로 느낀다.

이것은 수만 가지 예 중 하나에 불과하다. 이런 예를 들었다고 해서 최대한 보전을 해야 할 절대적 필요를 부정하려는 것은 아니다. 다만 보전은 그 시스템이 허용하는 범위 내에서만 에너지의 흐름을 약간 낮출 수 있음을 지적하려는 것뿐이다. 그러나 산업화되고 도시화된 사회는 그 반대 방향, 즉, 에너지의 흐름을 극대화하는 방향으로 설계되어 있다. 따라서 기존의 고에너지 소비구조 하에서 보전을 통해 우리가 할 수 있는 일은 하찮을 수밖에 없다.

제 5 부

엔트로피와 산업시대

ENTROPY AND THE INDUSTRIAL AGE

경제학
Economics

산업화된 국가, 특히 미국은 엔트로피 분수령에 다가서고 있다. 엔트로피 분수령으로부터 400년이 지난 오늘날 전 세계의 재생불가능한 자원은 급격히 고갈되고 있다. 에너지 흐름의 각 단계마다 기술, 기구 등 변환자들이 더욱 복잡해지고 집중화되고 전문화됨에 따라 사회의 혼란이나 무질서가 증가했다.

이러한 과정을 이해하기 위해 굳이 경제학을 공부할 필요는 없다. 우리는 에너지를 무수한 형태로 변환하고 교환하고 폐기하면서 살아가고 있기 때문에 사회가 엔트로피 분수령을 향해 조금씩 다가감에 따라 에너지 흐름상에 거대한 왜곡이 발생하는 것을 피부로 느낄 수 있다. 인플레이션의 횡포에 대처할 때 이것은 가장 분명히 드러난다. 지난 5년간 실시된 주요 여론조사에서 미국인들은 인플레를 가장 큰 걱정거리로 뽑았다. 금융 칼럼니스트 실비아 포터Sylvia Porter는 다음과 같이 말한다.

더욱 큰 용기와 창의력으로 무장하고 인플레와 싸우지 않는다면 우리
는 운명을 스스로 결정해야 될 상황으로 조금씩 끌려들어갈 것이다.
1960년대의 인플레는 1980년대의 인플레에 비하면 어린애 장난이다.

포터를 위시한 칼럼니스트들이 파악하지 못한 것이 있는데, 그것은
오늘날의 인플레가 재생불가능한 자원의 고갈이라는 문제에 직접 연
결되어 있다는 사실이다. 환경으로부터 유용한 에너지원을 끌어내는
것이 점점 어려워지고 따라서 많은 비용이 요구됨에 따라 에너지 흐름
전 과정을 통해 변환, 폐기와 관련된 비용이 계속 상승한다. 그 결과,
생산자의 입장에서든 소비자의 입장에서든 가격은 끝없이 상승한다.

과거의 에너지 흐름에서 발생한 무질서는 계속 축적되어 정치, 경
제, 사회적 비용의 형태로 나타나고 이에 따라 생산자, 소비자 할 것 없
이 가격상승의 고통을 겪는 것이다. 에너지 환경이 완전 고갈을 향해
다가감에 따라 인플레는 더욱 격심해진다. 이유는 간단하다. 남아 있
는 에너지를 추출하고 처리하는 데는 더 비싸고 복잡한 기술이 필요하
므로 여기에 더 큰 비용이 요구되며, 에너지 흐름과정에서 발생한 무
질서를 통제하고 관리하는 데도 많은 비용이 필요하기 때문이다.

에너지 전문가인 배리 코모너Barry Commoner 박사에 의하면 현재
우리가 의존하고 있는 모든 에너지원에는 똑같은 결함이 있다.

에너지원은 재생이 불가능하거나 불필요하게 복잡한 기술이란 짐을
지고 있거나 아니면 두 가지 모두의 문제로 시달리고 있기 때문에 에너
지 생산에는 점점 더 많은 자본투자가 필요하고, 따라서 민간기업 체제하
의 자유시장에서 가격이 올라가는 것은 당연하다.

코모너 박사는 엔트로피 법칙이 이 전체과정에 어떻게 영향을 미치는가를 보여주는 움직일 수 없는 통계적 증거를 제시한다. 1960년에는 1달러를 투자하여 225만 BTU의 에너지를 생산할 수 있었던 것이 1970년에는 216만 8,000BTU로 줄었다. 그로부터 겨우 3년 후인 1973년에는 184만 5,000BTU로 떨어졌다. 단 13년만에 1달러당 에너지 생산성이 18%나 '떨어진' 것이다(이 데이터는 인플레 효과를 반영하여 1973년 달러 가격으로 조정된 것이다).

환경으로부터 덜 유용한 에너지를 끄집어내는 데는 비용이 더 들기 때문에 에너지의 본 흐름에서 에너지 산업으로 전용되어야 할 금액은 점점 더 많아진다. 에너지 업계는 향후 10년간 자금수요를 충당하기 위해 9,000억 달러를 조달해야 한다. 이 중 반 이상을 외부에서 조달해야 하는데, 왜냐하면 내부 적립금이 충분하지 않기 때문이다. 이렇게 되면 통상 다른 부문에 투자되던 자본이 에너지 산업을 지탱하기 위해 전용되어야 한다. 1970년대 초 미국 산업계에 대한 자본투자 총액 중 24%가 에너지 생산에 투입되었다. 따라서 에너지 수요충당을 위한 전체 자본의 양은 점차 증대될 것이다.

점점 많은 돈이 에너지 분야에 투입되면서 에너지 변환자들(기계, 제도 모두 다)은 더욱 집중화되고 복잡해지고 강력해진다. 오늘날 미국 에너지업계 자산총액은 1,810억 달러에 달하는데, 이것은 '미국 500대 기업의 자산(및 매출)총액의 29%에 해당하는' 금액이다. 모빌, 엑슨, 텍사코 등 에너지업체의 규모는 매우 커서 20개 에너지 회사가 미국 GNP의 18%를 차지하는 실정이다. 정유공장 건설에는 5억 달러가 들고, 원자력 발전소의 경우 10~20억 달러가 드는 오늘날, 오직 이런 거대기업들만이 살아남을 수 있다.

에너지는 모든 경제활동의 기본이다. 그러므로 에너지원의 가격이 올라가면 그 인상분은 에너지 흐름을 따라 차례차례 다음 단계로 전가된다. 결국에는 인플레 형태로 개인 소비자가 부담하게 된다.

워싱턴에 있는 싱크 탱크인 "경제적 대안 모색 협의회"는 인플레의 기본 원인에 대해 상세한 조사를 시작했다. 최종보고서의 결론은 다음과 같다. "에너지, 식품, 주택, 의료 등 4대 생필품에 있어 가격상승은 에너지의 변환 및 교환과 관련된 가격상승과 직결되어 있다. 이러한 사실에도 불구하고 대부분의 경제연구기관들은 임금이나 금융 또는 재정정책 등 2차적인 문제에 초점을 맞추고 있다. 미국 가정의 80%가 가계지출의 70%를 4대 생필품 구입에 소비하고 있다." 또한 이 연구는 4개 부문을 각각 분리하여 인플레의 원인을 그 근원까지 추적했다. 그 근원은 재생불가능한 에너지원의 고갈, 에너지 흐름을 유지하는 데 들어가는 기술적·구조적·제도적 비용의 증가 등이다. 예를 들어 휘발유, 전력, 연료, 유류, 석탄 등 에너지원만 해도 평균 가계지출의 12% 정도를 차지한다. 이 연구는 에너지 인플레야말로 "미국인에게서 매년 1%의 가계 구매력을 빼앗아가는 강도"라고 결론짓고 있다.

가계지출의 약 20%를 차지하는 식품의 경우 인플레율은 매년 8% 이상이었다. 이 보고서는 인플레의 원인을 추적하여 그것이 농산물의 경작, 처리, 수송, 포장, 판매와 관련한 에너지 비용상승과 전 세계적으로 미국 식품의 수요증가에 있다는 것을 밝혀냈다. 주택과 의료 분야에서도 계속 상승하는 재생불가능한 에너지 가격이 인플레를 주도하고 있었다. 그것은 모든 경제활동을 거슬러올라가면 그 시대를 지배하는 에너지원으로 귀결되기 때문이다.

그러므로 인플레는 궁극적으로 어떤 환경의 엔트로피 상태를 측정한 결과이다. 어떤 환경이 엔트로피 극대점을 향해 다가갈수록 에너지 흐름의 모든 과정에서 이루어지는 활동의 비용은 상승한다. 앞서도 말한 것처럼 에너지원을 찾고, 에너지를 뽑아내고, 그것을 처리하는 것이 점점 어려워지기 때문에 에너지 변환비용은 올라간다. 여러 기구, 사회의 각 분야, 집단, 개인 사이의 에너지 교환비용도 추출 및 처리비용의 상승을 반영하여 올라간다.

우리는 이미 생필품 가격이 높아짐에 따라 소비자가 어떤 영향을 받는지를 살펴보았다. 봉급 생활자도 마찬가지다. 임금은 올라가지만 실질 구매력은 생활비 상승을 따라가지 못한다. "1976년 미국 근로자들의 평균주급은 소비자 물가지수에 따라 조정된 불변가격으로 1991년 수준보다 낮다." 임금과 실질 구매력상의 차이는 재생불가능한 에너지의 흐름을 유지하는 데 드는 비용을 지불하기 위해 봉급에서 떨어져나가는 돈에 해당한다.

떨어져나가는 과정은 이렇다. "에너지 흐름의 첫 단계에서 비용이 상승함에 따라 이 상승분은 흐름을 따라 모든 경제주체로 전이된다. 이 상승분을 메우기 위해 에너지 업체에서 소매상에 이르기까지 흐름상의 모든 경제주체는 이익률을 유지하기 위해 임금을 깎으려고 한다. 그 결과 '실질'임금은 떨어지고 구매력도 하락하는 것이다. 구매력이 떨어진다는 것은 소비자들이 식품, 의복, 의료 등 에너지 수요를 충족시키지 못한다는 뜻이다. 달리 말하면, 앞서 언급한 대로 경제기구 전체를 지탱하고 에너지를 생산하는 메카니즘을 유지하기 위해 더 많은 에너지(또는 돈)가 전용되기 때문에 인간에게 봉사하는 에너지 흐름이 줄어드는 것이다."

소비자는 높은 물가에 시달리고, 근로자는 낮은 실질임금으로 고생하며 납세자들은 에너지 흐름 전체에 걸쳐 폐기물과 무질서 처리비용의 증가로 고통받는다. 시스템을 통해 에너지가 흘러가는 과정에서 발생한 대량의 쓰레기를 수거하고 처리하는 데 가장 큰 부담을 지는 것은 납세자다. "백악관 환경위원회CEQ"의 연례 보고서에 따르면, 납세자들은 1917년 오염방지를 위해서만 160억 달러를 냈다. 그리고 이 금액은 매년 20%의 속도로 증가하고 있다. 위원회는 또한 앞으로 10년간 오염방지에 들어갈 총비용을 3,610억 달러로 추산했는데, 이 중 대부분은 세금으로 충당될 것이다.

에너지 흐름이 설정되는 방법에서 발생하는 사회 · 경제적 무질서에 대한 비용도 결국 납세자의 몫이다. 예를 들어 시스템이 직업과 소득을 배분하는 방법으로 인해 에너지의 변환과 교환과정의 주변부에 놓이는 개인, 그룹, 계층 등이 있게 마련이다. 시스템 안의 엔트로피가 증가하고 에너지 흐름 전과정에 걸쳐 비용이 상승함에 따라, 주변부에 있는 사람들이 경제적으로 가장 많이 쪼들리게 된다. 그리고 어려워지는 경제상황을 타개하기 위해 사회는 빈민계층을 계속해서 에너지 흐름 밖으로 완전히 팽개쳐버린다. 이렇게 되면 정부는 사회복지 등의 수단을 동원해 이들의 생활을 보장해주어야 한다. 결국 실업이라는 것도 엔트로피 과정의 이면에 불과한 것이다. 에너지가 빨리 고갈될수록 더 많은 사람들이 실업자가 되거나 준실업 상태에 빠진다. 기초 자치단체에서 중앙정부에 이르기까지 정부 각 기관은 심화되어가는 에너지 위기의 첫 번째 희생자들인 빈민의 문제를 해결하는 데 더욱 깊이 관여해야 한다.

실업과 빈곤이 증가함에 따라 범죄방지나 공중보건을 위해 더 많은 비용이 들어가므로 정부는 이 부문에서도 더 큰 역할을 떠맡아야 한다. 늘어만 가는 공공비용을 충당하기 위해 더 많은 돈이 세금의 형태로 확보되고 전용되어야 한다. 오늘날 미국 근로자의 16%가 공공기관 또는 여러 가지 형태의 정부기관에 고용되어 있다. 에너지 흐름과정 전체에서 축적되는 경제 및 사회적 무질서를 해결하고 통제해야 할 필요가 커짐에 따라 이러한 정부기관들도 비대해진다. 그러나 경제기구처럼 정부기관도 자체조직을 유지하는 데 점점 더 많은 비용을 필요로 한다. 이로 인해 조세부담은 늘어나고 인간에게 봉사하는 에너지 흐름은 줄어드는 것이다. 국민에게 에너지를 빼앗아 경제 및 정부조직을 유지하고 확장하는 데 쏟아붓는 악순환은 더욱 빨라지고, 결국 사회 메커니즘 전체가 엔트로피 분수령을 향해 곤두박질치는 것이다.

세계경제가 직면한 위기를 고전경제이론이 해결할 수 없음은 이제 명백하다. 사회주의적이든 자본주의적이든 고전경제이론에 엔트로피 법칙이 끼어들 여지는 없다. 그러나 제2법칙은 모든 경제활동을 지배하는 최고의 원리이다. 이 궁극적인 진리를 이해하지 못하고 또 경제정책을 이 법칙에 입각해서 수립하지 않으면 우리는 전 세계적인 경제·환경적 파국으로 더욱 빨리 빠져들 것이다.

200년 전 애덤 스미스가 현대경제이론의 주춧돌을 놓았던 것처럼 오늘날 자본주의 국가와 사회주의 국가들은 전통적인 기계 패러다임을 따르는 경제모델을 택하고 있다. 모든 경제정책의 배후에는 뉴턴, 데카르트, 베이컨, 로크, 스미스의 망령이 버티고 있는 것이다.

자본주의 경제학자들은 경제시스템을 '기계적인 과정으로서 수요와 공급기능이 시계추처럼 앞뒤로 왔다갔다 하며 끊임없이 상호조정을 하는 과정'이라고 정의한다. 경제학 입문서를 펼쳐보면 경제학은 수요와 공급곡선이 서로 주고받는 모습을 설명한 것일 뿐임을 금방 알게 된다. 어떤 상품이나 서비스에 대한 소비자의 수요가 증가하면 판매자는 이 상황을 이용하여 가격을 올린다. 가격이 너무 높아져서 수요가 줄어들거나 아니면 다른 상품 또는 서비스로 옮겨가서 판매자는 수요가 다시 살아나는 점까지 가격을 떨어뜨려야 한다. 시간이 지남에 따라 경제학 이론은 개선되고 세련되어졌지만 수요와 공급이라는 시장 메카니즘의 기본 개념은 모든 고전 경제학에서 아직도 중심적인 위치를 차지하고 있다.

사회주의 경제학자들은 시장구조를 부정하지만 자본주의 경제학자들처럼 전체적인 경제환경은 결코 고갈되지 않는다고 믿는다. 새로운 에너지를 어디에서 공급받을 수 있는가 하는 의문에 대해 자본주의 경제학자들과 사회주의 경제학자들은 새로운 기술을 통해 숨어 있던 자원을 끊임없이 찾아내고 개발할 수 있다고 답한다. 이들은 자원 그 자체가 고갈될 수는 없다고 생각한다.

자본주의 및 사회주의 이론에 따르면 경제활동이란 쓸모없는 쓰레기를 가치 있는 것으로 바꾸는 과정이다. 자연계의 모든 것에 인간의 노력이 가미되고 사회 내에서 교환되고 소비될 수 있는 어떤 가치 있는 것으로 탈바꿈하기까지 쓰레기에 불과하다는 로크의 주장을 생각해보라. 그는 제1법칙과 제2법칙을 뒤집어버림으로써 현대경제이론의 모든 경제활동의 기반을 완전히 잘못 해석하는 오류를 범했다. 모든 물질과 에너지의 양은 고정되어 있고 창조되거나 파괴될 수 없으며, 오직 모습이 변할 뿐이라는 것이 제1법칙의 골자이다. 제2법칙은 모습이 변할 때 항상 한 방향, 그러니까 입수가능한 쪽에서 불가능한 쪽으로, 유용한 쪽에서 무용한 쪽으로 변한다고 말한다. 에너지가 환경에서 추출되어 사회를 통해 처리될 때 그중 일부는 각 단계마다 분산되고 소비되며 궁극에 가서는 만들어진 제품을 포함하여 모든 것이 다른 형태의 쓰레기로 변한다.

대부분의 경제학자들은 이 단순한 진리를 도저히 받아들이지 못한다. 이들은 인간의 노동이 자원과 결합되면 더 큰 가치가 창출되는 것이지 가치가 감소하는 것이 아니라는 생각에 너무 깊이 젖어 있다. 기계자본도 결국 과거의 인간노동이 자원과 결합된 것이므로 이것도 경제적인 가치를 창출하는 것으로 본다. 이들은 기계와 인간은 아무것도 창조하지 못한다는 사실을 도저히 이해하지 못한다. 인간과 기계는 기존의 가용한 에너지를 유용한 상태에서 무용한 상태로 변환시킬 수 있을 뿐이며, 그 과정에서 '잠시 동안의 효용'을 만들어낼 뿐이다.

경제학자들은 영원하고 무한한 물질적 진보의 패러다임을 신봉하기 때문에 인간의 노동과 기계가 가치를 창출한다는 생각에 끈질기게 매달린다. 그러나 인간의 에너지, 기계적 에너지 또는 다른 형태의 에너지가 뭔가 가치를 창출하기 위해 소비될 때마다 전체 환경은 더 큰 무질서와 쓰레기가 생겨나는 대가를 치러야 한다는 것을 우리는 제2법칙을 통해 알고 있다. 또한 어떤 가치 있는 것을 생산해도 결국 그것은 쓰레기 또는 분산된 에너지로 전락하고 만다. 이처럼 인간이 만드는 것이 무엇이든지 결국에는 바람에 날리는 먼지가 되어버리기 때문에 유용한 물건을 '영원히' 축적해나간다는 의미에서의 '물질적' 진보같은 것은 있을 수 없다.

이것이 내포하는 의미는 엄청난 것이다. 생산성의 개념을 잠시 생각해보라. 우리가 인간 또는 기계의 노동을 통해 에너지나 일을 증가시키는 엔트로피는 감소하고 상품의 가치는 상승한다. 그러나 이 과정에서 환경의 다른 곳 어딘가에 더욱 큰 무질서가 창조된다고 엔트로피 법칙은 가르친다. 그러므로 생산성이 향상된다는 것은 에너지 흐름이 커지고 궁극적으로 사회가 비용을 지불해야 할 무질서도 커진다는 것을 의미한다.

생산과 교환 과정의 각 단계에서 어떤 일이 행해진다는 것은 인간과 기계가 에너지를 소비한다는 말이다. 에너지의 일부는 제품에 흡수되고 나머지는 버려진다. 그러므로 경제활동과정에서 더 많은 재화를 축적한다는 것은 더 많은 에너지가 낭비된다는 뜻이다. 제2부에서 설명한 간단한 먹이사슬과 같은 원칙이 생산과정에도 적용된다. 고도로 산업화된 사회에서 경제적 과정의 단계는 계속 증가한다. 즉, 생산과정 전체에 걸쳐 점점 더 많은 에너지가 분산되는 것이다. 이로부터 축적되는 무질서로 인해 사회는 더욱 심각하고 장기적인 문제들이 발생한다.

예를 들어 아침에 머핀을 먹는다고 하자. 다음 장에서 밝히겠지만, 오늘날 석유화학에 의존하는 농업의 에너지 효율은 매우 낮다. 그러나 일단 밀이 익고 수확되면 미국인들의 입맛에 맞추기 위해 가공공정을 또 거치기 때문에 이 미친 짓은 여러 단계로 희석되어 잘 보이지 않는다. 어쨌든 머핀을 만들기 위해 거쳐가야 할 에너지의 단계를 보면 다음과 같다. 1)재생불가능한 자원으로 만들어져 화석연료로 추진되는 트럭이 밀을 실어 나른다. 2)밀은 대규모로 중앙집중화된 빵공장으로 간다. 그곳의 기계들은 매우 비효율적인 방법으로 밀을 가공해서 머핀을 굽고 포장한다. 이 공정에서 밀을 3)정제하고 4)표백한다. 이러한 공정을 거치면서 말끔한 흰색을 띠지만 주요 영양소가 소실된다. 5)밀가루에는 니아신, 철분, 티아민, 리보플라빈이 첨가된다. 6)제품이 트럭에 실려 긴 시간을 이동한 후 빵가게에서 며칠 혹은 몇 주씩 손님을 기다려도 변질되지 않도록 방부제가 첨가되고 7)황산칼슘, 제1인산칼

슘, 황산암모늄, 효소, 브롬화칼륨, 요오드칼륨 등 반죽을 좋게 하기 위한 컨디셔너가 들어간다. 8)그러고 나서 빵을 구운 후 9)골판지 상자에 넣는데 10)이 골판지 상자는 손님의 시선을 끌기 위해 여러 가지 색으로 인쇄되어 있다.

상자와 머핀은 11)석유화학 제품으로 된 비닐봉지에 들어가고 12)역시 석유화학 제품으로 된 끈으로 봉해진다. 이렇게 만들어진 머핀 포장은 13)트럭에 실려 이동한다. 14)가는 곳은 냉방이 되고 형광등으로 조명을 비추고 항상 배경음악이 흐르는 식품점이다. 15)마지막으로 소비자들은 2톤짜리 금속덩어리(승용차)를 끌고 가 머핀을 사고 16)머핀을 토스터에 넣는다. 마지막으로 소비자는 상자와 비닐 포장지를 버린다. 이것은 17)고형 폐기물로 처리되어야 한다. 머핀은 130칼로리의 에너지를 제공한다. 이것을 얻기 위해 이토록 복잡한 과정을 거치는 것이다.

전체과정에서 수만 칼로리의 에너지가 소비되는 것은 둘째치고라도, 의학적 증거에 따르면 첨가제와 섬유소 부족(정제된 밀가루로 만든 빵에는 섬유질이 없다)으로 심각한 건강상의 문제가 일어날 수 있다. 결국 머핀이 만들어내는 에너지는 제조공정의 각 단계에서 분산된 에너지의 총량에 비교하면 하찮은 것이다.

식품제조공정에 들어가는 에너지 중 원료를 경작하는 데 들어가는 에너지는 20%에 불과하다. 나머지 80%는 가공, 포장, 유통, 준비에 소비된다. 앞서 말한 머핀과 관련하여 밀을 경작하는 데 들어가는 에너지는 18%에 불과한 반면 가공에 들어간 에너지는 33%에 달한다.

식품가공산업은 금속, 화학, 석유에 이어 미국에서 네 번째로 큰 에너지 소비자이다. 일부 자료에 의하면 식품가공은 전국에서 소비되는 에너지의 6% 정도를 차지하는 것으로 추정된다. 업계 입장에서 보면 많을수록 좋을 것임은 분명하다. 예를 들어 1963년에서 1971년까지 미국의 1인당 식품 소비는 2.3% 증가했다. 그러나 포장의 무게는 33.3% 증가했고, 포장의 개수는 38.8% 증가했다.

포장이 증가하자 새로운 업종이 탄생했다. '식품기술 전문가'라는 사람들인데, 이들은 우리가 사먹는 식품에 인공색소, 향료가 제대로 들어갔는지, 제품의 질감은 좋은지를 챙기느라고 바쁘다. 이들은 어떤 것도 그냥 두지 않는다. 이 분야의 한 전문가는 이렇게 말했다. "신과 경쟁하기는 힘들지만 그래도 일을 진척된다." 사실이다. 매년 5억 달러어치의 합성물질이 우리가 먹는 식품에 첨가된다. 종류도 2,500가지나 된다. 1979년에 미국인은 1인당 9파운드의 첨가제를 소비했는데, 이것은 1970년과 비교했을 때 거의 두 배다. 400만 파운드의 염료가 매년 식품산업에서 소비되는데, 이것은 1940년의 16배에 해당하는 양이다. 오늘날 우리는 진짜 식품보다 합성된 인공식품을 더 많이 먹고 있다.

부엌에서 음식을 준비하는 데 드는 '단순노동'에서 인간을 해방시켜 준다고 선전하는 편의식품과 가공식품은 사실상 인간을 더욱 큰 엔트로피 속으로 몰아넣고 있다. 부엌에 있는 시간을 조금 절약할 수는 있겠지만 그로부터 얻는 이익보다는 가공식품을 살 돈을 벌기 위해 투입해야 하는 근로시간(인간의 에너지)이 더 크다. 식품가공에는 각 단계마다 에너지가 든다. 그리고 이 에너지가 각 단계를 통해 흘러갈 때마다 우리는 더욱 소수의 거대기업이 권력을 쥐는 것, 미국인의 식사내용이 더욱 불건전해지는 것, 재생불가능한 에너지가 더욱 많이 소비되는 것 등을 목격한다.

식품가공은 석유화학, 자동차, 트럭 및 항공수송, 합성섬유 등의 분야처럼 고에너지 소비시대의 전형적인 산물이다. 모두들 더 큰 가치를 생산하는 것 같지만(더 많은 제품, 더욱 향상된 '편의'), 이들은 끊임없이 지구의 소중한 에너지원을 갉아먹고 있는 것이다. 다시 한번 말하지만 오늘날의 경제체제는 더욱 질서 있고 더욱 물리적으로 가치 있는 세계를 만들어낸다는 환상을 부채질한다. 왜냐하면 이 시스템은 부가가치 생산과 국지적 엔트로피 감소에만 관심이 있지 전체적인 에너지 분산이나 엔트로피 증가에는 거의 신경을 쓰지 않기 때문이다.

엔트로피 법칙이 제대로 이해되려면 사회는 다음과 같은 것들을 인정해야 한다. 우리가 유용한 물질과 에너지의 일부를 쓰면 그것은 두 가지를 의미한다는 사실이다. 첫째, 개인, 제도, 공동체, 사회가 이런저런 방법으로 제품 생산과정에서 발생한 무질서로 인해 더 많은 돈을 지불해야 하며, 이 금액은 제품을 사용해서 얻는 가치보다 크다는 것, 둘째, 후대의 생물이 쓸 수 있는 에너지가 줄어든다는 것이다. 우리가 이 세상을 떠날 때 세상에는 우리가 처음 왔을 때보다 더 적은 에너지가 남아 있게 된다. 우리가 살면서 일부를 써버렸기 때문이다. 우리는 에너지를 대량으로 생산하는 것을 찬양한다. 그러나 에너지의 대량생산은 사실상 한정된 지구 자원을 더욱 빨리 소비하는 것과 같다. 이렇게 생각하면 국민총생산이라는 개념은 국민총비용으로 보는 것이 정확하다. 왜냐하면 자원은 소비될 때마다 미래에는 쓸 수 없는 것이 되어버리기 때문이다.

사실 소비consumption라는 말은 부적절하다. 왜냐하면 진정으로 (완전히 없어질 때까지) 소비되는consumed 것은 없기 때문이다. 어떤 물건은 보통 아주 짧은 기간 동안 사용된 후 버려진다. 어떤 측면에서 봐도 여기에 관한 통계는 아찔하다. 미국은 매년 1,100만 톤의 철, 80만 톤의 알루미늄, 40만 톤의 기타 금속, 1,300만 톤의 유리, 6,000만 톤의 종이를 버린다. 이외에도 170억 개의 깡통, 380억 개의 병, 760만 대의 TV, 700만 대의 자동차가 매년 폐기된다.

1인당으로 봐도 엄청나다. 1974년에 미국인들은 1인당 10톤의 광물 자원(1,340파운드의 금속 및 1만 8,900파운드의 비금속 광물 포함)을 소비했다. 일생 동안 미국인 한 사람은 평균 700톤의 광물자원을 소비하는 셈이고, 이 중에는 약 50톤의 금속이 포함되어 있다. 화석연료와 목재까지 포함하면 1인당 사용량은 두 배로 늘어나 1,400톤이 된다. 물론 이 수치는 물과 식품을 뺀 수치이다.

지구상에 미국이 또 하나 있다면 지구는 지탱할 수 없다. 전 세계가 미국과 똑같은 정도로 생산하고 소비한다고 생각해보자. 중류층의 미국인 한 사람은 200명의 인간노예가 생산하는 것만큼의 일을 소비하며 살아간다. 벅민스터 풀러Buckminster Fuller는 인간을 재생불가능한 자원으로 움직이는 200명의 '에너지 노예'의 주인으로 묘사했다. 삶을 영위하기 위해 소비하는 칼로리의 측면에서 들여다보면, 보통 사람의 1일 식사는 2,000칼로리쯤의 에너지를 담고 있다. 그러나 자동차, 전기 등을 쓰고 가공식품을 먹기도 하면서 소비하는 에너지는 20만 칼로리쯤 된다. 생존을 위해 필요한 칼로리의 100배 정도를 쓰는 셈이다. 에너지 소비의 측면에서 볼 때, 미국 인구는 2억 2,500만 명에 불과하지만 에너지의 사용량은 220억 명의 사용량과 같다는 이야기다.

그리고 고전경제이론대로 하다가는 우리 후손에게 물려줄 것이 아무것도 없다는 것을 알아야 한다. 사람들은 판매자와 구매자로 시장에서 만나 우리가 거래하는 상품의 희소성 정도에 따라 어떤 결정을 내린다. 시장에서는 아무도 후손들에 대해 얘기하지 않는다. 이로 인해 남아 있는 천연자원이라는 측면에서 볼 때, 우리 뒤에 오는 사람들은 우리보다 더 가난한 상태에서 삶을 시작해야 한다.

　물질적 진보의 환상은 모든 경제 및 사회활동에서 거듭 확대된다. 이것은 사람들이 열역학 제2법칙을 뒷전으로 밀어내버리기 때문이다. 농업, 수송, 도시화, 군대, 교육, 보건 등의 분야를 보라. 이 여섯 개의 분야 모두에서 우리는 이제까지 엄청난 진보를 이루었다고 믿으며(가끔 장애물에 부딪히기도 하고 뒷걸음질치는 때도 있겠지만) 진보는 '영원한 것'이라는 확신에 차 있다. 가까이서 들여다보면 이런 생각은 모두 환상이다. 이 환상을 깨뜨리는 것이 바로 제2법칙이다.

　이제부터 앞서 말한 여섯 개 분야를 예로 삼아 엔트로피 법칙이 경제 및 사회활동에 어떤 영향을 미치는지를 관찰해보자. 각 분야가 보여주는 패턴은 현대사회의 모든 분야에서 똑같이, 무수히 반복되고 있다.

농업
Agriculture

"미국의 농업을 준 하늘에 감사!"

전 세계가 미국의 농업 시스템을 부러워한다. 캔사스 평원지대에 끝없이 펼쳐지는 황금빛 밀밭, 위스콘신 주 시골에 점점이 흩어져 있는 기계화 목장, 남캘리포니아 전지역을 덮은 과수원의 풍요함 ― 세계 각국은 이 모든 것을 칭송하고, 연구하고, 모방한다. 조나단 스위프트 Jonathan Swift는 이런 말을 했다. "옥수수 이삭 하나만 자라던 곳에서 두 개를 키울 수 있는 사람은 훌륭한 사람이다."

미국의 농업이 모든 사람의 기대를 뛰어넘는 성공을 거두었음을 부정할 수는 없다. 1940년 이래 미국의 농업생산은 매년 2%씩 성장했다. 1972년에 미국 농업은 사상 최대의 수확량을 기록했다. 농업장관을 지낸 클리포드 하딘Clifford Hardin은 이렇게 말했다. "한 사람의 인력으로 현대적이고 기계화된 사육 시스템을 통해 7만 5,000마리의 닭을 키우고, 자동 사료공급장치를 써서 5,000마리의 소를 키울 수 있는 나라가 미국 이외에 어디 있단 말인가?"

오늘날 전 세계적으로 1억 명 이상의 사람들이 굶어 죽어가고 있다. 세계 인구의 1/3 가까운 15억 명의 사람들이 오늘도 주린 배를 움켜쥐고 잠자리에 든다.

수십 년 후면 세계 인구가 현재의 두 배가 될 것으로 예상되므로, 식량생산량을 늘려야 한다는 압력은 인류 역사상 유례없이 커질 것이다. 미국 농업은 이미 세계의 밀과 사료곡물의 20%를 생산하고 있으며, 이 중 절반 이상을 각국에 수출하고 있다.

많은 사람들이 미국의 농업기술을 매우 효율적이라고 생각하는 것을 부정하기란 힘들 것이다. 그러나 미국 농업은 인간이 고안해낸 영농방식 중 가장 비효율적인 것이다. 소 한 마리에 쟁기를 매서 밭을 가는 농부는 기계화된 현대 미국의 대형 농장주보다 투입된 단위 에너지당 더 많은 농산물을 생산한다. 믿어지지 않겠지만 이것은 사실이다.

앞서 말한 '구식' 농부는 자신이 투입한 에너지 1칼로리당 10칼로리의 에너지를 생산한다. 물론 아이오와 주의 농부는 자신이 투입한 에너지 1칼로리당 6,000칼로리를 생산할 수 있다. 그러나 그의 체력 이외에 여기에 투입된 모든 에너지를 합산하면 이것은 엄청난 환상이라는 것을 금방 알게 된다. '270칼로리짜리 옥수수 깡통 하나를 만들기 위해' 이 농부는 무려 2,790칼로리를 소비한다. 이 중 대부분은 영농기계를 가동하는 데 들어가며, 그가 사용하는 화학비료와 농약도 에너지를 투입하여 생산된 것이다. 그러므로 그는 에너지 1칼로리를 생산하는 데는 10칼로리를 소비한 것이 된다.

오늘날 농업은 미국 경제 전체 에너지 소비의 12%를 차지한다. 사람들은 인력과 축력을 이용해 밭을 갈았고, 지력을 유지하고 기름지게 하기 위해 퇴비와 윤작을 이용했으며, 천적을 써서 병충해에 대항했다. 이제는 첨단기계와 석유화학 제품이 그 자리를 차지했다. 복잡한 기계와 석유화학 제품을 사용함으로써 에너지 흐름이 늘어날수록 농업은 더욱 중앙집중적이 되었다. 미국 농업이 에너지 수요를 충당하는 비용이 상승함에 따라 소규모 가족농장이 사라지고 대규모 영농기업이 들어섰다. 현재 29개의 영농기업이 미국 전체 경작지의 21%를 소유하고 있다.

같은 기간 동안 무기질소비료의 사용량은 1950년 100만 톤에서 1970년 700만 톤으로 일곱 배가 되었다. 농약 사용량은 이보다 더 늘어났다. 비료와 농약은 모두 화석연료 에너지원에서 얻은 것이다. 오늘날 우리가 먹는 식품은 땅에서 자랐다기보다는 석유에서 자랐다고 해도 틀린 말은 아니다. 그리고 같은 양의 식량을 생산하는 데 매년 점점 더 많은 양의 석유가 소비된다. 어떤 권위 있는 연구보고에 따르면 1968년에 '같은 수준의 수확량'을 유지하기 위해 1949년의 다섯 배에 해당하는 질소비료가 사용되었다고 한다. 달리 말하면 같은 결과를 얻기 위해 다섯 배의 에너지 또는 일이 필요했다는 이야기다.

이것은 다른 모든 것에서와 마찬가지로 농업에서도 에너지가 소비될 때마다 일부는 제품에 흡수되고 일부는 분산되기 때문이다. 생산량을 늘리기 위해 미국 농부들은 에너지 사용량을 계속 증가시켜 왔다. 에너지의 일부가 수확량 증가에 기여한 것은 사실이지만 결과적으로는 더욱더 많은 양이 낭비된 것이다. 약간의 수확량 증가라는 형태로 나타나는 부분적인 엔트로피 감소는 전체 환경에서 발생하는 엔트로피 증가에 비하면 아무것도 아니다. 이렇게 분산된 에너지는 우리의 지면을 오염시킨다. 비료에서 나오는 질산화물에 의한 오염은 수질오염의 1/2, 고형 폐기물에 의한 오염의 2/3를 차지하고 있다.

현대 농업에서 농약도 중요한 에너지 소비자이다. 1950년 20만 파운드이던 농약 사용량은 1976년 16억 파운드로 늘었다. 이렇게 천문학적으로 증가하게 된 이유는 우리가 의존하는 영농기술과 관계가 있다. 미국은 수확량을 늘리기 위해 다양한 작물을 경작하던 방식에서 단일 경작방식으로 옮겨갔다. 작물의 종류가 단조로운 환경은 해충의 천적을 끌어들이기 어렵기 때문에 병충해에 대항하기 위해 대량의 농약을 살포할 수밖에 없다. 그 결과는 한마디로 실패였다. 엄청난 양의 농약을 뿌려대도 병충해에 의한 작물손실은 지난 30년간 전체 수확량의 1/3에 달했기 때문이다. 이것은 간단히 설명된다. 해충들이 농약에 대해 내성을 가지게 된 것이다. "백악관 환경위원회"의 연례 보고서에 따르면 현재 "305종의 곤충, 진드기 등이 하나 이상의 농약에 대해 내성을 발휘하는 유전자를 갖고 있는 것으로 알려졌다." 해충들은 계속해서 내성을 갖춘 유전자를 개발하고 있으므로 더욱 독성이 강한 농약이 사용되고, 이에 따라 해충들은 더욱더 강한 내성을 개발한다. 이러한 악순환은 한 단계 넘어갈 때마다 더 많은 비용이 들게 되고 괴로운 일이 되고 있다.

농업 전문가 데럴 퍼거슨Deryel Ferguson에 의하면 이러한 농약사용이 환경에 대해 장기적으로 미칠 영향은 '두려운 것'이다. 이 문제를 연구한 다른 학자들처럼 퍼거슨도 농약이 토양에 가하는 위협은 계산할 수 없을 정도라고 한다. "기름진 땅 1온스에는 수백만 마리의 박테리아, 곰팡이, 해조류, 원생동물, 벌레 및 절지동물 같은 무척추동물이 살고 있다." 퍼거슨은 또한 이 모든 생물체가 '토양의 지력과 구조'를 유지하는 데 필수적인 역할을 한다고 지적한다. 농약은 이러한 생물 자체를 죽일 뿐만 아니라 작지만 복잡한 이들의 생태계를 파괴하여 토양의 엔트로피 과정을 마구 가속화한다. 그 결과 토양은 침식되고 피폐해진다. 농약과 비료 등 화학물질의 사용으로 매년 40억 톤의 표토가 강물로 쓸려 내려간다.

영농과학위원회에 따르면 "경작지의 1/3 정도가 심한 토양손실을 겪고 있어서 이들 지역에서는 점진적이고도 (궁극적으로는) 파괴적인 수확량 감소가 불가피하다." 미국 국립과학아카데미는 소중한 미국 농토의 1/3 정도가 완전히 사라졌다고 추산한다. 표토가 침식됨에 따라 이를 메우기 위해 더 많은 화학비료를 뿌려야 했다. 1974년에는 토양침식으로 인해 손실된 영양소를 보충하기 위해 12억 달러의 화학비료가 사용되었다. 우리의 영농기술은 비료라는 형태의 막대한 에너지 투입과 토양침식 및 병충해 내성강화라는 대규모 에너지 손실이 맞물린 악순환의 고리에 덜미를 잡혀 있다.

미국 농업에서 점점 더 많은 에너지가 소비됨에 따라 전체 환경의 엔트로피는 증가한다. 오염과 토양침식의 형태로 축적된 무질서는 사회와 농업 양쪽에서 비용증가라는 결과로 나타난다. 이렇게 늘어난 비용으로 인해 농업을 관장하는 경제기구는 더욱 비대해지고 중앙집중화된다. 또 거대영농기업이 비대해짐에 따라 현상유지를 위해서만도 더 많은 에너지를 소비한다. 그러므로 전체 에너지 흐름에서 점점 더 많은 양이 농업으로 전용되어야 한다. 늘어난 유지비용은 말할 것도 없이 전체 에너지 흐름을 따라 계속 전가된다. 이 과정에서 마지막 희생자는 슈퍼마켓 카운터에서 돈을 내려고 줄을 서 있는 소비자이다. 소비자는 일주일이 멀다하고 올라가는 식품(에너지) 가격 때문에 계속 더 많은 돈을 지불해야 한다.

재생불가능한 화석연료에 입각한 오늘날의 세계가 엔트로피 분수령을 향해 다가감과 동시에 고에너지 농업방식의 각 단계는 계속 확대되어간다. 1979년 미국인들은 휘발유를 넣기 위해 주유소에서 줄을 서면서 좌절과 분노를 맛봐야 했다. 이것은 몇 년 후 우리가 식품점에서 줄을 서서 겪어야 할 고통에 비하면 시작에 불과하다.

수송
Transportation

미국의 수송체제는 세계에서 가장 뛰어난 것이다. 우리는 다른 어떤 경제활동보다도 수송에 있어서 시간을 '절약하기' 위해 많은 시간을 소비하고 있다. 수송은 미국 GNP의 21%를 담당한다. 그리고 수송에 투입되는 비용의 80%는 승용차와 트럭에 들어간다. 모든 주요 수송 수단이 소비하는 에너지를 합치면 전국 에너지 소비량의 25%가 넘는다. 사실 이 수치도 수송과 관련하여 소비되는 모든 에너지의 양을 과소평가한 것이다. 왜냐하면 모든 수송수단을 제작하고 유지보수하는 비용은 포함되어 있지 않기 때문이다. 랜드 연구소Rand Corporation의 윌리엄 E. 무즈William E. Mooz 박사에 의하면 그 비용까지 포함할 경우 미국의 수송산업은 전체 에너지 수요의 41%를 먹어치운다.

일반적인 견해와는 달리 미국의 수송시스템은 농업시스템처럼 시간이 지남에 따라 계속 효율성이 떨어졌다. 다시 말하면 같은 양의 화물과 여객을 한 장소에서 다른 장소로 이동시키는 데 더 많은 에너지가 필요해졌다는 뜻이다.

미국의 수송체계는 철도에서 승용차, 트럭, 항공기로 변모해왔다. 오늘날 승용차와 트럭은 여객과 화물수송의 대부분을 담당하고 있다. 둘 다 이제는 운행이 크게 줄었거나 아니면 중단되어버린 다른 수송수단들보다 비효율적이다. 승용차로 승객 한 사람을 1마일 수송하는 데 드는 에너지는 8,100BTU인데 비해 대중교통 수단의 경우 3,800BTU로 떨어진다. 그러나 지난 25년간 미국의 대중교통 이용비율은 크게 줄어들었다. 화물수송에서 이것은 더욱 뚜렷해진다. 1톤 화물을 1마일 옮기는 데 철도는 670BTU가 필요하지만 트럭은 2,800BTU가 필요하다. 그런데도 1950년과 1970년 사이에 철도를 이용한 화물수송은 50%에서 33%로 줄었다.

우리의 주요 수송수단은 모두 재생불가능한 화석연료로 가동된다. 미국 수송체계의 에너지 수요가 늘어감에 따라 수송업계는 소수의 몇몇 업체로 더욱 중앙집중화되었다. 과거에는 수십 개의 자동차 회사가 있었지만 오늘날은 포드, GM, 크라이슬러 등 이른바 빅3로 불리는 3대 회사가 미국 자동차업계를 장악하고 있다. 일찍이 철도, 버스, 항공운송에서도 이런 일이 일어났다. 오직 거대기업들만이 더욱 큰 에너지를 사용하는 데 필요한 엄청난 비용을 감당할 수 있다. 그러나 이제 이들도 경제전체가 엔트로피 분수령을 향해 나아감에 따라 어려움을 느끼고 있다. 미국 경제의 견인차인 자동차산업은 석유위기가 심화됨에 따라 생산을 줄이고 더 작은 차를 만들라는 압력에 직면해 있다. 헨리 포드 Henry Ford가 말한 대로 "작은 차에서는 작은 이윤이 나온다."

차의 크기가 작아지고 생산 대수도 줄어들면 전체 경제가 고통을 겪는다. 자동차는 미국에서 사용되는 '철강의 20%, 알루미늄의 12%, 구리의 10%, 납의 51%, 니켈의 95%, 아연의 35%, 고무의 60%'를 소비한다. 일찍이 어떤 자동차광은 자동차 생산을 늘리면 경제에 얼마나 큰 파급효과가 미칠까를 한마디로 요약한 적이 있다.

> 철강 소비를 두 배로, 판유리 소비를 세 배로, 고무 소비를 네 배로 늘리는 제품을 시장에 내놓았을 때 산업계에 미칠 영향을 생각해보라. 원자재 소비자로서 자동차는 현대사회에서 견줄 자가 없다.

1974년에 미국인들은 개인 자동차 여행에 1,370억 달러를 썼다. 하루 24시간마다 1만 대의 신규 차량이 1만 명의 신규 운전자와 함께 도로에 나선다. 미국 소비자는 지출의 1/4을 자동차에 소비한다. 자동차를 사고, 보험료를 내고, 휘발유를 넣고, 수리를 하고, 주차를 하고, 고속도로 통행료를 내고, 교통위반 범칙금을 내고, 국세 및 지방세를 내고 나면 먹거리를 사는 데 쓴 돈보다 많아진다.

오늘날 미국인 6명 중 1명은 직접 또는 간접적으로 자동차산업에 고용되어 있다. 자동차는 화석연료 문화의 핵심적 부분이다. 화석연료 시대가 종말을 향해 달려가는 현재 자동차를 사고, 굴리고, 유지보수하는 비용이 점점 늘어나는 것은 전체 에너지 흐름에서 비용의 증가를 재는 좋은 척도가 된다. 자동차로 인해 발생하는 엄청난 무질서는 또한 어떤 경제체제가 엔트로피 법칙의 효과를 너무 늦을 때까지 고려하지 않을 경우 어떤 일이 일어나는가를 보여주는 좋은 예가 된다. 자동차로 인해 우리가 지난 반세기 동안 얻은 이익은 제2법칙이 무자비하게 효과를 발휘하는 지금 우리가 지불해야 할 더욱 큰 대가에 비추어 평가되어야 할 것이다. 몇 가지 비용만 살펴보아도 금방 나오는 이 손익계산서를 우리는 도저히 감당할 수 없다.

첫 번째 생각해보아야 할 비용은 시간이다. 자동차의 역할은 한 지점에서 다른 지점으로 이동하는 시간을 줄여주는 데 있다. 그러나 실제로는 그 반대이다. 자동차가 널리 보급됨에 따라 미국인들은 점점 더 멀리 있는 직장에 다니기 시작했다. 40년 전만 해도 사람들은 대부분 걸어서 출근할 수 있는 거리에 살았다. 오늘날 사람들은 일터에서 30~50킬로미터 떨어진 교외에 흩어져 산다. 걷는 것보다 빠르기는 하지만 출퇴근시 시속 10킬로미터 이하로 굼벵이 운행을 할 때는 아무 소용이 없다. 미국의 주요 도시에 진입하거나 거기서 빠져 나오려면 어김없이 이런 굼벵이 상태를 겪어야 한다. 직장인들은 편도 30분 내지 1시간 30분을 소비하며 출퇴근한다. 이것은 40년 전 사람들이 직장 근처에 살면서 걸어다니거나 전차를 타고 다닐 때 걸리던 시간과 비슷하다. 석유위기가 닥친 후 사람들은 더 많은 시간을 차 안에서 낭비하고 있다.

앨런 보이드Alan Boyd 전 교통장관은 이렇게 말한 적이 있다.

누군가가 이런 말을 했다고 하자. "도시의 건물 사이로는 유독가스가 흘러다니고, 검은 연기가 태양을 가리고, 간선도로는 여기저기 패여 있고, 안전모를 쓴 사람들이 깔려 있고, 비행기들은 착륙하지 못해서 상공에서 맴돌고, 수천 명의 사람들이 도시를 빠져나가느라 길을 가득 메우고 서로 밀치고 있다." 전쟁에 휘말린 도시에 대한 이야기인지 교통체증의 도시 이야기인지 판단할 수가 없을 것이다.

사실 자동차 사고로 발생하는 사망과 재산피해는 미국이 겪은 어떤 전쟁피해보다도 끔찍하다. 미국에서는 자동차 사고로 매년 5만 5,000

명이 사망하고 500만여 명이 불구가 된다. 미국 안전위원회는 지난 200년간 미국이 개입된 모든 전쟁에서 사망한 사람 수보다 자동차 사고로 죽은 사람의 수가 더 많다고 추정한다. 겨우 지난 30년간 100만 명 이상의 사람이 차에 치어 죽었다는 사실을 생각해보라.

교통사고로 인해 발생하는 건강 및 재산상의 손실은 다른 모든 범죄로 인해 발생하는 손실의 10배이다. 1969년에 교통사고로 인한 손실은 130억 달러로 집계되었다. 1975년에 자동차 사고와 관련된 손실의 사회적 비용은 370억 달러에 달했다.

이러한 손실은 극히 일부에 불과하다. 자동차 시대가 열리자 고속도로가 등장했고 수천 킬로미터의 땅이 콘크리트, 아스팔트, 시멘트로 포장되었다. 고속도로와 자동차의 무서운 결합에서 발생하는 환경피해는 이루 말할 수 없다. 최초의 시멘트 포장도로는 1909년 디트로이트와 웨인 군 박람회장을 잇는 작은 도로였다. 이를 시발점으로 미국은 사상 유례없는 값비싼 토목공사에 돌입했다. 1956년부터 1970년 사이만 해도 미국은 1,960억 달러에 달하는 군, 주, 연방예산을 고속도로 건설에 쏟아부었다. 각 주정부는 1973년부터 1985년 사이에 고속도로 관련 작업비용으로 2,940억 달러가 필요할 것으로 추산했다.

미국 각 주를 연결하는 고속도로망은 4만 2,500마일에 달한다. 교통 전문가 조지 W. 브라운George W. Brown은 이렇게 말한다. "고속도로 망은 감당할 수 없을 정도로 빠른 속도로 토지자원과 대지를 집어삼킨다." 전국 고속도로 사용자 협의회에 의하면 고속도로 건설비 100만 달러당 1만 6,800배럴의 시멘트, 694톤의 아스팔트 재료, 485톤의 콘크리트 및 토기 파이프, 7만 6,000톤의 모래, 자갈, 쇄석, 슬랙, 2만 4,000파운드의 폭약, 12만 1,000갤런의 석유, 9만 9,000피트의 목재,

600톤의 철강이 사용된다.

미국의 전체 면적은 360만 평방마일이다. 도로의 길이는 360만 마일이다. 그러므로 평균 1평방마일당 1마일의 도로가 있는 셈이다. 도로는 너무 빨리 늘어나서 이제 전국 53개 주요도시 면적 중 30%를 도로가 차지하고 있는 실정이다. 로스엔젤레스 중심가 면적의 2/3는 오로지 자동차의 통행과 주차에 바쳐지고 있다. 시카고, 디트로이트, 미네아폴리스 등지에서는 도시 면적의 반 정도가 '차량의 이동과 주차를 위해서만' 쓰인다. 도심의 자동차 통행 때문에 발생하는 마찰, 자동차의 중량, 움직임, 일반적인 마모 등으로 인해 건물 및 기타 도시 구조물에 발생하는 피해를 계산할 방법은 없다. 그러나 이제 도시계획입안자들은 도시교통과 관련된 비용요소를 연구할 때 '자동차(에 의한 도시의) 부식' 이라는 개념을 도입하기 시작했다.

1마일의 고속도로가 건설될 때, 그리고 반짝이는 신차 1대가 출고될 때 부분적으로 감소되는 엔트로피는 전체 환경에서의 엄청난 엔트로피 증가의 결실이다. 누구든 운나쁘게 고속도로 계획선상에 살다가 퇴거당한 사람이면 제2법칙을 피부로 느꼈을 것이다. 캘리포니아 대학교 수송 및 교통기술 연구소Institute of Transportation and Traffic Engineering의 D. R. 뉴질D. R. Neuzil에 따르면 매년 10만 명 정도가 고속도로 건설 때문에 삶의 터전을 잃고 다른 곳으로 이주당한다고 한다. 이렇게 공동체가 파괴되면 사회는 무수한 다른 방법으로 그 대가를 치러야 한다.

이러한 사실은 사회학자들의 연구에서도 확인되고 있다. 오랫동안 존속해온 인간의 공동체를 해체하는 것은 생태학적 서식지를 파괴하는 것과 맞먹는 부정적 효과를 가져온다. 익숙하던 삶의 방식이 갑자기 정신적 상처를 남기며 변해버림에 따라 무질서가 발생하고 이 무질서는 범죄, 실업, 정신질환의 증가라는 형태로 나타난다. 내가 살던 동네 몇 블록이 한꺼번에 불도저로 깔아뭉개질 때 그것이 인간의 정신에 미치는 영향을 생각해보라. 심리학자들에 의하면 그때 느끼는 처절한 상실감과 혼란은 전시에 폭격을 당했을 때의 경험과 흡사하다고 한다.

마지막으로 오염의 문제가 있다. 미국에 있는 1억 5,000만 대의 자동차들은 고속도로를 통행할 때마다 에너지를 소비하며 그 에너지는 일산화탄소, 질소산화물, 탄화수소 등의 형태로 대기 중에 분산된다. 오늘날 대부분의 미국 도시에서 발생하는 대기오염의 60%는 자동차 배기가스로 인한 것이다. 1971년에 대기오염으로 인한 건물 및 재산 피해는 100억 달러로 추산되었다. 심장병과 암으로 사망하는 사람이 급격히 늘어나는 데는 승용차, 트럭, 버스 등의 배기가스로 인한 대기오염이 일부 원인이라는 것은 이제 널리 인정되는 사실이다. 이 부분에 대해서는 '보건'에서 좀더 상세히 이야기하기로 한다.

매일 '25만 톤의 일산화탄소, 2만 5,000톤의 탄화수소, 8,000톤의 질소산화물'이 자동차 배기관을 통해 대기 중으로 뿌려진다. 1970년 한 해 동안 자동차들은 1억 1,100만 톤의 아황산가스, 1,950만 톤의 탄화수소, 1,170만 톤의 질소산화물을 뿜어냈다.

이러한 오염과 관련하여 정말 두려운 것은 아무런 관련도 없다고 생각되는 부분에서 피해가 발생한다는 사실이다. 예를 들어 고속도로에서 운전을 하는 사람이 가속페달을 밟을 때마다 자기 차에서 나오는 배기가스로 인해 고속도로에서 상당히 떨어진 동네에 사는 대여섯 살짜리 어린이의 뇌가 손상을 입을 수 있다는 걸 알면 매우 놀랄 것이다.

지난 몇 년간에 걸친 연구결과 다음과 같은 사실이 밝혀졌다. "나른

함을 잘 느끼고, 과민하고, 복통을 호소하며, 토하기도 하고, 심한 경우에는 마비, 경련, 혼수상태 등의 증상을 보이기도 하는 학습장애아들의 경우 혈중 납 농도가 정상아들보다 높다." 대부분의 납중독은 자동차 배기가스에 의한 것이다. 하버드 의대 아동병원이 실시한 세부조사에서 다음과 같은 사실이 밝혀졌다.

교사들은 2,416명의 아동에 대해 학급 내 태도를 평가했다. 교사들은 이 어린이들의 혈중 납 농도에 대해 전혀 알지 못했다. 나중에 이 평가결과를 조사대상 어린이들의 유치(젖니)에 대한 연구결과와 비교해보니 어떤 직접적이고 규칙적인 관계가 발견되었다. 납 오염도가 높을수록 어린이들은 집중력과 조직력이 부족하거나, 간단한 지시도 따르지 못하거나, 주의가 산만하고 충동적이거나, 활동과잉 성향을 보이는 등 행동상의 문제를 드러냈다. 오늘날 대량의 에너지를 소비하는 수송시스템은 다른 무엇보다도 큰 힘으로 우리 사회를 분해하고 에너지를 고갈시키고 있다. 이 파괴력을 그대로 두면 얼마 안가 미국 사회는 회복불가능한 피해를 입을 것이고, 국가로서의 존재능력 자체가 위협받을 것이다.

도시화
Urbanization

"지난 200년간 미국 성장의 주역이었던 대도시들이 이제 쇠퇴해가고 있다는 것은 전혀 새로운 이야기가 아니다. 문제는 이러한 쇠퇴를 정지시킬 수 있을 것인가, 아니면 대도시들은 하나도 빠짐없이 비틀거리다가 결국 지난날의 영화와 함께 유령으로 변해버릴 것인가이다." 불길한 이야기가 아닐 수 없다. 급진적 사회학자나 '작은 것이 아름답다'는 예찬론자의 입에서나 나옴직한 이야기라고 생각할지도 모른다. 그러나 위에 인용한 말은 미국 주간지 중 가장 비즈니스 지향적인 잡지인 「U.S. News and World Report」에 게재된 것이라 매우 신빙성 있다.

제2차 세계대전 이래, 그리고 화석연료에 기반을 둔 농업이 도입된 이래 총인구의 80%가 도시 지역에 사는 미국은 도시화된 국가였다. 오늘날 전국 면적의 1%밖에 안 되는 땅에 총인구의 반 이상이 몰려 있는 것이다. 뉴햄프셔 남부와 버지니아 북부 사이의 1만 평방마일도 되지 않는 땅에 3,000~4,000만 명이 산다. 오랫동안 도시는 더 큰 기회, 일자리, 세련된 문화의 상징이었다. 그러나 이제는 그렇지 못하다.

오늘날 많은 미국인들은 대도시에 환멸을 느끼고 있다. 최근 여론조사 결과에 따르면 대부분의 사람들은 좀더 작은 공동체에서 살기를 원한다. 32%가 소도시를 선호했고, 25%는 교외 주거지역을, 26%는 농촌을, 그리고 17%만이 대도시를 택했다. 사람들은 이러한 생각을 실천에 옮기고 있다. 1970년부터 1976년 사이에 미국의 17대 대도시 지역에서 200만 명이 빠져나갔다. 왜 대도시를 떠났느냐고 물으면 범죄, 세금, 식품 및 주거비, 도시 공무원들의 파업으로 인한 불편, 실업, 오염 등 여러 가지 대답이 나올 것이다. 이들 모두가 결국 같은 현상의 다양한 측면에 대해 반응을 보이고 있는 것이다. 현대 대도시에서의 생활을 유지하기 위해서는 엄청난 에너지를 투입해야 한다. 따라서 대도시 환경 내 엔트로피는 도시 존재 자체가 의문시될 지경으로 급상승하고 있는 실정이다.

우리가 알고 있는 도시, 수백 평방마일의 땅에 수백만 명의 사람들이 빽빽이 몰려 거대도시를 이루고 사는 형태는 상대적으로 새로운 사회조직이다. 도시는 화석연료시대와 함께 태어났다. 물론 현대적인 도시화가 이루어지기 전에는 사람들은 수천 년간 '도시'에서 살았다. 그러나 현대적 기준으로 보면 거의 도시라고 할 수 없는 수준이었다. 예를 들어 고대 아테네의 인구는 5만 명 정도였고, 바빌론은 10만 명이 약간 넘었다. 수백 년이 지난 르네상스 시대에도 도시의 크기는 별로 변한 것이 없다. 레오나르도 다 빈치가 활동한 피렌체의 인구는 5만 명 정도였고, 미켈란젤로가 시스티나 대성당의 천정화를 그릴 당시 로마의 인구는 5만 5,000명 선이었다. 16세기 후반까지만 해도 대부분의 유럽 도시인구는 2만 명도 되지 않았다. 독립전쟁 당시 미국에서 가장 큰 도시는 보스턴과 필라델피아였는데, 둘 다 인구가 5만 명이 채 되지 않았다.

19세기 초에 산업혁명이 각지로 퍼져감에 따라 이 모든 것은 하루 아침에 달라졌다. 1820년 런던은 세계 최초로 인구 100만 명을 돌파했다. 1900년이 되자 인구 100만 명을 넘긴 도시는 11개가 되었다. 1950년에는 75개였고 1976년에는 191개로 늘어났다. 현재의 세계적인 성장추세로 보아 1985년에는 인구 100만 명이 넘는 도시가 273개로 증가할 것이고, 이들 중 대부분은 제3세계 국가의 도시일 것이다.

세계 인구에서 차지하는 비율로 보아도 도시의 주민수는 이제 절대다수에 육박하고 있다. 1800년 세계 총인구는 10억이었던 것으로 추산되는데, 이 중 2.5%에 불과한 2,500만 명만이 도시에 살았을 것으로 생각된다. 그러나 1900년에는 세계 인구의 15%, 1960년에는 1/3이 도시에 살았다. 현재처럼 증가추세가 지속될 경우 서기 2000년이 되면 인구 십만 명 이상의 도시에 사는 사람 수가 1960년도 세계 총인구보다 많을 것이다.

이렇게 대도시가 걷잡을 수 없이 팽창한 것은 지난 2세기 동안 전 세계적으로 에너지 환경이 크게 바뀐 데 기인한다. 도시는 주변 환경에서 유용한 에너지를 끌어모아 이것을 저장하고 사용함으로써 살아간다. 도시는 수천 년 전 인류가 곡물을 경작하게 되면서부터 형성되었다. 이 곡물은 과일이나 채소와는 달리 장기보전이 가능하다. 화석연료 이전 시대의 도시를 관찰해보면 에너지 기반에 따라 각 도시에 '호밀의 도시, 쌀의 도시, 밀의 도시, 옥수수의 도시' 등의 이름을 붙일 수 있다.

1800년 이전까지 곡물은 도시생활의 에너지 기반을 제공했지만 동시에 도시의 인구수와 도시 자체의 물리적 크기에 심한 제약을 가한 것도 사실이다. 전통적인 농업방법으로는 식량을 생산하지 않는 대규모의 도시인구를 지탱할만큼 충분한 잉여 농산물을 만들어낼 수 없었기 때문이다. 이처럼 도시는 에너지원인 '식량'을 주변의 농촌에 직접 의존하고 있었으므로 식량공급이라는 문제 때문에 오늘날처럼 방대하게 뻗어나갈 수가 없었던 것이다. 고대 혹은 중세 도시를 둘러싼 성곽은 침략으로부터 도시를 보호하는 것 이상의 의미가 있었다. 이들은 도시가 에너지 용량의 한계를 넘어 팽창하지 못하도록 하는 역할을 했던 것이다. 예를 들어 고대의 대도시 바빌론은 면적이 3.2평방마일에 불과했다. 성곽으로 둘러싸인 중세의 런던 면적은 현재의 1/150에 불과했다. 옛날 도시들은 또한 먼 데서 실려온 식량에 의존할 수도 없었다. 화석 연료시대 이전에는 수송이 대부분 사람이나 동물의 힘으로 이루어졌기 때문에 식량수송의 속도와 거리에는 절대적인 한계가 있을 수밖에 없었다.

이러한 역사적 제약에 대해 유명한 예외가 있는데, 그것은 바로 고대 로마다. 전성기의 로마 인구는 100만 명에 육박했다. 그러나 로마를 지탱하기 위해서는 모든 것을 식민화해야만 했다. 무수한 노예, 집중적 경작방식, 대규모 수도교의 건설 그리고 무엇보다도 강력한 군대가 없었더라면 로마는 그 인구를 먹여살릴 수 없었다. 로마는 태양에 의존하는 농업 에너지에 기반을 두고 있었다. 이러한 기반이 가하는 근본적인 제약을 극복하기 위해 로마는 온 세상을 약탈해야 했던 것이다.

머레이 북친Murray Bookchin은 다음과 같이 설명하고 있다. "로마의 멸망은 로마의 융성으로 설명할 수 있다. 로마는 주변의 농촌에서 얻은 자원이 아니라 가까운 이집트, 북아프리카 등지에서 약탈한 자원을 이용해 거대제국으로 성장했다. 그러나 거대도시 로마를 유지하는 데 이용된 바로 그 방식이 로마를 멸망시킨 것이다."

그러니까 도시팽창의 길로 들어선 순간 로마는 이미 쇠락하기 시작했던 것이다. 도시가 커짐에 따라 더 많은 에너지가 필요했고 더 많은 에너지가 흘러들수록 무질서도 커졌다. 또한 무질서가 커짐에 따라 혼란을 수습하기 위한 통치기구는 더욱 비대해졌다. 이러한 과정은 무한히 계속될 수가 없다. 군대에 의해 유지되던 에너지 공급선은 너무 가늘어져 마지막에는 군대가 더 많은 에너지를 잡아먹기 시작했다. 토양을 집중적으로 착취한 결과 농업에서도 수확체감현상이 나타났다. 노예들을 먹이고 재우는 비용도 지나치게 비싸졌다. 로마의 행정체계는 너무나 비대하고 비효율적이 되어 도저히 지탱할 수가 없었다. 결국 팽창할 대로 팽창한 이 거대도시는 안팎으로 와해되기 시작했고, 게르만 정복 후에야 에너지 평형을 회복할 수 있었다. 그 후의 로마인구는 3만 명에 불과했다.

대도시가 주변의 자원기반에 의해 가해진 제약을 무시하려고 부질없이 몸부림치면 어떤 일이 벌어지는가를 로마는 잘 보여주고 있다. 멀리 떨어진 에너지원에 의존하면 파국을 지연시킬 수 있겠지만 언젠가는 종말이 오고 만다. 현대 대도시들은 로마를 지탱했던 것과 비슷한 방식의 식민화 과정을 통해 지탱되고 있다. 로마와 마찬가지로 현대 도시들은 인근 지역의 에너지 환경이 갖고 있는 생산용량을 훨씬 초과해버렸기 때문에 일단 국내 및 해외의 에너지 기반이 한계에 달하면 붕괴할 가능성이 매우 커진다.

현대 대도시의 식품수요처럼 이것을 분명히 보여주는 예는 없다. 인구 100만 명의 대도시는 보통 하루에 400만 파운드의 식량을 필요로 한다. 톤으로 환산하면 2,000톤에 달하는 식량을 확보하기 위해 도시는 전적으로 화석연료에 기반을 둔 농업시스템에 의존한다. 석유화학 영농을 통해 얻는 수확, 수천 마일 떨어져 흩어진 대도시로 밀, 오렌지, 쇠고기를 실어나르는 전국적인 교통망이 없으면 대도시 주민들은 기아에 허덕일 것이다. 그러나 미국 농업과 수송체계의 척추인 화석연료는 입수하기가 점점 어려워지고 가격은 상승한다. 이로 인해 도시가 의존하고 있는 농업시스템 자체의 생존이 위협받게 된다.

뉴욕, 시카고, 로스앤젤레스를 먹여 살리는 식량은 어디서 오는가? 이들 주변의 시골에서 오는 것이 아니다. 대도시와 교외지역이 팽창함에 따라 식량을 생산할 수 있는 방대한 토지가 콘크리트, 플라스틱, 강철로 탈바꿈하고 있다. 이렇게 희생된 농토는 도시 자체 내에 있는 것이 아니다. 옛날 도시에는 성곽 안에 있는 땅을 상당 부분 소규모 농업에 썼다. 그러나 도시가 비대해짐에 따라 경작가능한 토지가 계속해서 다른 용도로 전환되어버렸다. 예를 들어 달라스의 반은 도로, 주차장, 건물로 뒤덮혀 있다. 1950년대 중반 뉴욕 시의 총면적 319평방마일 중 노는 땅은 3만 에이커에 불과했다.

또한 다른 자원들도 멀리 떨어진 곳에 위태롭게 의존하고 있다. 100만 명의 도시는 하루에 9,500톤의 연료와 62만 5,000톤의 물을 필요로 한다. 미국의 건물들(대부분 대도시 지역에 위치한)을 세우고 유지하기 위해서는 전국에서 생산되는 전력의 57%가 들어간다. 조명에만도 전국 총발전량의 1/4이 소요된다. 시카고의 시어즈 빌딩은 인구 14만 7,000명의 록포드 시(일리노이 주) 전체보다 더 많은 전력을 쓴다. 빌딩을 유지하는 데는 천연자원도 많이 든다. 예를 들어 시어즈 빌딩에는 78개의 축구장을 덮을 수 있는 양의 콘크리트와 80마일의 엘리베이터 케

이블이 들어갔다. 유지보수를 위해서도 자원이 소비된다. 부식 속도가 빠른 철강재료의 교체비용으로 연간 200억 달러가 소요된다.

　이렇게 여러 가지 형태로 에너지를 대량주입하지 않으면 도시는 쇠퇴하고, 실업이 생기며, 도시생활 자체가 참을 수 없는 것이 되어버린다. 이러한 현상은 이미 미국의 오래된 도시들에서 상당히 진행되어 있다. 도시화 연구소Urban Institute의 "미국 도시들의 기반시설에 관한 연구결과"에 따르면, 미국 대도시의 하수도, 도로, 교량, 수송시스템, 수도망 등은 마모되기 시작했기 때문에 앞으로 10년간 이들을 교체하고 수리하기 위해서는 막대한 비용이 들 것이라고 한다. 여기에 관련된 수치는 아찔할 정도이다. 도시 기반시설이 와해되는 것을 막기 위해 뉴욕은 앞으로 10년 동안 노후시설 교체, 수리, 유지보수와 관련하여 120억 달러를 지출해야 할 것이다. 뉴욕보다는 좀 작은 클리브랜드 같은 도시만 해도 앞으로 몇 년간 기반시설유지를 위해서만 7억 달러 이상을 써야 할 것이다.

　대도시는 또한 대량의 에너지를 소비한다. 그러나 에너지가 도시로 흘러들어감에 따라 여러 가지 무질서가 생겨나기 때문에 결국 도시의 생명력이 타격을 입는다. 예를 들어 대량의 에너지가 유입되면 도시의 생태계가 큰 영향을 받는다. 대도시의 연평균 기온은 주변 지역보다 1.5~2도 가량 높은데, 이는 발전소, 자동차, 에어컨 등에서 나오는 열기 때문이고, 도로와 건물이 태양광 반사율을 바꿔놓기 때문이기도 하다. 그리고 도시의 대기오염도는 시골의 10배이다. 대도시가 대량의 에너지를 소비한 결과 나타나는 기상현상에는 다음과 같은 것들이 있다. 주변 시골보다 도시의 겨울안개는 100% 더 많고, 여름안개는 30%가 많다. 도시에는 눈과 비가 5~10% 더 내린다. 태양광은 5~15%가 적고, 바람도 20~30%가 적다.

에너지 소비수준이 높아지면 그만큼 쓰레기가 많이 나오는데, 이는 대도시 주민의 건강에 심각한 영향을 미친다. 도시사람은 시골사람에 비해 암발생 확률이 훨씬 높으며, 기관지염, 궤양, 심장질환도 더 많이 걸린다. 뿐만 아니라 대도시 주민들은 에너지 밀도가 낮은 환경에서 사는 사람들보다 적대감, 이기주의 같은 바람직하지 못한 행동을 보일 때가 많다. 또한 대도시에서는 자살률이 높고 정신병원에 입원하는 비율도 높다. 정신분열증, 신경증, 성격장애 등은 도시환경에서 훨씬 더 많이 발견된다. 범죄에 관련된 수치도 놀라울 정도이다. 인구 2만 5,000~5만인 도시의 인구 10만 명당 살인율은 5.7건이지만 인구 100만 명의 도시에서는 29.2건으로 올라간다. 인구 10만 명의 도시에서는 연간 약 300건의 강력범죄가 발생한다. 100만 명 이상의 대도시에서는 1만 1,880건으로 급증한다.

밀도가 높은 고에너지 환경으로 인해 인간관계와 사람들 사이의 상호작용은 미묘한 영향을 받는다. 예를 들어 맨하탄 중심가를 걷는 사람은 반경 10분 이내의 거리에서 22만 명의 사람을 '만날' 수 있다. 이 모든 사람에게 일일이 주의를 기울이는 것은 불가능하다. 그래서 도시 사람들은 일종의 선택기법을 개발한다. 그러므로 사람 하나를 만날 때 주의를 기울이는 시간과 정도가 시골사람보다 적은 것이다. 도시사람들은 거지나 술취한 사람 같은 '저우선순위' 대상은 무시해버린다. 범죄가 발생하는 장면을 목격하는 사람은 수십 명씩 되지만 경찰에 알리거나 피해자를 돕는 사람은 없다. 대도시에서 거리를 걷는 것은 달갑지 않은 접촉을 피하기 위해 인상을 쓰며 도로를 통과하는 행위가 되어버렸다. 심리적인 에너지를 낭비하지 않기 위해 대도시 사람들은 인구밀도가 낮은 농촌사람들보다 교제하는 사람의 수가 훨씬 적다. 대부분의 경우 이웃사람은 전혀 낯선 사람이다. 우리는 점점 구명보트에 탄 선원 같은 모습이 되어가고 있다. 사방을 둘러봐도 물인데 정작 마실 물은 한 방울도 없는 것이다.

고도로 도시화된 생활은 효과적인 정치참여의 길을 막는다. 소도시 같으면 아무나 시장에게 잠깐 들러 그 지방의 일을 이야기할 수 있다. 그러나 대도시에서는 개인의 의견과 참여가 거의 무의미해져 버린다. 뉴욕시 의회 의원 한 명은 평균 23만 9,000명의 시민을 대표한다. 시의원이 하루 8시간 동안 1년 365일 아무 일도 하지 않고 오직 1인당 15분씩 자기 선거구민과 대화만 나눈다고 하자. 그래도 1년간 이 시의원이 만날 수 있는 주민은 1만 명에 불과하다.

커크패트릭 세일Kirkpatrick Sale은 "인구 100만 명 이상의 대도시에서의 삶의 질과 10만 명 이하의 소도시에서의 삶의 질을 분석한 연구"에서 이렇게 주장한다. "어떤 측면에서 보더라도 대도시의 중심은 소규모의 권력분산형 공동체보다 뒤떨어진다. 대도시는 경제위기시 대량 실업에 취약할 뿐만 아니라 혼잡으로 인해 교통비용이 더 들고, 대기 및 수질오염으로 인해 질병 이환율과 사망률도 높으며, 대기오염으로 인해 유지보수 및 오염제거비용이 더 들고, 여름에 발생하는 '열섬' 현상으로 인해 에너지 비용이 더 들고, 범죄 때문에 치안비용 및 손실 보전비용이 더 들고, 학교교육이 열악하기 때문에 신입직원의 훈련비용이 더 든다."

도시가 팽창한다는 것은 에너지의 흐름이 커지고 무질서가 증가한다는 뜻이다. 여러 가지 무질서가 축적됨에 따라 도시의 통치기구는 늘어나는 혼란을 막고 질서를 유지하기 위해 더욱 비대해진다. 그러나 대도시라면 어디서나 느껴지는 것이지만 전력, 하수도, 학교, 도로, 치안, 공공주택 등 필요한 서비스를 충분히 제공할 방법은 없다. 어떤 연구결과에 따르면 대도시의 서비스 수요는 매년 두 배로 증가한다고 한다. 뉴욕시는 지난 10년간 인구는 감소했지만 공무원의 수는 300%가 증가했다.

대도시로 들어간 에너지는 결국 쓰레기가 되어 나올 것이 분명하다. 엄청난 쓰레기 문제로 골치를 썩지 않는 대도시는 없다. 워싱턴 DC에서는 매일 4,000톤의 쓰레기가 수거되어 압축된다. 이것을 워싱턴 시내 쇼핑센터에 쌓아놓으면 워싱턴 기념탑 높이의 반 정도가 될 것이다. 이 쓰레기는 다 어디로 가는가? 워싱턴에는 5대 주요 매립장이 있다. 이제 이 다섯 군데가 모두 넘치려고 한다. 물론 매립장을 건설하면 될 것이다. 그러나 도심지역은 너무나 인구가 많기 때문에 새로운 매립장은 인구가 적은 지역에 건설될 수밖에 없다. 사람들은 시청에서 자기 쓰레기를 치워주기를 바라지만 자기집 근처에 쓰레기 매립장이 들어서는 것을 반기지는 않는다. 이 문제에 대해 당국자들은 둘 중 하나를 선택할 수 있다. 대기오염이 심해질 것을 무릅쓰고 쓰레기를 소각하거나 화물열차에 실어 인구가 매우 적은 지역으로 실어나르는 것이다. 이 과정에서 대량의 에너지가 소비될 것이고 이를 위해 더 많은 시세를 징수해야 할 것이다.

높은 에너지 흐름을 유지함과 동시에 그로부터 발생하는 대량의 무질서를 흡수하려면 많은 돈이 든다. 도시화 연구소에 따르면 인구 100만 명의 도시에 사는 사람은 인구 5만 명의 도시에 사는 사람보다 세 배 정도 더 많은 세금을 낸다. 이 돈의 대부분은 교육, 치안, 공중보건에 투입된다. 그러나 어떤 통계를 들여다보아도 곧 알 수 있는 일이지만 대도시 사람들은 소도시나 농촌사람들보다 더 많은 범죄, 더 열악한 학교, 더 열악한 보건환경에 시달리고 있다. 에너지 투입량이 늘어남에 따라 대도시 환경의 엔트로피는 증가하고, 그 결과 도시문제는 재래식 방법으로는 해결할 수 없게 된다. 경제학자인 레오폴드 코어 Leopold Kohr는 이렇게 말한다. "사회문제는 사회가 비대해짐에 따라 기하급수적으로 증가하는 반면 인간이 이에 대처하는 능력(그런 능력을 발휘할 수 있다면)은 산술급수적으로 증가할 뿐이다."

결국 도시의 유용한 자원은 점점 더 빈곤해지고 자체 유지비용 때문에 파산지경으로 치닫는다. 환경의 질 보호센터Center on Environmental Quality에 따르면 "여러 가지 문제로 골치를 앓고 있는 대도시의 지출은 시세의 주 수입원인 부동산의 실질가치 증가율보다 훨씬 빨리 늘어난다." 100만 명 이상이 사는 도시에서는 1인당 426.90달러의 세금이 징수된다. 그러나 여러 가지 서비스 제공을 위해 시가 안고 있는 부채는 주민 1인당 평균 1,052달러에 달한다.

파산하지 않기 위해 몸부림치는 과정 자체가 도시의 경제적 쇠퇴를 촉진시킨다. 세금이 오름에 따라 부유층과 중산층, 그리고 기업들은 도시를 떠난다. 이에 따라 세수가 줄어들고 고용도 어려워진다. 실업이 늘고, 범죄도 증가하며, 무질서를 막기 위해 시당국은 더 많은 돈이 필요해진다. 이러한 악순환은 끝없이 계속된다.

뉴욕과 클리브랜드가 재정적으로 파산지경에 이른 것은, 비대해지고 너덜너덜해진 우리 도시들이 앞으로 20년 동안 어떤 일을 겪을 것인가를 잘 보여준다. 믿을 수 없을 정도로 엔트로피를 증대시키는 도시환경을 이제 더 이상 유지할 수 없다는 것은 냉엄한 현실이 되었다.

군대
The Military

미군과 맞먹는 거대한 군사체계는 역사상 없었다. 연방정부가 지출하는 예산 1달러 중 43%는 과거, 현재, 미래의 전쟁을 위해 쓰인다. 1980년 미국의 국방예산은 1,380억 달러였다. 이 금액은 전년도 예산에 비해 100억 달러가 늘어난 금액이다. 미군은 현재 2만 5,000기의 핵무기, 200만 명의 병사, 500척의 대형함선, 1만 대의 항공기, 400개소의 국내 군사기지를 보유하고 있다. 그리고 1만 2,000개의 방위산업체들이 수만 가지의 무기를 생산하고 있다. 국방부와 직접 계약을 체결한 회사의 직원수만 따져도 500만 명 이상의 미국인이 국방부에 의지해서 살아가고 있다.

대부분의 미국인들은 이를 당연한 것으로 여긴다. 일본군이 진주만을 공격한 이래 미국인들은 국방예산을 많이 쓸수록 나라가 더 안전해 진다고 믿어왔다. 대공황의 음울했던 날들을 떠올리며 사람들은 프랭클린 루스벨트Franklin Roosevelt가 대규모 군사투자를 통해 미국 경제를 살려낸 것을 상기하곤 한다. 그래서 방위비 지출은 수십 년 동안 경제에 좋은 것으로 여겨졌다. 그러나 이제 어떤 측면에서 들여다 봐도 다음과 같은 사실이 분명해진다. 즉, 보다 많은 자원과 에너지가 국방에 투입될수록 실질적인 부와 안보는 감소한다는 사실이다. 국방분석가 시모어 멜먼Seymour Melman이 말한 것처럼 "우리는 번영을 위해 무기생산에 의존하기는커녕 자원의 대부분을 군사용으로 전용함으로써 국가 전체를 마비시키고 있다."

오늘날 미군은 미국 내에서 가장 큰 단일 에너지 소비기관이다. 연방 정부의 에너지 예산 중 80% 이상이 국방부로 간다. 방위산업체에서 소비하는 에너지까지 합치면 군대는 전국의 총에너지 수요 중 6%를 차지한다. 에너지와 함께 물질과 인력도 소비된다. 제2차 세계대전 이래 국방체제는 미국 최대의 자본 및 기술의 단일 소비자였다. 이 거대구조를 유지하기 위해 지난 세대의 과학자와 엔지니어의 절반이 직·간접적으로 국방부의 일을 수행했다.

군대가 사회 에너지를 전용함에 따라 사회에는 큰 혼란이 일어난다. 월별 실업통계를 보면 그 사실을 확인할 수 있다. 일반적으로 사람들은 국방예산이 고용을 창출한다는 신화를 믿는다. 그러나 미시건 주의 공공이익 연구단체의 조사결과에 따르면 국방예산 10억 달러가 증액될 때마다 일자리 1만 1,600개가 사라진다. 이 조사는 또한 미국 인구의 60%를 차지하는 26개 주에서 군사지출이 늘어나면 실업도 증가한다는 사실을 밝혀냈다. 세계기계기술자협회는 최근 종결된 조사에서 다음과 같이 밝혔다. "1,240억 달러의 미국방예산 때문에 민간 기계기술자 11만 8,000명이 일자리를 잃었다. 국방예산으로 창출된 8만 8,000개의 일자리를 빼면 고용 순손실은 연간 3만 건에 이른다." 마리온 앤더슨Marion Anderson이 작성하여 에드워드 케네디Edward Kennedy 상원 의원이 1978년 발표한 자료에 따르면 1,240억 달러의 국방 예산 때문에 없어진 일자리는 144만 개에 이른다.

국방비를 지출하면 실업이 늘어난다는 것은 모순처럼 보인다. 그러나 창출되는 고용의 성격을 살펴보면 이 의문은 쉽게 풀린다. 국방예산을 통해 창출되는 직업은 고도의 자본 및 에너지 집약적일 수밖에 없다. 무기생산에 있어 작용하는 여러 가지 요소 중 인간의 노동은 지극히 작은 일부에 지나지 않는다. 예를 들어 연방정부는 이제까지 발명된 무기 중 가장 파괴적이고 값비싼 트라이던트 잠수함을 건조하기 위해 록히드 사와 20년간에 걸친 계약을 체결하고 매년 10억 달러씩 지불하기로 했다. 록히드 사는 이 사업에 1만 6,000명을 고용했다. 그러나 같은 예산을 좀더 노동집약적이고 에너지를 덜 소비하는, 이를테면 태양열 집열판 제작에 쓰면 2만 명을 고용할 수 있다.

국방비 지출은 또한 인플레를 부채질한다. 이에 대해 「뉴욕 타임스」는 이렇게 썼다. "거의 모든 경제학자가 동의하는 바이지만, 군사비 지출은 인플레를 유발한다. 왜냐하면 군사분야 노동자들에게 임금은 지급되는 반면 이들이 생산하는 제품은 시장에서 공급증가에 기여하지 못하기 때문이다. 미사일 같은 것을 일반시장에 내다팔 수는 없다. 따라서 자동차, 냉장고, 기타 기계제품의 가격이 올라가는 것이다." 군비 생산은 좀더 중요한 의미에서 인플레의 원인이 된다. 열역학 제1법칙에 따라 에너지와 물질의 양은 고정되어 있다. 군대가 전국 에너지의 6%와 막대한 양의 재생불가능한 광물자원을 소비하기 때문에 군장비가 일으키는 엔트로피(일을 할 수 없는 무용한 에너지의 총량) 증가로 인해 자원 공급이 부족해지며, 따라서 인플레가 심해지는 것이다.

물론 "군사비 지출 때문에 실업, 인플레, 자원고갈 등의 무질서가 발생하는 것은 사실이지만 적어도 우리는 사상 유례없는 수준의 안전을 보장받고 있다"고 반박할 수도 있다. 국가안보를 숫자로만 계산할 수만 있다면 말할 것도 없이 미국은 세계에서 가장 안전한 나라일 것이다. 전 세계 핵무기가 가진 가공할 만한 살상능력을 TNT로 환산하면, 45억에 가까운 전인류 한 사람당 4톤에 해당한다. 미국이 보유한 어떤 수소폭탄은 메가톤급의 파괴력을 보유하고 있다. 이 수소폭탄 하나의 파괴력은 제2차 세계대전 기간 내내 쏟아 부은 폭탄을 모두 합친 것보다 더 강하다. 미국이 보유한 핵무기를 다 쓸 경우 소련의 모든 주요도시를 50번씩 파괴할 수 있다. 미국은 그것도 모자라 매일 두 개씩 핵폭탄을 생산하고 있다.

국방예산을 더 쓰면 쓸수록 세계적인 긴장은 고조된다. 미국이 새로운 무기체제를 개발할 때마다 소련은 위협을 느끼고 이를 벗어나기 위해 나름대로 무기체제를 개발한다. 그러면 미국은 또 하나를 개발하고, 이러한 악순환은 지겹도록 계속된다. 오늘날 미국은 실질가치로 따져 1948년보다 세 배의 국방예산을 쓰고 있지만, 전면 핵전쟁이 시작되면 20분만에 미국인 1억 6,000만 명이 죽게 될 상황이 과거보다 세 배 더 안전하다고 말할 사람이 있을까?

고도의 무기체계란 결국 에너지 집약도가 높고 에너지 흐름이 큰 체계라는 뜻이다. 우리가 전쟁의 역사에서 한 가지 배운 것이 있다면 에너지 흐름이 집약되면 될수록 전쟁은 더욱 잔혹해지고 비인간적이 된다는 사실이다. 현재 미국과 소련이 매년 새로운 '전쟁기계'를 개발하는 데 쓰는 돈은 200억 달러에 달한다. 미국만 해도 2만 건의 신무기를 실험하고 있다.

미국의 무기체계는 더욱 에너지 집약적이고, 복잡하고, 비싸지는 것과 함께 운영상의 문제 때문에 더욱 큰 어려움을 겪고 있다. 개발비가 엄청나게 초과하는 것은 일상사가 되어버렸다. 트라이던트 잠수함의 개발비는 한 척당 4억 달러 이상으로 추산된다. 일부 시스템은 전혀 작동을 하지 않는다. 60년대 폴라리스 A1 미사일의 75% 정도는 발사단추를 눌렀어도 작동하지 않았을 것임을 연방 에너지부는 실토하고 있다. 최첨단 전투기가 원인불명으로 추락하는 사고도 정기적으로 일어난다.

마지막으로, 군대가 더 많은 에너지를 파괴수단 제작에 투입하려고 함에 따라 무기체계는 너무 복잡해져서 우스꽝스런 지경에까지 이르렀다. 오늘날 의회가 가장 선호하는 미사일 계획은 MX이다. 이 계획에 따르면 200개의 미사일을 적이 볼 수 없는 곳에 숨겨놓을 수 있다. 그 방법은 지하 25개소에 보관시설을 설치하여 이리저리 옮겨다니게 한다는 것이다. 그러면 소련은 각 미사일이 어느 시점에 어디에 있는지 알 수가 없으므로 이 모든 미사일을 파괴하려면 5,000발의 탄두를 발사해야 한다는 것이다. 이 계획에 따라 지하에 철도와 미사일 보관시설을 건설하려면, 공군은 미시시피강 서쪽에 350만 에이커의 땅을 구입해야 한다. 코네티컷 주의 네 배에 해당하는 땅을, 단지 미사일 200개를 숨기기 위해 쓴다는 이야기다!

국방부가 MX 미사일용 터널을 건설하려고 하는 캔사스 주의 주지사 말을 들어보면 건설공사로 인해 캔사스 서부의 금싸라기 농토 및 목초지 18만 6,000에이커가 파괴될 것이고, 6,500평방마일의 면적에서 4만 명의 주민이 이주해야 할 것이며, 군사지역에서는 향후 20~30년간 경작, 위락, 가축의 방목, 인간의 거주 등 토지의 사용이 정지될 것이다. 게다가 건설노동자와 그 가족 8만 1,000명이 서부 캔사스로 이주해 들어오면 3,750만 달러의 공공서비스 비용이 추가로 발생할 것이다. 그리고 지하보호소의 미사일들은 어떻게 이동할 것인가? 1기의 무게만도 100만 파운드, 길이는 150피트, 직경은 22피트에 달하는 물건을 어떻게 움직일 것인가. 루브 골드버그Rube Goldberg가 제안한 이 계획의 총비용은 300억~400억 달러에 달한다.

MX 미사일은 현재 개발 중인 수많은 무기체계 중 하나에 불과하다. 공상과학소설에 나오는 것처럼 다음 세대의 전쟁에서는 지도를 보며 스스로 목표물을 찾아가는 미사일, 우주공간에서 빔을 쏘아대는 폭격위성 등이 주역이 될지도 모른다. 미국은 1985년까지 고에너지 레이저 무기를 완전 실전배치할 계획을 가지고 있다. 이 무기는 탱크를 녹여버리거나 수천 마일 상공에서 지구를 돌고 있는 위성에 빔을 쏘아 무력화시킬 능력을 갖출 것이다.

그러나 이 엄청난 파괴력에도 불구하고 어떤 나라의 군사적 우위라고 하는 것이 이렇게 위태롭게 유지된 시대는 없었을 것이다. 옛날 군인들은 밥을 먹고 이동했지만 오늘날의 군대는 기름을 먹고 움직인다. 그러나 석유는 고갈되어가는 자원이다. 1978년 국방부 에너지 비용은 40억 달러를 초과했다. 이는 1973년의 두 배가 넘는 수치이다. 국방부의 루스 데이비스Ruth Davis는 의회 증언에서 이렇게 말했다. "상승하는 에너지 비용 때문에 국방부의 대응력은 당초 목표보다 낮아졌다." 국방부는 1913년 이래 에너지 사용량을 30% 줄이는 데 성공했지만 이는 주로 인원과 운영비를 감축한 결과이다. 데이비스는 다음과 같이 말했다. "이런 식으로 계속 에너지 소비를 감축하면 적정한 대응력을 유지하는 데 심각한 차질이 발생할 것이다. 1973년의 석유위기와 1979년의 이란 석유금수조치로 인해 우리는 정치, 경제, 군사적 압력에 점점 노출되어간다는 사실을 인식하게 되었다. 이러한 압력의 주체는 미국과 그 우방들에 대한 석유공급을 직접 통제하거나 아니면 간접적으로 영향을 미칠 수 있는 사람들이다."

우리의 군사작전에 필요한 에너지를 외국에 의존하고 있는데도 불구하고 이제 미국의 무기체계는 너무 전문화되어서 대체 에너지로 가동할 여지는 거의 없어 보인다. 국방부가 매일 소비하는 석유의 90%는 항공기, 미사일 시스템, 함선 등이 사용하는 이동용 연료이다. 데이비스는 또 이렇게 말한다. "국방부는 새로운 무기체계를 계속 개발하고 있는데, 이들 모두 석유계의 연료로 추진된다는 묵시적 가정 하에 개발되고 있다. 21세기가 되면 한동안 미군부는 액체탄화수소연료에 의존해야 할 것이다."

연료공급감소를 해결하기 위해 군부는 석유자원을 찾는 데 광분하고 있다. 옛날 같으면 중동의 유전지대를 점령해버렸을 것이다. 사실 국방부는 국민들의 반응을 알아보기 위해 이런 안을 표면화시킨 적이 있다. 그러나 이런 식의 침략은 핵전쟁으로 발전할 수 있으므로 군부는 국내의 에너지 자원으로 눈길을 돌려야 했다. 이미 대통령은 군대의 연료수요를 100% 충족시켜줄 것을 보장했다. 이렇게 되면 더욱 많은 연료가 다른 사회 및 경제적 활동에서 군사용으로 전용될 것이다.

합성연료개발 쪽으로 정부와 업계의 등을 떠미는 것도 국방부다. 합성연료산업이 본 궤도에 오르면 군부는 국내에서 생산되는 합성연료의 50%를 소비할 계획이다. 에너지를 확보하기 위해 국방부는 한 걸음 더 나아가 방위기동력 연료행동계획의 수립을 제안했다. 이렇게 되면 국방부는 국가의 에너지 정책에 대해 유례없는 통제력을 행사하게 될 것이다. 석유자원이 고갈되어가는 상황에서 국방부만 높은 에너지 흐름을 유지하려 한다면 사회 다른 분야에서 큰 혼란이 일어날 것이 뻔하다.

미국의 무기체계가 복잡해지고 해외주둔 미군이 늘어감에 따라 팽창하는 군부조직을 유지하는 데도 많은 에너지가 필요할 것이다. 전 국방부 분석가인 얼 레이브날Earl Ravenal에 의하면 "국방예산 중 국가방위 자체와 주요한 국익보호에 직접 투입되는 비용은 30%도 채 되지 않는다." 나머지는 전 세계에 주둔해 있는 미국의 군사적 영향력을 유지하는 데 소비된다. 예를 들면 현 예산에서 350억 달러는 신무기 생산에 쓰고, 나머지 1,000억 달러 이상은 인력 및 유지보수비용으로 지출된다.

국방예산이 늘어나면 엄청난 비극이 초래된다. 군부가 현재의 에너지 흐름 수준을 유지하려 하면 결국 사회의 에너지 흐름에서 그것을 끌어다 쓸 수밖에 없다. 따라서 빈곤과 기아처럼 본질적으로 에너지에 관련된 문제들을 악화시킨다. 세계 각국은 매년 4,000억 달러를 무기에 쏟아붓는다. 이것은 거의 1초에 100만 달러에 해당하는 금액이다. 전쟁과 전쟁준비에 관한 활동이 전 세계에서 생산되는 모든 상품과 서비스의 10% 정도를 잡아먹고 있는 셈이다. 이것은 세계 인구 반 이상의 GNP 총액과 맞먹는 금액이다. 8억이나 되는 사람들이 연간 200달러 이하의 소득으로 근근히 살아가고, 매년 2,000만 명이 굶주림으로 죽어가는 상황에서 이런 국방비 지출은 인류에 대한 모욕이다. 세계 국방비의 2%를 1년만 모아도 제3세계 각 농촌가정에 난로를 공급할 수 있다. 미국에서도 항공모함 한 척의 가격(16억 달러)은 산업안전과 건강에 관련된 예산의 거의 두 배이다. A-7E 코세어 공격기 한 대의 값은 1977년 미 환경청의 수질보전계획 예산의 두 배이다.

결국 전쟁준비는 인간활동 중 가장 많은 엔트로피를 증대시키는 활동이다. 미사일을 가지고 할 수 있는 일은 두 가지 뿐이다. 파괴를 위해 사용하거나 고물이 될 때까지 보관하다가 폐기하는 것이다. 어느 쪽이든 그 미사일을 만드는 데 들어간 지구의 자원은 고정되어 있으므로 "우리는 후손들이 쓸 쟁기를 빼앗아 칼을 만들고 있는 꼴"이다.

교육
Education

당일치기 시험준비를 하느라 골치를 앓아본 적이 없는 사람은 거의 없을 것이다. '형광펜 증후군'이라는 것이 있다. 이것은 학교에서는 거의 관습으로 굳어진 현상이다. 전날 밤 학생들은 형광펜으로 교과서 여기저기에 줄을 치며 암기한다. 다음 날 시험에서 쏟아놓을 수 있을 때까지만 보관하기만 하면 되는 대량의 데이터를 이렇게 해서 쑤셔넣는 것이다. 시험이 끝나면 24시간 이내에 이 데이터는 머리 속에 거의 남아 있지 않거나 전혀 남아 있지 않을 가능성이 매우 크다. 남은 것이라곤 쌓인 피로뿐으로 이것 때문에 며칠을 고생한다. 학생의 지식은 시험 직전 최고조에 달했다가 끝나고 나면 추락해버리는 것이다. 이것이 미국 교육의 전형적인 패턴이다.

학생이 시험준비를 하는 모습은 아이오와 농장에서 농부가 밀을 생산하는 것과 별로 다르지 않다. 양쪽 다 대량의 에너지를 투입해서 제품(학생의 경우, 머리에 저장된 지식)의 엔트로피를 약간 줄인다. 그러나 주변 환경의 엔트로피가 증가한다는 대가를 치러야 한다. 밀의 경우,

전체 환경에서의 엔트로피 증가는 환경오염이라고 불린다. 학생의 경우, 환경 속에 축적된 무용한 에너지를 심리학자들은 사회적 오염이라고 부른다. 사회적 오염은 노이로제에서 신경발작에 이르기까지 무수한 형태로 모습을 드러낸다.

우리가 하는 일은 모두 에너지를 소비한다. 공부도 마찬가지다. 엔트로피 법칙은 다른 모든 활동에서와 마찬가지로 정보수집에도 작용한다. 우리는 뭔가를 배울 때 세계를 위해 뭔가 가치 있는 일을 했다고 느낀다. 오랫동안 교육자들은 학습과정이 마이너스 엔트로피의 생산, 즉, 더 큰 질서를 만들어내는 쪽으로만 작용하기 때문에 제2법칙의 유일한 예외가 된다고 믿어왔다. 이제 그렇지 못하다. 제2차 세계대전 이후 사이버네틱스와 현대정보이론이 도입됨에 따라 과학자들은 정보를 수집하고 지식을 저장하는 일도 에너지를 소비하며, 따라서 일정한 엔트로피 대가를 치러야 함을 주장했다.

약 70년 전 헨리 애덤스Henry Adams는 인간의 마음도 정보를 수집하고 저장하는 과정에서 엔트로피 과정에 종속된다는 내용의 에세이를 쓴 적이 있다. "미국 역사교사들에게 보내는 편지"라는 제목의 이 에세이는 미국 역사학회로 보내는 것으로 되어 있다. 여기서 애덤스는 수세기에 걸쳐 이루어진 인간 사고의 발달은 다른 모든 활동과 같은 방향으로 진행되어왔다는 대담한 주장을 펼쳤다. 그 방향이란 더욱 복잡하고 더욱 분산된 상태라는 것이다. 당시 그 에세이는 학계에서 상당한 논란을 불러일으켰는데, 왜냐하면 애덤스는 '학문의 이단죄'를 범한 것이기 때문이다. 밤손님처럼 애덤스는 우리 문명의 신전 가장 깊숙한 곳으로 숨어들어가 더없이 성스러운 제단에 제2법칙을 과감히 펼쳐놓았던 것이다. 인간의 정신을 찬양하기 위해 세워진 바로 그 제단에 말이다.

애덤스가 자신의 생각을 글로 표현한 지 70년이 지나는 동안 그의 사상은 학자들에 의해 몇 번이고 재조명되었고 치열한 논쟁의 주제가 되었다. 그가 이단으로 심판받아야 한다면 판도라의 상자 이야기를 믿은 그리스 사람들과 에덴동산의 아담과 이브 이야기를 믿은 유태인과 기독교도도 마찬가지 죄목으로 처단되어야 할 것이다. 판도라의 이야기도 에덴동산 이야기도 당초에는 완벽했던 세상이 지식의 등장으로 쇠락하기 시작했다고 주장한다. 판도라가 상자의 뚜껑을 열어 삶의 비밀을 들여다본 순간, 그리고 이브가 지혜의 나무에서 사과를 따먹은 순간, 인간은 길고도 고통스런 여행을 시작했다. 이 여행은 지식의 축적이라는 것이 세상을 더욱 무질서하게 만들고 더욱 와해시키는 과정이다.

애덤스는 본능에서 직관, 이성을 거쳐 추상적이고 수학적인 사고에 이르는 인간정신의 발달과정을 관찰하고, 각 단계가 지날 때마다 더욱 큰 질서와 더욱 큰 에너지 흐름이 발생하지만 이와 함께 더욱 큰 에너지 분산이 발생한다고 결론지었다. 예를 들어 환경에 대한 초기 인류의 본능적 반응과 현대인의 추상적, 합리적 반응을 비교해보면 본능의 경우에는 사고과정을 구성하는 단계의 수가 적고 따라서 더 적은 에너지가 소비된다는 것이다.

일상생활에서도 우리는 애덤스의 관찰이 옳다는 사실을 발견할 수 있다. 예를 들어 우리는 어떤 상황에 대해 느낌에 따라 대처하는 것이 합리적 판단보다 더 낫다고 말하는 것을 자주 듣는다. 또한 어떤 일에 관해서는 지성보다 본능이 더 믿을 만하다는 이야기도 한다. 왜 그러느냐고 물으면 사람들은 보통 이렇게 대답한다. 우리의 직관이나 본능은 현재 일어나고 있는 사건의 진실과 좀더 '주파수'가 잘 맞는다는 것이다. 사실이다. 그리고 이 모든 것은 제2법칙과 관계가 있다. 앞서 말한대로 사고과정에 단계가 많을수록 일은 더욱 복잡하고 추상적이며 중앙집중화된다. 그래서 에너지가 더욱 분산되고 무질서가 발생한다. 인간정신 발달의 역사는 인간의 정신을 우리가 사는 세상의 현실에서 점점 멀리 떼어내는 과정이다.

에너지 환경이 점점 더 열악하고 힘들어짐에 따라 우리의 정신활동도 더욱 복잡하고 추상화되었다는 증거도 있다. 수렵채취환경에서는 살아남기 위해 벌거벗은 본능 이상의 것이 별로 필요하지 않았을 것이다. 반면 농경사회는 더욱 추상적인 사고를 인류에게 강요했다. 산업사회는 이보다 훨씬 더하다.

정신적 활동의 주요 목표는 인간의 생존을 확보하는 데 있다. 인간은 유효한 에너지가 어디에 있는지를 찾아내고 그것을 처리할 능력이 있기 때문에 살아남은 것이다. 환경에서 에너지를 추출하는 일이 어려워짐에 따라, 우리는 에너지의 탐색과 변환과정을 좀더 쉽게 하기 위해 더욱 복잡한 정신적 수단에 의존해야 했다.

인간이 본능적 반응에서 추상적이고 수학적인 추론으로 정신활동을 발전시켜감에 따라 주변 환경에 더욱 큰 무질서를 창출했다는 것도 사실이다. 본능에만 의존했던 수렵채취인들은 추상적 사고의 막강한 힘으로 무장한 현대인들보다 환경피해를 훨씬 덜 끼쳤다.

인류역사에서 '식민화' 단계의 특징은 에너지 환경을 하나하나 고갈시키면서 더욱 큰 무질서를 마구 생산해내는 데 있다. 지금도 인간의 정신은 더 많은 유용한 에너지를 변환시키기 위해 더 많은 정보를 수집, 분류, 저장, 활용하는 일을 계속하고 있다.

오늘날 우리는 정보의 홍수 속에서 산다. 광고, 매스컴, 교육은 매일 우리에게 끊임없이 정보를 퍼붓는다. 일어나서 잠들 때까지 우리는 문자 그대로 정보의 맹공격을 당하는 것이다. 광고산업만 해도 작년 한 해 동안 소비자를 '교육'하기 위해 470억 달러를 썼다. 보통의 미국사람은 TV에서 흘러나오는 일방통행식 정보에 매일 평균 5시간씩 노출되어 있다. 경제사학자인 대니얼 벨Daniel Bell은 우리 경제가 산업사회에서 후기 산업사회로 옮겨가고 있다고 주장한다. 후기 산업사회에서는 통신과 정보 시스템이 경제활동을 지배하게 될 것이다.

정보가 대량으로 늘어나면 에너지 소비도 크게 늘어난다. 그 결과 나타나는 것은 무질서의 축적, 가속화되는 중앙집중화 및 전문화 그리고 엔트로피 과정이 더욱 빨라짐에 따라 나타나는 무수한 현상이다. 이미 민간부문이건 공공분야건 정보통신 조직들은 거대한 관료기구로 성장하여 미국인 한 사람 한 사람의 삶에 막강한 영향력을 행사하고 있다. 정보의 수집, 교환, 폐기과정은 전례없이 빠른 속도로 확산된다. 이른바 정보혁명으로 인한 에너지 흐름의 증가로 인해 사회의 에너지 흐름 과정 전체에 무질서가 생기기 시작했고, 정보 및 통신조직과 그 하드웨어를 유지하는 데 드는 비용이 증가함에 따라 더욱 많은 에너지가 사회에서 이들에게로 전용되고 있다.

오늘날 볼 수 있는 컴퓨터와 마이크로 칩 '혁명'이 그 좋은 예이다. 컴퓨터 예찬론자들은 지난 30년간 퍼스널 컴퓨터의 가격이 급격히 떨어졌고 크기도 비교할 수 없을 정도로 줄어들어 결국 자원과 에너지 소비량이 크게 줄었다는 이야기를 즐겨 한다. 또한 컴퓨터가 점점 작고 싸고, 적은 에너지를 소비하게 됨에 따라 저장할 수 있는 정보의 양과 처리속도는 천문학적으로 증가했다.

이런 상황에서 예찬론자들이 왜 컴퓨터야말로 더 적은 것으로 더 많은 일을 할 수 있는 장치의 좋은 예가 된다고 주장하는가를 이해하기는 어렵지 않다. 24권으로 된 대영백과사전 내용을 몇 푼밖에 하지 않는 칩 하나에 밀어넣을 수도 있다는 이야기다. 언젠가 우리는 인간이 갖고 있는 모든 지식을 손바닥 위에 올려놓게 될 것이며, 그중 어느 부분이든 집 안에서 찾아볼 수 있을 것이다. 그러므로 컴퓨터는 전통적인 정보축적 방식보다 에너지를 덜 쓰는 한편 정보를 더 빨리 전달하며, 누구든 돈을 조금만 들이면 컴퓨터를 사서 이 많은 정보를 마음대로 찾아볼 수 있을 것이다. 언뜻 들으면 설득력 있지만 전체적으로 보면 컴퓨터 혁명은 엄청난 엔트로피를 증가시켰다. 개개의 컴퓨터가 에너지와 자원을 절약해 주기도 했겠지만 이러한 이익은 컴퓨터화로 인해 엔트로피 총량이 증가한다는 다음과 같은 피해에 비하면 아무것도 아니다.

　첫째, 오늘날의 퍼스널 컴퓨터가 30년 전에 등장한 컴퓨터의 원형보다 더 적은 에너지와 자원을 소비하는 것은 사실이지만 바로 이러한 이유로 인해 컴퓨터의 수는 천문학적으로 늘어났고, 이 때문에 소중한 자원이 컴퓨터 생산에 대량으로 투입되었다는 것을 기억해야 한다. 현대식 컴퓨터가 생산된 지 몇 년 후인 1950년까지만 해도 지구상의 컴퓨터 수는 60대뿐이었다. 그러나 트랜지스터와 마이크로 칩의 등장으로 컴퓨터 시대가 활짝 열렸다. 1959년이 되자 6,000대의 컴퓨터가 제작되었다. 1966년에는 1만 5,000대로 늘어났고 1970년에는 8만여 대의 컴퓨터가 3,000여 가지 서로 다른 작업을 수행하고 있었다. 오늘날은 수억 대의 컴퓨터가 우리 생활 구석구석까지 파고들었다. IBM이 1980년도 모델에 대해 받아놓은 주문량은 1950년부터 1979년까지

IBM이 납품한 컴퓨터의 판매대수를 모두 합친 것보다 많다. 이 모든 컴퓨터는 재생불가능한 자원으로 만들어진다.

둘째, 컴퓨터는 정보를 수집, 저장, 배포하도록 설계되어 있음을 기억해야 한다. 컴퓨터는 사실을 다룬다. 그러나 엔트로피의 흐름이라는 측면에서 볼 때 이 사실들이 중요성을 띠는 것은 사회의 기술변환자들이 이 사실들을 활용하여 에너지를 수집, 교환, 폐기할 때이다. 컴퓨터는 우리 몸에 달려 있는 감각기관과도 같다. 우리의 정신은 눈, 귀, 코 등을 이용하여 보고, 듣고, 냄새를 맡는다. 이 신체기관들은 모두 정보의 수집자들이다. 그러나 이처럼 감각기관에 의해 입력된 데이터는 다리, 발톱, 이빨, 턱 같은 신체 내 변환자들에 이용되어 주변환경으로부터 유용한 에너지를 끌여들어서 소비해야 생물체는 살아갈 수 있다. 감각기관이 발달되어 있을수록 어떤 동물이 에너지의 위치파악과 변환에 필요한 정보를 입수할 능력은 커진다.

마찬가지로, 컴퓨터화된 사회에서 정보가 빨리 생산되면 될수록 사회가 이를 이용하여 유용한 에너지를 수집하고 변환하는 속도가 빨라진다. 이렇게 해서 에너지의 흐름이 커지면 무질서는 더욱 많이 발생하고 기존의 에너지 자원도 더 빨리 고갈되며 사회의 정치 및 경제제도는 더욱 집중화되고 중앙집권화된다. 그러므로 컴퓨터의 목적은 바로, 더욱 빨리 감각 데이터를 제공하여 유용한 에너지를 더욱 빨리 변환하게 해주는 것이다.

컴퓨터가 사회 각 기능에 속속들이 침투함에 따라 사회는 생존을 위해 컴퓨터에 의존하게 된다. 컴퓨터는 작업을 '효율화'시켜주는 것처럼 보이지만 사실상 컴퓨터화된 사회는 점점 복잡해지는 것이고 이 때문에 와해될 가능성이 커진다. 예를 들어 컴퓨터가 한 번만 잘못 작동

해도 대형공장의 스위치 여러 개가 연이어 꺼지기 때문에 며칠씩 가동이 중단되는 일도 있다. 컴퓨터가 '다운'됐을 때 공항 체크인 카운터에 가본 사람이라면 그 상황에서 느끼는 좌절과 무력감이 어떤 것인지 잘 알 것이다. 시스템 전체기능이 컴퓨터에 의존하고 있고 그 컴퓨터가 다운되면 시스템 전체가 마비된다. 인간이 기술의 볼모가 되어버리는 것이다.

정말 이상한 것은 입수가능한 정보의 양이 많아질수록 실제로 우리가 아는 것은 적어진다는 것이다. 결정을 내리기는 점점 어려워지고 세상은 과거 어느 때보다 혼란스러워 보인다. 심리학자들은 이러한 상태를 "정보 과부하"라고 부른다. 이 용어의 배후에는 엔트로피 법칙이 버티고 있다. 더 많은 정보가 우리에게 쏟아지지만 우리가 흡수하고 저장하고 활용할 수 있는 정보는 점점 더 적어진다. 활용되지 않은 나머지 정보는 분산된 에너지 또는 쓰레기의 형태로 축적된다. 이렇게 분산된 에너지가 축적되는 것은 사회적 오염이고, 사회적 오염은 결국 신체적 오염이 우리의 건강을 위협하는 것처럼 여러 형태의 정신질환이 되어 인간을 괴롭힌다.

미국에서의 정신질환은 정보혁명과 나란히 급증해왔다. 그렇다고 해서 정신병이 늘어나는 것이 순전히 정보의 과부하 때문이라고 말하려는 것은 아니다. 유전, 인구과밀, 빈번한 이동과 이사, 오염으로 인한 스트레스 등 정신질환에 영향을 끼치는 요소는 많다. 20년도 안되는 기간 동안 미국에서 정신건강이라는 개념은 의학계의 울타리를 뛰쳐나와 150억 달러짜리 산업으로 성장했다. 오늘날 미국 총인구의 1/5에 해당하는 4,000만 명 이상의 사람들이 여러 가지 정신질환으로 치료를 받고 있다. 일부 보건 전문가들이 우려하는 것처럼 정신병이 전염병의 수준으로 치달아감과 동시에 적절한 치료시설을 세우기 위해 수많은 사람들이 몸부림치고 있다. 오늘날 미국에는 경찰관보다 정신 치료에 종사하는 사람들이 더 많다. 이들은 급속히 성장하는 산업의 일부를 이룬다. 그 산업을 열거하면 다음과 같다.

> 1,100개의 외래환자 전문 정신병원, 정신과 외래환자 병동이 있는 300 개의 종합병원, 정신과 외래환자 치료시설이 있는 80개의 재향군인 병원, 연방정부가 지원하는 500개의 지역사회 정신건강 센터, 수만 개의 양로원, 보호시설, 정신장애자 중간시설, 행동교정 클리닉, 아동지도 클리닉, 아동학대 · 알콜중독 · 자살방지 클리닉 등.

뉴욕대학교 정신의학과의 레오폴드 벨라Leopold Bellah 교수는 최근 정신건강과 공중보건을 비교하며 이렇게 말했다. "우리의 공동체를 정서적 오염에서 보호하기 위해 더 많은 일을 해야 한다." 벨라 박사의 이런 '심한 말'에 이의를 제기할 사람도 있겠지만 '정서적 오염'이라는 표현이 점점 정보통신 시대로 옮겨가고 있는 우리 사회의 모습을 정확히 그려낸 것임에는 의심의 여지가 없다.

우리는 매일 일터에서, 학교에서, 아니면 공동체 안에서 정보 과부하 효과를 경험한다. 우리는 어떤 특정한 일이나 세상 돌아가는 것 전체에 대해서 점점 알기 싫어진다는 사실을 깨닫는다. 왜냐하면 이 엄청난 정보를 감당할 수가 없기 때문이다. 우리의 신경계와 두뇌는 한 번에 정해진 양만큼의 정보만 입수하여 사용할 수 있도록 되어 있다. 정보가 너무 많이 쏟아져 들어오면 '신경을 꺼서' 정보의 일부 혹은 전부를 여과해버린다. 사방에서 정보가 쏟아지고 온갖 배경소음의 파편까지 함께 몰아치면 우리는 극도의 불안에 빠진다. 우리의 주의를 끌려고 아우성치는 무수한 메시지 속에서 익사하거나 아니면 폭발해버릴 것 같은 기분을 느낀 적이 몇 번이던가?

물론 사람마다 인내력이 다르고 따라서 한계점도 다르다. 그러나 누구나 한계는 있는 법이고 정보의 홍수와 이에 따른 무질서가 한계를 넘으면 결국 굴복하게 되고 심각한 정신질환에 빠지게 된다.

우리 사회는 무질서를 처리하기 위한 일련의 기술을 개발해왔다. 그러나 추가로 투입된 정보가 한 가지 문제를 완화시킬 때마다 다른 문제들이 더욱 악화된다는 것을 우리는 깨닫지 못하고 있다. 여기서 연상되는 것은 적당한 치료법을 찾아 이리저리 뛰어다니는 환자의 전형이다. 그는 마음의 안정과 질서 있는 삶을 얻기 위해 필사적으로 이 병원 저 병원에 문을 두드린다. 모든 방법을 다 써보고 이 방법들을 기록한 노트에도 더 이상 쓸 자리가 없어졌을 때쯤 그는 서로 모순되는 수많은 '치료약'이 가져다주는 정보의 무게에 짓눌려버린다. 이제 그는 사지를 절단당한 것과 똑같은 꼴이 된 것이다.

정보혁명의 유해성이 교육에서처럼 분명하게 드러나는 곳은 없다. 지난 15년간 미국의 공교육비는 네 배로 증가했다. 1978년 4,400만 명의 학생을 전국의 공립학교에서 교육하는 데 든 비용은 810억 달러가 넘었다. 그러나 같은 기간 동안 학생들의 실질적 지식은 점점 줄어들었다. 1979년 현재, 17세 이상의 미국인 중 15%가 기능적 문맹이다. 모든 종류의 첨단교육 보조장비가 갖추어져 있고 다양한 분야에서 특별훈련을 받은 전문교사들이 버티고 있는데도 왜 이런 일이 벌어지는지 교육자들과 학부모들은 매우 의아해 한다. CBS TV의 교육특집 인터뷰에 등장한 한 여인은 이 모순을 한마디로 요약했다. 그녀는 자기가 미국 남부의 교실 하나짜리 학교에서 교육을 받았다고 했다. 그 학교에는 '흠집 투성이의 책상, 너덜너덜해진 책, 몇 개의 크레용, 낡아빠진 칠판'이 전부였다. 그런데 그녀는 그러한 환경에서도 읽고 쓸 줄 알게 된 자신에 반해 '온갖 최신장비'가 갖추어진 학교를 다니는 자신의 아이들과 그 친구들은 왜 읽고 쓰지 못하는지 모르겠다고 했다. 여기서도 그 답은 엔트로피 과정의 가속화와 이에 따른 무질서에서 찾을 수 있다.

제2차 세계대전 이래 미국의 공교육 제도는 다른 여러 제도들과 비슷한 길을 걸었다. 소규모의 학교들은 대형 '교육단지'에 흡수되었다. 어린이들은 지역사회 공동체에서 유리되었고, 중앙집중화된 교육 단지의 특성상 불가피한 관료화와 전문화가 이에 가세해 학생들은 소외되고, 규율이 문란해지는 등 무질서가 생겨났다. 그리고 중앙집중식 교육단지는 최신 정보기술과 특수화된 프로그램을 활용하여 학습과정을 더욱 쉽게 만들었다. 이 모든 것들로 인해 에너지 사용량은 급증했고 그 결과 학습장애, 학교폭력, 잔혹행위 등이 부산물로 탄생했다. 앞서 말한 CBS 특집에서 어떤 교사는 이렇게 말했다.

학생들의 주의를 분산시키는 것들이 너무 빨리 늘어나고 있다. 우리는 그저 학교와 학생의 머리 위에 마구 쏟아붓기만 했다. 그러나 갑자기 깨달은 것이다. "아니, 애는 읽지도 못하네."

어떤 학부모는 교육의 '기술화'가 이제는 우리의 강박관념이 되었다고 지적하면서 어린이들이 이런 상황에서 뭔가를 배우는 사실이 있다는 게 기적이라고 했다. 그는 학교의 '읽기 센터'에 가보았다고 한다.

그곳 벽면은 읽기 방법에 대한 주의사항으로 도배가 되어 있었다. 그는 이렇게 말한다. "이런 환경에서 어떻게 아이들이 읽고 싶은 기분이 나겠는가? 내가 그 애들이라면 완전히 흥미를 잃을 것이다."

미국의 거대학교 교실과 복도는 에너지로 넘치고 있다. 이 중 대부분은 교육제도가 생산해낸 것이다. 이런 상황에서 아동이 충분한 시간 동안 주의를 집중하기란 힘이 들고, 그리고 불안감 때문에 폭력으로 빠져드는 것은 결코 놀랄 일이 아니다. 학교폭력으로 인한 손실을 금액으로 환산하면 매년 6억 달러가 넘는다.

물론 문제는 학교 밖에도 있다. 모두 다는 아니지만 이들 중 대부분이 정보 과부하와 관련이 있다. 우선 TV가 주범이다. 일방적으로 전달되는 정보의 홍수 속에 매일 5시간씩 앉아 있으면 어린이의 집중력과 정보흡수능력은 심각하게 약화될 수밖에 없다. 어떤 교육자는 이렇게 말한다.

우리는 커뮤니케이션이라는 것이 메시지를 보내기보다는 메시지를 받고 듣기만 하는 것으로 생각하는 세대를 키워낸 것 같다. TV에서 온갖 다채로운 것을 구경한 어린이가 학교에 가서 선생님을 보면 초라해 보일 것이다. 중요한 것은 화려한 그림을 보여주는 것이 아니다. 학습이란 고된 과정이고 스크린에 비치는 영상으로는 얻을 수 없는 것이다.

우리는 점점 정보 과부하를 소화해낼 능력이 떨어지고 있는데도 매스컴, 교육산업, 정보산업은 새로운 기술을 개발하여 우리에게 좀더 많은 정보를 쑤셔넣는 것을 통해 이 정보가 뭔가 경제적이거나 사회적으로 유용한 일을 하기를 기대한다. 잠깐만 생각해봐도 이것은 미친

짓임을 금방 알 수 있다. 늘어나는 무질서의 원천이 바로 방대한 에너지 흐름을 바꾸어 환경 전체의 엔트로피를 증대시키는 변환자들이라는 사실을 이들은 결코 생각하지 못한다. 누군가가 교도소 간수에게 이런 말을 했다는 것이 기억난다. "죄수를 심하게 처벌하면 할수록 반사회적 행위와 폭력사건이 늘어난다." 곰곰이 생각한 후 간수는 이렇게 결론을 내렸다. "증가한 폭력을 처벌하면 된다."

보건
Health

현대의학도 현대사회의 다른 모든 분야와 마찬가지로 뉴턴적 세계관에서 출발했다. 의술에 대한 기계론적 접근방식은 지난 200년간 의학계를 지배해왔다. 영국의 보건전문가 토머스 맥큔Thomas McKeown은 이러한 태도를 다음과 같이 요약한다.

17세기에 생물학과 의학의 접근방식은 물리모델에 기초를 둔 기술적인 것이었다. 자연은 거대한 기계로 이해되었고 이에 따라 생물학은 생명체를 하나의 기계로 인식하기 시작했다. 즉, 구조와 기능만 완전히 알면 분해했다 재조립이 가능한 기계라는 것이다. 의학은 같은 개념을 한 걸음 더 발전시켜 질병의 과정과 이에 대한 신체의 반응만 알면 물리적(수술), 화학적 또는 전기적 방법으로 치료할 수 있다고 생각했다.

오늘날 보건의료는 미국에서 세 번째로 큰 산업이며, GNP의 9% 정도를 차지하고 있다. 의학분야에 투자되는 1,500억 달러 대부분은 새롭고 더욱 복잡하며 향상된 기능의 의료기기를 만드는 데 쓰인다. 오늘날 병원은 첨단진단 및 치료기기로 넘친다. 의료비가 자꾸 늘어나는 주된 이유도 의료기기의 도입 때문이다. 환자 1인당 의료기기 비용은 폭발적으로 증가하고 있다. 1950년부터 1970년 사이에 1인당 의료비는 76달러에서 552달러로 급증했다. 늘어난 금액의 대부분은 계속 팽창하는 의료조직을 유지하는 데 들어갔다. 조그만 장소에서 개업하고 있던 개업 주치의는 이제 대규모 '의료단지'로 인해 빛을 잃었다. 의료단지는 수백 명의 전문가와 그들이 다루는 기계가 들어찬 집중화된 조직이다.

집중화, 전문화, 정밀한 기기 등은 더 많은 에너지를 요구한다. 의료분야에서 더 많은 에너지가 소비됨에 따라 이에 따른 무질서는 더욱 커진다. 의사들은 싫어하겠지만 의료분야도 다른 모든 분야처럼 엔트로피 법칙에 대해서는 면역성이 없다는 것은 슬픈 현실이다.

"치료로 인하여 발생하는"이라는 단어를 들어본 사람은 별로 없을 것이다. 그러나 의사들은 이 단어를 잘 알고 있다. 이 단어를 의사 앞에서 한 번 써보라. 그러면 의사는 약간의 두려움을 보이며 즉각 방어태세를 취할 것이다. 치료로 인해 발생하는 질병이란 환자를 치료하는 의사, 병원, 약품 또는 사용된 기계가 원인이 되어 발생하는 질병을 말한다.

치료를 통해 어떤 증상이 일시적으로 완화되기는 하지만 이로 인해 더 심각하고 장기적인 건강문제에 시달리게 되는 경우가 종종 있다. 이러한 문제의 이유 중 일부는 '병원을 찾는 환자의 75~80%는 치료를 안해도 나을 병에 걸렸거나 현대의학이 발명한 가장 독한 약을 써도 치료가 안되는 병에 걸렸거나' 둘 중 하나이다. 그런데도 의사들은 수

술도 하고 이런저런 약을 처방해주어서 애시당초 환자를 병원으로 오게 만든 병보다 더 큰 문제를 환자에게 안겨준다. 예를 들어 X-레이를 찍으면 우리는 몸속의 상태를 알게 되는 성과(엔트로피 감소)를 얻지만 결국 방사능 노출에 의해 장기적으로 더 큰 피해를 입는다(엔트로피 증가).

우리는 또한 투약으로 인한 엔트로피 증가도 알 수 있다. 매 24시간 내지 36시간마다 50~80%의 미국성인이 의학적으로 처방된 약을 먹는다. 약을 먹으면 당장의 불편함이나 병으로부터 일시적으로 해방될지는 몰라도 장기적으로 볼 때 인간의 생리에 미치는 약의 악영향은 더욱 클 수밖에 없다. 이에 관해 항생제보다 더 생생한 예는 없다. 이 '기적의 약물'은 전염성 질환이 발견되기만 하면 마구잡이로 처방되었다. 그 결과는 끔찍한 것이었다. 항생제는 박테리아를 무차별로 죽이기 때문에 인체가 정상적으로 기능하는 데 절대적으로 필요한 미생물까지 파괴해버린다. 항생제를 상습적으로 쓰면 아구창, 장내 이스트 감염, 비타민 부족증, 기타 여러 가지 질환에 걸릴 수 있다. 그리고 항생제를 남용하게 되면 새로운 내성균주가 마구 증식한다. 이들은 내성이 워낙 강해서 약물투여와 인체의 정상적인 치유과정을 이겨낼 수 있다. 1976년 독일의 린베르크에서 열린 국제 학술대회에서 많은 참석자들은 이른바 "마술의 탄환"이라고 불리는 항생제가 도입되기 전보다 더 건강상태가 열악해졌다는 데 의견을 같이 했다.

항생제는 빙산의 일부에 불과하다. 1962년 상원 소위원회가 발간한 세부 연구보고서에 따르면 지난 24년간 미국에서 합법적으로 판매된 4,000여 가지의 약품 중 거의 절반 정도가 과학적으로 가치가 증명되지 않은 것들이었다. 더욱 놀라운 것은 대규모 제약회사들이 만들어낸

이 쓸모없는 약의 상당수가 위험하며 실제로 질병을 유발했다는 사실이다. 의약품 연구가인 밀턴 실버맨Milton Silverman과 보건부 차관을 지낸 필립 리Philip Lee는 함께 저술한 책 『약, 이윤, 정치Pills, Profits and Politics』에서 의약품에 의해 유발된 2차적 질병은 유방암보다 많은 사망자를 냈다고 주장한다. 이들에 의하면 이 문제는 너무 심각해져서 약으로 인한 부작용은 "입원사유 중 상위 10위 안에 들며 연간 5,000만 입원일 (환자 수×입원일 수)의 원인이 되고 있다."

오늘날의 의료행위가 장기적으로 얼마나 큰 손실을 야기하는지를 모두 측정할 방법은 없다. 그러나 환자들이 병원에서 치료를 받는 동안 5명 중 1명은 '치료로 인해 발생하는 질병'에 걸린다는 사실을 우리는 알고 있다. 이런 환자들 30명 중 1명은 병원과 관련된 질병 때문에 결국 사망한다.

많은 환자들의 경우 애시당초에 병원에 갈 필요가 전혀 없었다는 것이 진짜 비극이다. 의학보고서에 따르면 "1974년에 의사들은 240만 건의 불필요한 수술을 실시하여 1만 1,900명이 불필요하게 사망했고, 대중에게 40억 달러의 불필요한 경제적 부담을 주었다."

여기서도 엔트로피 법칙이 작용한다. 그러나 회의론자들은 현대의학이 적어도 사람들의 건강과 복지를 '일시적으로'나마 개선하는 데 기여했다고 주장할 수도 있다. 물론 여기에 대한 세금(엔트로피 증가)을 내야 할 때가 다가오기는 했지만 말이다. 늘어난 평균수명 통계가 현대의학이 개가를 올렸다는 증거로 거론되기도 한다. 사람들은 이 신화에 끈질기게 매달린다. 왜냐하면 이 신화야말로 의료 및 기타 활동에 대한 기계론적 접근을 계속 정당화할 수 있는 증거가 되기 때문이다.

오늘날 치료의학은 죽음에 이르는 주요 질병을 제거하는 데 거의 아무런 기여도 하지 못했고 늘어난 평균수명에 대해 생색을 낼 근거는 거의 없거나 전혀 없다. 지난 몇 년간 실시된 연구결과에 따르면 과거 150년간 평균수명이 늘어나는 데 주로 기여한 요소는 개선된 위생상태와 영양공급이다. 보스턴대학교와 매사추세츠 종합법원의 존 맥킨리John Mckinlay와 소냐 맥킨리Sonja Mckinlay의 연구가 여기에 해당한다. 그보다 앞서 유럽에서 맥퀸이 했던 연구에서와 마찬가지로 이들도 1900년 이래 미국에서의 사망률 하락의 주요 원인은 11대 전염병이 사라졌기 때문이라는 것을 발견했다. 이 11대 전염병은 티푸스, 천연두, 성홍열, 홍역, 백일해, 디프테리아, 독감, 폐결핵, 폐렴, 소화기 질환, 소아마비 등인데, 이 모든 질병은 의학적 치료가 도입되기 전에 거의 완전히 사라졌다. 이 보고서는 다음과 같이 결론을 맺고 있다.

의학적 조치(화학요법이든 예방의학이든)는 1900년 이래 미국에서의 전체 사망률 감소에 거의 영향을 미치지 못했다. 의학적 조치는 이미 이 전염병이 급격히 수그러들기 시작한 지 수십 년 후에나 도입되었으며, 대부분의 경우 어떤 영향도 찾아볼 수 없었다.

1950년대까지 미국인의 평균수명은 계속 상승하다가 그 후 평탄해지기 시작했다. 오늘날 적어도 남성에 있어서는 평균수명이 줄어들기 시작했다. 의학이 첨단기술을 동원한 치료를 시작할 때쯤 되어 평균수명이 줄어들기 시작했다는 것은 흥미로운 일이다. 1950년대는 미국에서 석유화학의 시대가 시작된 시기이기도 하다. 적어도 이 부분에 관해서는 1950년 이후 질병이 증가한 것이 미국 석유화학공업에서 발생한 오염(고엔트로피의 폐기물)과 직접적인 연관이 있음을 정부조차 시인하고 있다.

　　우리가 만들어낸 환경은 이제 미국에서 주요 사망원인이 되었는지도
모른다. 암, 폐질환, 심장질환 등이 1900년에는 사망원인의 12%, 1940년
에는 38%를 차지했으나 1976년에는 59%로 뛰어올랐다. … 이러한 질병
의 발병원인이 환경 탓이라는 증거가 속속 발견되고 있다.

　　환경청, 국립암연구소, 국립산업안전 및 건강연구소, 국립환경보건
과학연구소의 대표들로 구성된 연방정부 특별팀이 바로 위와 같은 결
론을 내렸다.

　　의학전문가들에 따르면 문제는 우리 삶의 모든 측면에서 급증하고
있는 여러 가지 형태의 오염이다. 엔트로피의 측면에서 보면, 우리는
이제 고도 산업사회에서 우리가 누려온 높은 생활수준과 방대한 에너
지 흐름에 대한 대가를 만연하는 질병과 죽음이라는 형태로 치르고 있
는 것이다. 다시 한번 말하지만, 오염이란 사회의 에너지 흐름에서 축
적되는 분산된 에너지일 뿐이다. 에너지의 흐름이 크면 클수록 오염도
커지고 그로 인해 죽는 사람도 많아지는 것이다.

　　오염이 인체의 생리에 미치는 치명적 영향은 아찔할 정도이다. 뉴욕
시내를 운행하는 대부분의 택시운전사들의 혈중 일산화탄소 농도는
워낙 높아서 심장질환이 있는 사람에게 수혈해줄 수 없을 정도이다.

　　최근 과학자들은 상원 소위원회에서 어린이들에게 먹일 수 있는 오
염되지 않은 우유를 이제는 얻을 수 없다고 밝혔다. "모유는 잔류 농
약, 잔류 화학물질 및 암 유발물질들에 의해 점점 오염되어가고 있다.
유아용 조유도 유해한 납성분을 포함하고 있다."

지난 몇 년 동안 발표된 정부보고서에 의하면 미국에서 발생한 여러 형태의 암 중 60%~90%는 방부제, 식품첨가물, 유독성 화학물질 등 인간이 만들어낸 환경적 요소가 원인이었다고 한다. 1978년 늦여름 조셉 칼리파노Joseph Califano 보건부 장관은 모든 암의 20%~40%가 직업과 관련이 있다는 사실을 발표하여 전국의 근로자들에게 큰 충격을 주었다. 여러 가지 금속, 화학물질, 공정 등에 노출되었기 때문이라는 것인데, 이는 산업생산을 계속하기 위해 필수적인 것들이다. 화학적인 암 유발인자에 노출된 시점에서 암 발생까지는 보통 20~30년의 시차가 있기 때문에 현재 살아 있는 미국인 3명 중 1명은 언젠가 암에 걸린다는 계산이 나온다. 사실 제1차 세계대전 후 합성물질, 농약, 기타 화학물질이 공업적 및 상업적으로 널리 쓰이기 시작한 이래 많은 의료 전문가들은 1980년대 중반까지 암환자가 전염병 환자처럼 급증할 것이라고 예측한다.

산업사회의 오염으로 인해 발생하는 큰 병은 암 하나뿐이 아니다. 미국 제철노조의 보고에 따르면 "매년 50만 명 이상의 노동자가 여러 가지 직업병으로 인해 불구가 되고 있다"고 한다. 미국 환경청이 시행한 연구는 대기오염 한 가지로 인해 발생하는 미국 노동자들의 임금손실이 매년 무려 360억 달러에 달한다고 결론짓고 있다. 미국 폐협회가 내놓은 연구결과에 따르면 대기오염으로 인한 질병과 관련하여 발생하는 의료비는 매년 100억 달러가 넘는 것으로 추산된다.

현재 인류의 건강상황은 암담하다. 호모사피엔스는 고도로 산업화된 석유화학적 환경에 적합하도록 만들어지지 않았다. 인간의 신체구조는 수백만 년 전 인류가 처음 출현한 이래 달라진 것이 없다. 인류는 수렵채취에 적합하도록 생물학적으로 설계되어 있는 것이다. 경제 ·

사회적 발전단계 하나를 지나칠 때마다 인간에 대한 생리적 스트레스는 가중될 뿐이었고, 따라서 하나의 생물종으로 오래 살아남을 가능성은 그만큼 적어졌다.

대부분의 질병은 환경에서 비롯된다. 질병은 주어진 환경 안에서 엔트로피가 증대함에 따라 축적된 폐기물로 인해 발생한다. 이것을 이해하기는 쉽다. 우리는 모두 주변 환경에서 에너지를 끌어들여 삶을 이어간다. 우리 주변 환경이 쓰레기로 넘치기 시작하면 유용한 에너지의 흐름이 방해를 받고 우리는 평형상태를 향해 밀려가는 것이다.

모든 에너지 환경은 저마다 특유한 형태의 무용한 에너지를 낳는다. 이 무용한 에너지는 결국 폐기물인데 사회 내 각 그룹에 의해 내재화되고, 이 과정은 그 사회의 에너지 흐름이 어떻게 구성되어 있는가에 따라 그 형태가 결정된다. 물론 인류역사 전체를 통해 모든 에너지 환경에서 큰 질병들이 발생했지만 어떤 특정한 질병이 다른 질병보다 더 자주 나타난다면 여기에는 세 가지 요소가 있다고 볼 수 있다. 첫째는 어떤 문명의 에너지 기반이 갖고 있는 형태이고, 둘째는 그 사회의 에너지 흐름이 어떻게 구성되어 있는가 하는 것, 셋째는 그 사회가 엔트로피 과정의 어느 단계에 와 있는가 하는 것 등이다.

어떤 질병이 만연하는 데 환경적 요소보다는 유전적 요소가 더 큰 역할을 한다는 주장은 잘못된 것이다. 르네 뒤보Réne Dubos가 이 분야에 관한 자신의 독창적인 저서 『적응하는 인간Man Adapting』에서 지적한 것처럼 어떤 인종의 사람들은 특정한 환경질환에 저항력이 더 약하고 따라서 이환율이 높을 수 있다. 그러나 특정 질병의 만연 가능성을 결정하는 요소는 에너지 기반의 성질, 엔트로피 상태, 에너지 흐름의 구성 등이다. 예를 들어 공동체의 규모가 작고 이동성이 강하며 야외 생활을 했던 수렵채취시대에는 전염병이 존재하지 않았다.

농경사회가 되자 많은 사람들이 서로 이웃하여 정착생활을 시작했고 가축이 생겼으며 쥐같은 생물이 서식하기 시작했다. 이리하여 미생물이 질병의 주요 원인이 되었다. 농토가 확장되고, 삼림이 벌채되고, 토양이 침식되고, 자연상태의 서식지가 더욱 교란됨에 따라 에너지 자원은 더욱 고갈되었고 그 결과 특정한 미생물이 창궐하게 되었다. 이런 상태에서 발생하는 전염성 질병은 에너지 흐름상에 생긴 여러 가지 불균형의 결과이다.

산업사회에서는 재생불가능한 에너지원으로부터 발생한 폐기물이 질병의 가장 큰 원인이다. 이미 언급한 것처럼 암, 심장병, 기타 만성 질환 및 퇴행성 질환이 자주 발생하는 것은 재생불가능한 에너지 기반과 직접적인 관련이 있다는 사실로 거듭 증명되고 있다. 이러한 질병이 만연하는 것은 환경 내 엔트로피가 늘어남에 따른 결과인 것이다. 마지막으로 이러한 형태의 질병이 발생하는 빈도는 사회 안의 그룹마다 다르다. 각 그룹이 에너지 흐름에서 어떤 위치를 차지하고 있는가에 좌우된다는 뜻이다. 달리 말하면 이들은 어떤 일을 하고 있는가, 일에 대한 대가로 얻는 에너지(소득)는 얼마인가, 사는 곳은 어디인가, 생활 방식은 어떤가에 따라 다르다는 이야기다.

재생불가능한 에너지원이 대규모로 투입됨에 따라 폐기물은 사회의 에너지 흐름을 따라 계속 축적되어가고 이로 인해 모든 종류의 물리적인 무질서가 마구 증폭되어 결국 사회 전체는 둘 중 하나를 선택해야 할 갈림길에 놓인다. 하나는 재생가능한 에너지에 기반을 둔 저에너지 소비사회로 회귀하는 것이고, 나머지 하나는 마구 창궐하는 역병과 함께 죽음을 맞이하는 것이다.

제 6 부

새로운 세계관 —엔트로피

ENTROPY: A NEW WORLD VIEW

새로운 경제이론을 향하여
Toward a New Economic Theory

'영원한' 물질적 번영이라는 전제에 입각한 기계론적 세계관에서 유한한 자원을 보전해야 한다는 생각에 기초를 둔 엔트로피 세계관으로 옮겨가는 것은 쉬운 일이 아니다. 그러나 이제까지의 세계관을 고수하면 어떤 일이 일어나는가를 직시할 필요가 있다. 1979년에 미국 여기저기에서 사람들이 주유 순서를 기다리다가 서로 총격을 벌인 일이 보도된 적이 있다. 휘발유 때문에 여러 명이 목숨을 잃은 것이다. 앞으로의 삶은 이보다 더 추악할 것이다.

이제 재생불가능한 에너지 자원은 고갈되기 시작했으며, 이 사실을 제대로 이해하고 혁명적인 변화를 시작하지 않는다면 더 많은 사람들이 피를 흘릴 것이다. 이는 악화일로에 있는 에너지 위기 때문에 미국이 중동에 군사적으로 개입할 것이라거나, 전면 핵전쟁이 벌어질 것이라거나, 핵 겨울이 지구를 엄습할 것이라거나 하는 이야기만큼이나 가능성이 있는 것이다. 1979년에 미군은 "걸프 지역의 위기에 대응하기 위해 11만 명의 병력으로 구성된 '신속배치군'을 설치하는 계획을 입안 중"이라고 발표했다.

　이러한 상황을 과소평가해서는 안된다. 미국 역사상 미국인의 생활 방식에 이렇게 심각한 위협이 가해진 적은 없었다. 재생불가능한 에너지의 흐름이 크게 줄어들어 미국 경제라는 거대한 시스템이 정지해버리면 즉각적인 조치를 취하라는 외침이 사방에서 튀어나와 고막을 찢을 것이다. 이렇게 되면 진보파도 보수파도, 매파도 비둘기파도 아무 의미가 없어진다. 어떤 대가를 치러서라도 에너지를 얻으려는 절박한 상태의 인간들이 전국을 채울 것이다. 이것은 먼 미래의 이야기가 아니다. 언제라도 일어날 수 있는 사태인 것이다.

　이러한 대파국과 유혈사태에 대한 대안은 쉬운 것이 아니다. 그것은 유사 이래 인류가 당면한 과제 중 가장 어려운 것이다. 수렵채취사회에서 농경사회로 옮겨가는 데는 수천 년이 걸렸고, 농경사회에서 산업사회로 바뀌는 데는 수백 년이 걸렸다. 그러므로 양쪽 다 새로운 경제 상황을 수용하기 위해 필요한 새로운 세계관을 형성하는 데 충분한 시간이 있었던 것이다.

　오늘날 우리는 재생불가능한 에너지에 기초한 산업사회에서 다시한번 재생가능한 에너지원에 기초를 둔 사회로 이행해가려 하고 있다. 이 사회는 아직 우리가 뭐라고 정의할 수 없는 사회다. 그리고 우리는 한 세대 남짓한 시간 안에 이 일을 끝내야 한다. 그러므로 이러한 이행에 수반되는 세계관의 변화는 그야말로 하루 아침에 이루어져야 한다. 예를 갖추어 토론을 하고, 미묘한 타협에 이르고, 애매모호한 부분을 잠시 남겨두는 것 같은 여유는 있을 수 없다. 여기에 성공하려면 철석같은 결의가 있어야 한다. 헤라클레스적인 투지로 완전무장해야 한다.

　태양 에너지 예찬론자들은 에너지 기반을 재생불가능한 자원에서 태양 에너지로 옮기는 것에 대한 이익을 이야기한다. 그럴 때면 우리는 앞서 말한 이행작업이 우리의 생활양식을 혁명적으로 바꾸지 않고도 이루어질 수 있을 것이라는 인상을 받는다. 그러나 그렇지 않다. 에너지 환경이 바뀌면 거기에 맞는 새로운 기술과 제도가 도입되어야 하는데, 태양 에너지 시대를 움직여 갈 변환자들은 화석연료에 기초한 오늘날 우리가 사용하는 변환자들과는 근본적으로 다를 것이다.

산업사회란 이제까지 우리가 의지해온 재생불가능한 에너지를 활용하기 위해 만들어진 변환자들에게 우리가 붙인 이름에 불과하다. 자본주의든 사회주의든 모든 산업사회는 그들의 경제가 의존하고 있는 재생불가능한 에너지 덕분에 존재한다. 그러므로 재생불가능한 에너지 시대의 종말은 산업사회의 종언을 예고하는 것이다. 재생불가능한 에너지원이 고갈됨에 따라 여기에 입각한 경제의 상부구조 전체가 무너지기 시작할 것이다. 이 상부구조에는 이미 여기저기 금이 가 있다. 그리고 우리가 아무리 몸부림을 쳐도 이것을 수리하기에 충분한 재생불가능한 에너지가 남아 있지 않다. 이것이야말로 지구상의 모든 삶 하나 하나가 똑바로 바라보아야 할 진실이다.

장기적으로, 산업사회와 태양 에너지 사회의 기능적 차이는 중세와 산업사회의 차이만큼이나 클 것이다. 따라서 새로운 시대를 향해 옮겨가기 위해서는 (단기적으로) 몇 가지 핵심적인 변화가 반드시 일어나야 한다.

제3세계의 발전
Third World Development

우선 아직 개발되지 않은 재생불가능한 에너지원의 대부분은 빈곤한 제3세계 국가에 매장되어 있다는 사실을 인식할 필요가 있다. 이 자원이야말로 선진국과 후진국 사이에 좀더 균등한 부의 재분배를 실현시켜줄 마지막 카드이다. 중동 산유국들은 이미 이 카드를 효과적으로 사용하고 있다. 이들은 석유카드를 통해 석유수출의 조건과 흐름을 통제하고 있고 다른 제3세계 국가들도 재생불가능한 에너지원을 거래할 때 이 방법을 모방하고 있다. 보크사이트, 구리, 철, 크롬, 납 등의 가격을 통제하기 위한 카르텔이 그 사례라 할 수 있다. 「포춘Fortune」에 의하면 "이러한 카르텔이 성공을 거둔다면 선진국들의 지속적인 생활수준 향상은 끝난 것이나 다름없다."

제3세계에서 실려온 방대한 양의 에너지와 자원을 수십 년씩 소비하며 살아온 미국인들이 카르텔로 인해 경제에 생기는 주름살을 거부하는 것은 당연하다. 미국인들은 OPEC(석유수출국기구)이 계속해서 유가를 인상하여 많은 어려움을 겪었다. 1979년 여름에 유행한 노래가 이들의 좌절감을 잘 대변해준다. "석유가 없으면 빵도 없다네No crude, no food." 달리 말하면 제3세계가 우리에게 석유를 팔지 않으면 우리도 굶주린 제3세계 사람들에게 식량을 수출하지 말아야 한다는 것이다. 이런 식의 자기중심적 태도는 도덕적으로나 정치적으로 정당화될 수 없을 뿐만 아니라 우리 자신의 생존을 위협한다. 선택은 우리에게 달려 있다. 제3세계 국가들이 제시한 새로운 조건을 받아들여 에너지와 물질의 소비를 극적으로 줄이거나, 군사개입을 통해 우리에게 필요한 것을 탈취하는 것이다. 후자의 경우 소련을 위시한 강대국들이 가만히 있지 않을 것이다. 우리가 공격을 하면 곧이어 제3차 세계대전이 촉발될 것이고 핵무기가 전 지구를 끝장내버릴 것이다. 이런 위협을 무릅쓸 지경으로까지 우리는 값싼 에너지와 자원의 노예가 되어버린 것일까?

우리 대부분은 제3세계에서 어떤 일이 일어나고 있는지를 모른다. 세계 각지의 빈국이 겪고 있는 비참함, 굶주림, 인구과밀 등의 비극에 대해 많은 말을 하지만 정작 세계 인구의 반을 넘는 사람들이 겪고 있는 고통이 어떤 것인지에 대해 미국인들은 사실상 개념이 없다. 세계은행이 "절대 빈곤"으로 정의한 연간 소득 200달러 이하의 상태에서 8억 명이나 되는 사람들이 겨우 목숨을 이어가고 있다. 제3세계에서는 연간 1,500~2,000만 명의 사람들이 죽어간다. 3/4이 어린이들인 이들의 직접적인 사망원인은 영양실조. 여러분이 이 글을 읽고 있는 순간에도 지구상 어딘가에서 굶주림으로 1분에 28명의 사람들이 죽어간다. 대부분 시골에서 살고 있는 80%의 지구인들은 의료혜택을 전혀 받지 못한다.

미국인들은 이렇게 믿을 수 없을 정도로 비인간적인 상태가 존재한다는 사실이 의아할 것이다. 그러나 미국이 전 세계 자원의 2/3를 계속 소비하는 한 제3세계 사람들은 결코 인간의 존엄성이 존중되는 생활 수준 근처에도 가지 못할 것이다. 자원 카르텔을 형성해서 미국 같은 부국에 대항하는 경제적 무기로 쓰는 제3세계 사람들을 비난하는 사람들은 자기들이 제3세계 국민이라면 어떻게 할 것인가를 자문해볼 필요가 있다. 선진국들이 자국의 천연자원을 계속 퍼다 쓰게 해줄 것이라고 말하는 제3세계 지도자가 있다면 그는 바보다.

소비를 제한하고, 물질적 기대를 억제하며, 제로 성장정책을 실시해야 한다는 등의 이야기를 하면 제3세계 사람들은 선진국이 또 음험한 수작을 부린다고 생각할 것이다. 계속해서 국제적인 종속국가의 위치에 묶어두려는 수작이라는 것이다. 이제 막 공업생산을 시작한 제3세계 국가들은 미국 같은 부국이 환경에 관심을 갖는 것은 빈국의 경제 성장을 방해해서 자신들의 부강한 위치를 계속 유지하려는 수작일 뿐이라는 생각을 한다. 1979년 세계교회연합이 주최한 "신앙, 과학, 미래에 관한 회의"에서 C. T. 쿠리엔C. T. Kurien은 "성장의 한계"라는 주제의 논문에서 제3세계의 미래에 대한 많은 사람들의 생각을 다음과 같이 대변했다.

세계의 자원은 유한하다고 미친 듯 외치면서 미래세대의 이익을 위해 자원을 보전해야 한다고 호소하는 사람들은 세계 총인구에 비춰볼때 부유한 소수에 불과하다. 풍요의 문 밖에 있는 사람들이 기본적으로 인간다운 생활수준을 확보하는 것조차 조직적으로 방해하는 사람들도 바로 그들이다. 그들의 진정한 의도를 파악하는 것은 어렵지 않다.

쿠리엔이 핵심을 찌른 것이다. 우리가 세계 자원의 대부분을 계속 먹어치우고 이 자원의 대부분을 쓸데없이 낭비하는 동안 제3세계 사람들은 끼니를 얻기 위해 몸부림쳐야 한다면 우리는 남들에게 경제발전을 어떤 식으로 하라고 훈수할 권리가 없다. 그러므로 전 세계가 거대한 산업 쓰레기통으로 변하는 것을 막는 데 진정으로 관심이 있다면 지금 당장 자진해서 우리의 물질적 부를 대폭 줄여야 한다. 인류애의 이름으로 희생을 감수할 용의가 있음을 보여야 하는 것이다.

그러나 또 한 가지 잊지 말아야 할 것이 있다. 어떤 제3세계 국가도 지난 수십 년간 미국에 존재해온 물질적 풍요를 실현하겠다는 꿈을 꾸지 말아야 한다는 것이다. 서양식 발전모델을 따르려 했다가는 참담한 실패를 맛볼 것이다. 이유는 간단하다. 전 세계의 자원을 지금 당장 균등하게 재분배한다 하더라도 서양식 발전을 실현하는 것은 물리적으로 불가능하기 때문이다. 경제학자 허먼 데일리Herman Daly는 이렇게 말한다.

현재 세계 인구의 6%밖에 안되는 미국인들이 세계 광물자원의 약 1/3을 소비하고 있다. 그리고 세계 모든 사람들이 미국의 생활수준에 도달하려 애쓰고 있다. 자원 생산량이 현재 그대로라면 미국과 동일한 생활수준을 누리게 되는 이는 세계 인구의 18%에 불과할 것이다. 그리고 나머지 82%에게는 아무것도 남는 것이 없을 것이다. 그런데 이 빈곤한 82%의 서비스가 없이는 부유한 18%도 그 부를 유지할 수 없다. 이 82%의 최저생활이라도 보장하기 위해서는 상당한 자원이 할애되어야 한다. 그러므로 18%라는 것도 과장된 수치이다.

따라서 다른 나라들이 미국의 생활수준에 도달하는 것은 불가능하다. 이미 살펴보았지만 자원의 절대적인 희소성 때문에 미국조차도 현재의 에너지 흐름을 유지할 수 없다. 그렇다고 해서 제3세계의 경제발전을 촉진해야 한다는 절대적인 필요를 외면하자는 것은 아니다. 문제는 "빈국들에게 적합한 경제개발방식은 어떤 것인가?" 하는 것이다.

불행히도 많은 제3세계 국가들은 자원수출로 얻은 부를 미국이나 다른 선진국들이 그랬던 것처럼 산업화하는 데 쏟아붓고 있다. 이들의 잘못된 경제정책은 제3세계를 위시한 지구 전체를 비극으로 이끌고 갈 뿐이다. 왜냐하면 이로 인해 엔트로피 과정이 더욱 빠른 속도로 분수령을 향해 치달을 것이기 때문이다. 우선 전 세계의 재생불가능한 자원이 고갈되어 가는 오늘날, 재생불가능한 자원을 급속히 소비하는 경제 인프라를 개발한다는 것은 어리석은 짓이다. 브라질이나 나이지리아 같은 제3세계 국가들은 서기 2000년까지 거대한 산업 인프라를 구축할 것이다. 그리고 나면 이들은 이 경제체제를 움직여갈 재생불가능한 에너지를 충분히 확보할 수 없다는 사실을 깨달을 것이다.

서양식 발전개념이 제3세계에 도입되면 대부분 개발 이전보다 더 못살게 될 것이다. 그 이유는 서양식 산업사회가 농촌보다는 도시를, 인간의 노동보다는 고도로 집중화되고 에너지 및 자본 집약적인 생산방식을 선호하기 때문이다. 빈국들이 산업화를 추진하면 생산이 자동화되어 일자리가 줄어들고 동시에 떠들썩하게 거론되던 녹색혁명으로 인해 농경은 기계화되고 농부들은 농토에서 쫓겨난다. 또 기계화 영농방식은 비싼 에너지를 필요로 한다. 이 때문에 소규모 자작농들은 시장에서 밀려난다. 그리고 삶의 터전을 잃은 농부들은 일자리를 찾아 도시로 몰려든다.

이러한 현상은 제3세계 곳곳에서 일어나고 있다. 2000년이 되면 제3세계 도시 인구는 1975년보다 10억 명이 불어날 것이다. 이렇게 도시화가 강제로 진행되면 빈곤은 더욱 심각해진다. 게다가 전 세계의 영농방식이 미국을 닮아감에 따라 세계 식량사정은 더욱 불안정해진다. 왜냐하면 농업이 재생불가능한 에너지에 더욱 의존하기 때문이다. 전 세계가 미국식의 영농방식을 따른다면 에너지의 80%가 식량생산에 투입되어어야 하며, 세계의 석유화학자원은 10년 내에 바닥이 나버릴 것이다.

에너지 과소비형 산업개발로 인해 전통적인 생활방식이 뒤흔들릴 것이다. 전해지는 이야기에 따르면 1880년대에 어떤 사우디아라비아 추장이 사막 한 가운데서 석유가 솟아나는 것을 발견했는데, 그는 부하들에게 그 구멍을 메우고 아무에게도 말하지 말라고 일렀다. 왜 그랬을까? 그는 서양사람들이 몰래 들어와 온갖 기술을 동원해 석유를 퍼내면서 현지의 전통을 멸시할 것을 두려워했기 때문이다. 추장의 의도가 무엇이었는지는 분명하지 않지만 어쨌든 그가 두려워한 것은 옳았다. 고에너지 소비기술이 제3세계로 수출됨에 따라 이를 지배하는 사상도 함께 들어갔다. 제3세계 지도자들은 미국 같은 나라의 부와 기술만을 들여오고 전통문화를 파괴하는 현대적 가치는 들여오지 않을 수 있다는 순진한 생각에 아직도 빠져 있다.

제3세계 국가들이 서양과는 다른 형태의 개발모델을 추구해야 한다는 것은 분명하다. 에너지 소비가 많고 중앙집중화된 기술 대신 시골에서도 사용할 수 있고 노동집약적인 중급기술에 눈을 돌려야 한다. 그렇게 되면 인구가 과밀한 도시로의 인구유입이 필요없게 된다. 제3세계 사람들은 농업을 유지하며 기반으로 삼아야 한다. 오늘날 개발모델 때문에 아랍국가들은 현재 식량의 50%를 수입하고 있다. 2000년이 되면 75%로 늘어날 전망이다. 이 아랍국가들과 다른 제3세계 국가들은 발전의 초점을 바꾸어 노동집약적인 영농방식을 확립해야 한다. 그리하여 식량자급이 가능한 사회를 만들어야 한다.

제3세계에 적합한 개발모델은 이미 몇 가지가 나와 있다. 모택동이 살아 있을 동안 중국은 농촌에 기반을 유지하면서 노동집약적 생산방식을 선호하는 방향으로 국가를 조직해나갔다. 부국은 아니지만 중국은 굶어죽는 사람, 실업자, 집이 없는 사람도 없다. 제3세계는 간디의 경제모델에 눈을 돌려야 할 것이다. 간디가 주도하던 반식민통치운동 기간 중 투쟁의 상징이 된 것은 손으로 돌리는 물레였다. 단순하지만 가장 적절했다고 평가받는 이 기술은 가장 궁핍한 마을에 사는 인도 사람조차도 자신의 경제적 삶을 스스로 꾸려갈 수 있는 힘을 주었다. 간디의 경제학은 도시보다는 농촌을, 공업보다는 농업을, 첨단기술보다는 소규모 기술을 선호하는 경제학이다. 경제의 우선순위가 전국에 걸쳐 이렇게 바뀌어야만 제3세계의 발전은 성공할 수 있다. 그러나 다시 한번 강조하지만 미국 같은 에너지 과소비국들의 희생도 따라주어야 한다.

부의 재분배
Domestic Redistribution of Wealth

재생불가능한 자원에 점점 많은 비용을 지불한다는 것은 미국 경제가 지속적으로 위축되고 있음을 의미한다. 미국은 역사상 처음으로 궁극적인 정치·경제적 의문에 부딪혔다. 그것은 부의 재분배라는 문제이다. 과거 이 문제는 별로 주의를 끌지 못했다. 경제가 계속 성장하는 동안에는 상층부의 사람들이 다 나눠 갖고도 남는 것이 있었기 때문에 이것으로 하부계층 사람들을 달랠 수 있었다. 그러나 이제 경제가 위축되어감에 따라 남은 자원의 재분배를 요구하는 소리가 여기저기서 들려올 것이다. 하부계층뿐만 아니라 근로계층과 중산층까지도 부와 권력의 재분배 요구에 동참할 것으로 생각된다.

오늘날 미국 인구의 상위 20%가 전체 소득의 40%를 점하고 있다. 그리고 이 상위계층이 제도적 장치, 즉, 국가의 에너지 흐름에 대해 통제력을 행사한다. 각 계층간 싸움은 처절할 것이다. 싸움의 결과는 양쪽 중 어느 쪽이 두터운 중산층을 자기 편으로 끌어들이는가에 달려 있다.

미국 경제는 이미 위축되기 시작했다. 1979년 9월 6일, 재무장관은 미국이 '긴축 기간'을 가져야 한다고 경고했다. 또한 긴축이라는 것이 빈곤층, 노년층, 봉급생활자들에게 특히 고통스러울 것이라고 지적했다. 재무장관은 이들의 부담을 덜어주기 위해 지원금을 제공하는 방법을 거론했지만, 이 문제에 대한 진정한 해결책은 하나뿐이다. 사회 전체에 걸친 부와 권력의 대대적인 재분배가 필요한 것이다. 이러한 재분배 과정을 거치지 않으면 미국의 빈곤층과 근로계층은 긴축이나 경제적 희생 따위의 이야기를 비웃을 것이다. 이것은 마치 제3세계 국가들이 유한한 자원에 대한 부국들의 설교를 매도하는 것과도 같다.

자연에서는 생태계의 한 요소가 다른 요소들과의 기능적 관계를 정상적으로 유지하는 데 중요한 수준 이상으로 증식되면, 이들은 다른 생명체가 살아가는 데 필요한 유용한 에너지를 그들로부터 빼앗아 버린다. 이렇게 해서 이들은 생태계 전체를 위협한다. 인간 사회에서도 마찬가지이다. 소수의 개인이나 집단이 사회 전체의 에너지 중 지나치게 많은 부분을 독점하면 이들의 축적된 부와 권력 때문에 사회의 다른 구성원들은 살아가는 데 중요한 유용한 에너지를 빼앗기게 되는 것이다. 한 사회의 에너지(부)가 소수에게 너무 집중되어 사회의 다른 구성원들이 생존을 위협받을 정도로 에너지 결핍에 시달리게 되면 그 사회는 붕괴되거나 혁명이 일어난다는 사실을 역사는 증언하고 있다. 자연은 균형을 회복하기 위해 생물학 법칙에 의존하는 반면, 사회는 균형을 유지하기 위해 모든 사람이 합의한 경제정의 원칙에 의존해야 한다.

인간 사회의 엔트로피 진행과정을 자연의 엔트로피 진행속도와 비슷하게 맞추려면 우선 에너지 흐름의 절대량을 줄여야 하고 적은 양의 에너지를 사회 구성원 전체에게 좀더 균등하게 분배해야 한다. 이 두 가지를 동시에 해내지 못하면 사회질서가 정상적으로 유지되기를 기대하기 힘들다.

근본적인 부의 재분배가 이루어지지 않는 상태에서 에너지 흐름을 줄이고 지구의 생물학적 한계를 지키자는 주장은 가난한 사람들을 영원한 노예상태로 묶어두는 결과만을 낳을 것이다. 으리으리한 욕실이 달린 25만 달러짜리 저택에 살면서 유명 디자이너의 옷을 입고 벤츠를 모는 상류사회의 생태론자들이 알아야 할 것이 있다. 깨끗한 공기를 요구하려면 우선 자신들의 경제적 풍요를 이루는 부를 좀더 균등하게 재분배하는 노력이 선행되어야 한다는 사실이다. 이들이 자진해서 그런 변화를 일으키지 않으면 다른 사람들이 일으켜줄 것이다.

태양 에너지 시대의 새로운 인프라
A New Infrastructure for the Solar Age

"케익 한 조각을 먹어치우고 나서도 그것을 가지고 있을 수는 없다"는 진부한 속담을 모르는 사람은 없을 것이다. 그러나 우리는 그 반대라고 믿고 싶어 한다. 이제 우리 사회가 태양 에너지의 미덕을 찬양하기 시작하자 이런 사람은 더욱 많아지는 것 같다. 태양 에너지가 다른 어떤 형태의 에너지원보다도 탁월하다는 것은 의심의 여지가 없다. 게다가 경제적 현실 때문에 세계는 태양 에너지의 시대로 갈 수밖에 없다.

그러나 에너지 기반의 변화가 얼마나 심오한 의미를 갖는가에 대해 깊이 생각해본 사람은 별로 없을 것이다. 사람들은 태양 에너지 시대가 지금과 똑같고 단지 더 깨끗할 뿐이라고 생각한다. 전기자동차로 인해 스모그는 없어질 것이고 도시의 전력은 태양열 집열판으로 해결될 것이다. 주택은 태양 에너지에 의해 적은 비용으로도 냉난방이 가능하고 고체 폐기물은 연료로 전환될 것이다. 여기저기 풍차가 들어서서 경치를 바꿔놓을 것이고 좀더 고요했던 과거를 생각나게 할 것이다. 공장에서는 무공해 기계들이 소리 없이 소비재를 쏟아내어 우리

생활을 유지시켜줄 것이다. 한마디로 태양 에너지 시대에는 케익을 먹고 나서도 여전히 손에 들고 있을 수 있다는 이야기다.

이것은 진실과는 거리가 멀다. 태양 에너지 시대로 옮겨가려면 사회 모든 측면에서 경제활동이 완전히 바뀌어야 한다. 집중적이고 정체적인 개념(화석연료)에서 분산된 흐름의 개념(태양 에너지)으로 에너지 기반을 바꾸는 것이 얼마나 큰 의미를 갖는가를 일단 이해하면 기존의 산업구조가 태양 에너지 시대와는 전혀 걸맞지 않다는 사실을 알게 된다.

문자 그대로 고도로 집중화된 재생불가능한 에너지가 오늘날의 경제를 형성했다. 기존의 상부구조를 유지하려면 시스템 전체를 통해 고도로 집중된 에너지가 계속 흘러야 한다. 그러나 태양 에너지는 재생불가능한 에너지처럼 집중적인 것이 아니기 때문에 고도로 집중화되고 산업화된 생활방식에는 맞지 않다.

태양 에너지를 활용하는 기술은 이미 많이 나와 있다. 태양열, 태양전지, 풍력, 바이오매스 등 고도의 첨단기술시스템에서 재래식 수동시스템까지 다양한 태양 에너지 수집방법이 있지만 이 모든 것은 본질적으로 분산된 흐름의 형태인 태양 에너지를 활용하는 기술이지 이를 한데 모아 저장하는 기술이 아니다. 흐름으로서의 태양 에너지는 깨끗하고, 풍부하며, 고갈되지 않는(수십억 년 후 태양이 완전히 타버릴 때까지) 자원이라는 장점이 있다. 동시에 본질적인 단점도 있는데, 그것은 현재 우리의 생활방식을 유지하는 데는 부적합하다는 것이다.

태양 에너지는 분산된 형태이기 때문에 일을 하려면 좀더 집중적인 형태로 바뀌어야 한다. 열역학 법칙에 따라 두 곳 사이에 온도차가 있어야 일이 이루어질 수 있고, 태양 에너지는 같은 지역에서는 차별없이 똑같은 양이 쏟아지기 때문에 이 에너지의 흐름을 수집해야 한다.

전력을 얻으려면 저장된 태양 에너지가 하나의 형태에서 다른 형태로 전환되어야 한다. 흐름이라는 태양 에너지의 성질과 태양 에너지 기술이 갖는 규모의 경제로 인해 태양 에너지는 집 한 채에 난방과 급탕을 제공할 정도의 작은 규모가 가장 적합하다. 대부분의 태양 에너지 예찬론자들은 오늘날의 기술수준으로는 (가까운 미래에도 마찬가지이지만) 주택의 에너지 소요 중 60%만이 태양 에너지로 충당될 수 있을 것이라고 본다. 물론 지금부터 짓는 집은 좀더 효율적인 태양열 주택으로 설계하여 지을 수 있겠지만 이것은 매우 많은 시간이 걸린다. 미국의 현존하는 건물의 75%는 2000년까지도 계속 사용될 것이다.

산업수준에서 보더라도 태양 에너지는 오늘날의 사회가 요구하는 복잡한 기술적 조직을 운영할 에너지를 전혀 제공하지 못한다. 예를 들어 어떤 산업시설 한 가지를 태양 에너지로 가동하려면 미국의 10~20% 정도를 여러 가지 태양열 집열판으로 덮어야 한다는 통계도 있다. 또 다른 통계에 따르면 맨해튼에 쏟아지는 태양 에너지를 100% 활용한다 해도 맨해튼 에너지 수요의 1/6밖에는 충당하지 못한다고 한다. 태양 에너지만으로 뉴욕 시를 움직이려면 뉴욕 시 면적의 몇 배나 되는 지역을 태양 에너지 전환장치로 뒤덮어야 한다. 물론 에너지 소비라는 측면에서 뉴욕이 특이한 것만은 사실이지만 태양 에너지 시대가 되면 다른 주요 대도시들도 비슷한 상황에 직면할 것이다.

현대사회를 지탱하기 위해 우리가 건설해야 할 태양 에너지 인프라는 크기만 생각해도 정신이 멍할 지경이다. 또 이것을 건설하고 유지하는 데 필요한 시간과 인력도 마찬가지다. 예를 들어 300만 가구에 태양열 집열판을 설치하려면 20만 명의 사람이 8억 평방피트의 집열판을 만들고 설치하는 데 매달려야 하며, 그 비용도 200억 달러가 넘는다. 주요 대도시 지역에 태양 에너지 기반시설을 건설하려면 수백만 명의 근로자가 필요할 것이다. E. F. 슈마허E. F. Schumacher가 비꼰 것처럼 "태양 에너지로 집 한 채를 따뜻하게 하는 것은 쉽다. 그러나 록펠러 센터에 난방을 공급하는 것은 불가능하다. 태양 에너지와 풍력을 합친다 해도 엘리베이터조차 가동하지 못할 것이다. 그리고 록펠러 센터는 엘리베이터 없이는 무용지물이다. 30층, 50층을 걸어 다닌다고 생각해보라." 슈마허의 주장은 대량생산과 대도시의 삶이 태양 에너지 시대의 모델과는 맞지 않는다는 것이다.

작가이자 무정부주의적 생태론자인 머레이 북친도 여기에 동의한다. "태양 에너지와 풍력은 인구가 밀집되고 산업이 고도로 집중화된 현대 사회가 필요로 하는 대단위의 에너지와 대량의 원자재를 공급해줄 수 없다. … 태양 에너지 수집장치는 소량의 에너지만 낼 수 있을 뿐이다." 생태학자 윌리엄 오퓔스도 같은 의견이다. "태양 에너지에만 의존하는 체제로 전환하려면 우리의 기술과 경제에 큰 변화가 일어나야 한다. 그것은 곧 검약과 탈집중화를 지향하는 것이다."

열역학의 현실이라는 맥락에서 볼 때 이러한 얘기들은 옳다. 그렇지만 어떤 사람들은 이런 얘기를 이단시하기도 할 것이다. 태양 에너지에 찬성하는 사람들조차 태양 에너지 시대가 도래하더라도 반드시 검약과 긴축이 필요한 것은 아니라고 말한다. 이들은 우리가 필요로 하는 모든 에너지를 얻을 수 있을 것이라고 주장한다. 이러한 주장은 잘못된 것이다. 이들이 전제로 하고 있는 묵시적인 신화는 이런 것이다. 태양 에너지는 그 자체로 일을 할 수가 있고 오염물질을 방출하지도 않으며 재생이 가능하므로 시스템 안에 더 많은 태양 에너지가 흐를수록 좋다는 생각이다.

여기에 대한 반대증거는 많지만, 새로운 태양 에너지 전환기술이 발견되어 이제까지의 상상을 뛰어넘는 고효율의 태양 에너지 집중화가 가능해진다고 일단 가정하자. 그렇다면 우리는 도시화되고 산업화된 기술중심의 사회를 태양 에너지로 지탱할 수 있을 것이다. 그 결과는 어떻게 될 것인가? 간단하다. 인류는 태양 에너지를 써서 지구의 유한한 에너지 자원(물질)을 고갈시키며 생산을 계속하여 이들을 유용한 상태에서 무용한 상태로 바꿔버릴 것이다. 이렇게 되면 문제는 사회가 사용하는 에너지의 형태가 아니라 에너지의 총량이 된다. 태양 에너지가 고도로 집중화된 상태로 공급되어 공업적으로 사용될 수 있다면 대량의 에너지 흐름으로 인해 발생하는 오늘날의 사회·경제적 문제들은 또다시 우리를 괴롭힐 것이다. 이유는 다음과 같다. "태양 에너지는 지상의 유한한 자원과 상호반응하여 이를 변환시키기 때문에 이 둘을 떼어서 생각할 수는 없다. 생체 내에서의 반응이건 산업생산에 있어서건, 태양 에너지는 항상 지구상의 자원과 결합해야만 어떤 제품을 만들어낼 수 있다. 이 변환과정 때문에 지구상에 존재하는 유한한 자원은 계속 무용한 상태가 되는 것이다."

현재 남아 있는 재생불가능한 에너지를 새로운 인프라를 건설하는 데 사용하여 태양 에너지를 수집, 저장, 처리하는 제도적 장치와 기계적 변환자들을 만들자는 제안이 여기저기서 나오고 있다. 그럴듯하게 들리지만 이렇게 만들어진 인프라는 한시적인 것이며, 궁극적인 전환의 충격을 완화해주는 중계기지 역할밖에 하지 못할 것이다. 재생불가능한 자원으로부터 건설되고 여기에 의존하는 태양 에너지 인프라는 결국 고도로 산업화된 경제를 지탱할 만한 규모를 유지하지 못할 것이다. 왜냐하면 충분한 양의 재생불가능한 자원을 확보할 수 없을 것이기 때문이다.

태양 에너지의 잠재력을 연구하는 과정에서 환경론자인 하워드 오덤Howard Odum은 "순 에너지"라는 개념을 만들어냈다. 순 에너지란 어떤 기술이 생산해낸 에너지에서 이를 생산하기 위해 투입된 에너지를 뺀 값이다. 오덤은 이렇게 주장한다. "태양 에너지는 식량, 섬유, 전기의 형태로 좀더 집중화된 순 에너지를 만들어낼 수는 있다. 그러나 면적당 생산되는 에너지는 적다. 왜냐하면 생산된 태양 에너지의 대부분이 이를 수집하고 농축하는 장치를 운전, 유지하는 데 들어가기 때문이다."

확실히 오덤은 석탄, 우라늄, 석유보다는 태양 에너지를 쓰는 쪽을 선호한다. 그는 또한 이렇게 말한다. "태양 에너지 기술을 활용하려면 수억 개의 태양열 수집장치를 건설해야 하며, 이를 위해 방대한 양의 재생불가능한 에너지와 자원을 투입해야 한다." 궁극적으로 완전히 새로운 에너지 인프라를 건설해야 한다는 뜻이다. 물론 태양 에너지 수집장치는 정유시설이나 합성연료 공장처럼 자본집약적이지는 않겠지만 그래도 여기에 소요되는 재생불가능한 자원의 양은 대단한 것이다. 60%의 태양 에너지 전환효율을 가진 장치를 250만 가구에 건설하려면 현재 미국의 구리 총소비량 중 1/3을 써야 한다.

현재 미국에서 생산되는 전력의 반을 태양연료전지(현재 알려진 태양 에너지 전환장치 중 가장 효율적인 것)로 발전시키려면 매년 전 세계에서 생산되는 백금의 총량보다 더 많은 백금이 연료전지 제작에 들어가야 할 것이다. 대규모 태양 에너지 인프라를 건설하려면 앞서 말한 것들 외에도 엄청난 양의 재생불가능한 자원이 소요된다. 카드뮴, 규소, 게르마늄, 셀레늄, 갈륨, 비소, 황뿐만 아니라 수백만 톤의 유리, 플라스

틱, 고무 그리고 대량의 에틸렌글리콜, 액체금속, 프레온 등이 필요하다. 어떤 자료에 의하면 "태양광을 직접 전기로 전환하기 위해 황화카드뮴 셀을 사용할 경우 18만 메가와트만 발전하려 해도 1978년 한 해동안 전 세계에서 생산된 카드뮴을 모두 써야 할 것이다."

1978년 12월 「애틀랜틱 이코노믹 저널Atlantic Economic Journal」에 기고한 글에서 니콜라스 죠르제스크-레겐은 태양 에너지 접근방식에서 볼 수 있는 결함을 다음과 같이 지적했다.

> 태양 에너지를 직접 활용하는 것과 관련하여 오늘날 제시되어 있는 방법은 모두 '기생적'인 것이다. 달리 말하면 오늘날의 태양 에너지 기술은 주로 화석연료에 기반을 두고 있다는 뜻이다. 집열판을 위시하여 여기 필요한 모든 장치는 태양 이외의 다른 에너지원으로 만들어진다. 그리고 다른 모든 기생생물과 마찬가지로 재생불가능한 에너지원에 의존하는 태양 에너지 기술은 '숙주'가 살아 있을 동안만 존재할 수 있다. … 지상에 도달하는 태양 에너지의 집중도는 매우 낮기 때문에 이것을 수집하기 위해서는 거대한 시설이 필요하다. 이 문제는 극복할 수 없다고 보는 것이 옳다. 왜냐하면 지상에 도달하는 태양 에너지의 강도는 고정된 것으로, 인간이 통제할 수 없기 때문이다.

우리의 미래 에너지원은 태양이며 여기에는 의심의 여지가 없다. 문제는 우리가 낡은 사고방식을 버리지 못하고 기술집약적이며 자원집약적인 태양 에너지 시설을 건설하는 헛된 노력에 계속 매달려 자원의 고갈을 촉진할 것인가, 아니면 모든 단계에서 에너지와 자원의 흐름을 최소한으로 유지하려는 에너지 기반을 만들어낼 것인가이다.

당연한 일이지만 대기업들은 기술·자본집약적인 방식을 선호한다. 현재 태양전지의 9대 메이커(태양전지는 태양광을 전력의 형태로 전지에 저장했다가 나중에 사용할 수 있도록 해주는 수집장치이다) 중 8개가 대기업 소유이며, 그중 5개는 석유 메이저들이다. 태양 에너지 로비를 주도하는 리처드 먼슨Richard Munson에 따르면 얼마 안 있어 엑슨과 아르코가 태양전지 총생산량의 반 이상을 차지할 것이라고 한다. 대기업들은 태양 에너지 기술의 다른 분야에도 파고들고 있다. 현재 태양 에너지 관련 상위 25개 업체 중 12개를 연간 매출 10억 달러 이상의 거대기업이 장악하고 있다. 이 중에는 제너럴 일렉트릭, 제너럴 모터스, 알코아 등이 있다. 분명히 이들의 목표는 태양 에너지 산업을 가능한 한 첨단기술을 동원하여 집중화된 형태로 개발하는 것이다.

이렇게 '큰 것이 아름답다'는 철학에 입각한 태양 에너지 전략은 이미 설계실을 떠나 실제 생산단계로 접어들고 있다. 예를 들어 항공산업체들은 맨해튼보다 더 큰 태양 에너지 수집위성인 '선셋' 계획에 정부가 재정지원을 하도록 치열한 로비를 펼치고 있다. 캘리포니아의 바스토에서 맥도널 더글러스McDonnell Douglas는 거액의 연방정부 지원을 받아 '파워 타워' 계획을 추진 중이다. 1억 3,000만 달러가 소요되는 이 사업은 2,200개의 거대한 거울로 태양빛을 모아 150m 높이의 콘크리트 탑 꼭대기에 설치된 보일러를 가열하는 시설을 건설하는 것이다. 이러한 사업은 화석연료시대의 발상에 따라 개발된 태양 에너지 기술이다. 달리 말하면 이들은 분산된 태양 에너지 흐름을 최대한 집중시켜 석탄이나 석유처럼 집중화된 에너지의 덩어리로 만들려는 것이다. 그러나 이러한 시도는 얻는 것도 없이 무질서만 가중시킬 것이다.

거대한 태양 에너지 위성을 조립할 부품을 제작하고, 이것을 우주공간으로 쏘아올리고 거기서 조립하는 데 소요되는 재생불가능한 에너지와 같은 양의 에너지를 생산하려면 '선셋' 위성은 몇 년씩 가동되어야 할 것이다. 태양광을 그토록 고밀도로 집중시켜 지상의 수집장치로 쏘아보내면 마이크로웨이브 공해가 발생하여 수집장치 근처에서 살거나 일하는 사람의 건강을 위협할 것이다. 수집장치가 설치되는 지역은 마이크로웨이브의 위험 때문에 거주 불가능한 지역으로 선포될지도 모른다. 일단 이렇게 집중된 형태로 수집된 에너지는 송전선을 통해 필요한 곳으로 전달되므로 송·배전 선로공사에도 대량의 재생불가능한 자원이 들어간다. '파워 타워'의 문제도 비슷하다. 태양 에너지 수집형태가 집중화될수록 '순 에너지'의 양은 줄어드는 것이다.

더 소규모 차원에서도 우리는 중요한 선택을 해야 한다. 예를 들어 주택에 태양 에너지를 공급하기 위해서는 첨단기술을 써도 되고 저급기술을 써도 된다. 그러나 어쨌든 기술수준이 높을수록 순 에너지의 양은 줄어든다. 왜냐하면 상위기술일수록 수집장치를 만들고 유지하는 데 더 많은 양의 재생불가능한 자원을 소비하기 때문이다. 예를 들어 첨단기술을 도입한 이른바 '능동적' 방식에서는 햇빛이 일단 재생불가능한 자원으로 만들어진 수집장치에 의해 농축된다. 그리고 나서 태양 에너지는 재생불가능한 자원으로 만들어진 용기 안에 든 물이나 공기 속에 저장된다. 마지막으로 이 에너지는 팬이나 펌프를 통해 필요한 곳으로 이동하여 일한다.

첨단기술 시스템의 또 다른 예는 태양전지가 전력을 축전지에 저장하는 것이다. 여기서도 재생불가능한 자원이 관련기술의 기반을 제공한다. 물론 여기서 쓰이는 기술은 태양 에너지 위성이나 파워 타워의 기술보다는 덜 집중적이다. 그러나 '능동적' 방식의 주택용 시설은 결국 점점 고갈되어 가는 구리, 백금 등의 자원으로 만들어진 태양 에너지 전환장치에 의존해야 하기는 마찬가지이다.

'수동적' 방식은 생태계에 해를 덜 끼치며 '순 에너지' 산출량도 크다. 왜냐하면 이 방식은 재생불가능한 기술에 덜 의존할 뿐만 아니라 화석연료시대 이전의 제1차 태양 에너지 시대의 경험에 입각해 있기 때문이다. 수동적 시스템에서는 주택 자체가 자연적으로 여름에 시원하고 겨울에 따뜻하도록 설계되고 건설된다. 최근 건축가들이 이러한 주택 설계를 많이 내놓았지만 이미 수백 년, 심지어 수천 년 전 인공적인 냉난방을 전혀 할 수 없었던 시대에 인간은 훌륭한 '수동적' 주택을 지었다는 사실을 인류학자들은 잘 알고 있다.

태양 에너지 시대가 되면 우리는 더욱더 고대세계의 생활리듬을 따라가야 할 것이다. 물론 절대적으로 필요한 부분에 대해서는 남아 있는 재생불가능한 에너지원에 의존하는 기술을 적절하게 유지해야겠지만 대부분의 에너지 변환작업은 산업혁명 이전 인류역사에서 그랬던 것처럼 인간과 동물의 노동을 통해 이루어져야 할 것이다. 뉴턴적 세계관과 산업사회의 사고방식에 찌든 사람은 이러한 시각을 비관적이라고 생각할 것이다.

도시생활, 산업생산 그리고 이른바 아메리칸 드림을 실현시켜주는 물질적 안락함 등은 태양 에너지 시대와는 반대쪽 극단에 서 있다는 사실을 많은 사람들은 받아들이기 힘들 것이다. 그러나 죠르제스크-레겐, 데일리, 오덤, 북친, 오뀔스 같은 생태학자와 경제학자들은 이렇게 주장한다. "환상을 깨지 않기 위해 우리가 직면한 역사적 현실을 외면하는 것은 미친 짓이며 결국 인류는 더 큰 파국, 아마도 돌이킬 수 없는 파국으로 빠져들 것이다." 우리가 어떤 과정을 밟든 우리가 겪어야 할 전환의 과정은 고통과 희생을 요구할 것이다. 그러나 다른 방법은 없다. 한 가지 분명한 것은 사려 깊고 질서 있는 방법으로 옮겨가는 것이 뒤늦게 혼란과 절망 속에서 밀려가는 것보다 고통이 훨씬 덜할 것이라는 사실이다.

우리는 이제 화석연료 환경의 절대적 한계로 급속히 다가가고 있다. 완전 고갈이란 벽에 부딪힐 때까지 아무 대책도 세우지 않는다면 우리는 아무런 방패도 없이 딱딱한 벽을 그냥 들이받게 될 것이다.

엔트로피 사회의 가치와 제도
Values and Institutions in an Entropic Society

고高엔트로피 문화에서 삶의 주요 목표는 에너지 흐름을 이용하여 물질적 풍요를 만들어내고 모든 욕망을 최대한 충족시키는 것이다. 따라서 인간의 해방이란 더 많은 부의 축적과 동일시된다. 그리고 환경을 변환시켜 이를 착취하는 것이 일차적인 가치가 된다.

사회에서 신을 쫓아내버린 고엔트로피 가치세계는 지상천국을 건설하려고 한다. 그 과정에서 우리는 인간을 우주의 중심에 놓고 존재의 궁극적 목표를 물질적 욕구(아무리 하찮은 것이라도)를 충족하는 데 두었다. 우리에게 '현실'이란 측정, 계량화, 실험가능한 것으로 변했다. 우리는 질적이고, 영신적이며, 형이상학적인 것을 외면했다. 이원주의가 온 세상을 뒤덮었다. 여기서 이원주의란 우리의 마음이 몸과 서로 떨어지고 우리의 몸이 주변 환경으로부터 괴리되는 것을 말한다. 다른 무엇보다도 우리는 물질적 진보, 효율, 전문화 같은 개념을 숭상했다. 이 과정에서 가족, 공동체, 전통이 파괴되었다. 물리적 활동을 제한하는 모든 것을 뛰어넘을 수 있다는 우리의 능력에 대한 절대적 신뢰를 제외한 모든 절대적인 것들이 잊혀졌다.

우리의 새로운 세계관과 사회 시스템은 이들이 태어난 바로 그 과정에 의해 희생당하고 있다. 어디를 보아도 우리 사회의 엔트로피는 엄청난 속도로 늘어나고 있다. 우리는 점점 심해져가는 혼란 속에서 넘어지지 않으려고 발버둥치는 존재로 전락했다. 생물학자들이 옛날부터 알고 있던 진실을 우리는 매일 실감한다. 그것은 어떤 생물도 자신이 쏟아놓은 쓰레기 한가운데서는 오래 살지 못한다는 사실이다.

이제 사회제도가 대폭 개편되어야 한다는 것은 의심의 여지가 없는 일이다. 최대의 에너지 흐름에 맞추어 설계된 우리 사회구조는 더 이상 버틸 수 없다. 우리 제도의 형태, 목표, 운영방식은 근본적으로 개혁될 것이다. 그러나 저低엔트로피 사회의 농업, 공업, 상업 등의 윤곽을 대충 그리기 전에 우리의 삶에 의미와 방향을 부여한 기본적인 원칙과 가치를 먼저 생각해볼 필요가 있다.

1977년의 미국 순회강연에서 E. F. 슈마허는 이렇게 말했다. "우리 시대의 가장 긴급한 과제는 형이상학의 재건이다. 즉, 인간이란 무엇인가? 어디서 왔는가? 인생의 목적은 무엇인가? 등의 질문에 대해 우리의 깊은 신념을 분명히 밝히려는 노력이 필요하다." 이것은 인간 존재에 대한 '큰 의문'이며, 수천 년 동안 사람들이 매달려온 문제이기도 하다. 오늘날 아침 9시 부터 오후 5시까지 일하면서 사는 쳇바퀴 인생에서 이러한 것들은 더 이상 주의를 끌지 못하며 '과학 이전의' 것으로 밀쳐지기도 한다. 왜냐하면 이는 뉴턴적 세계관이 제시하는 표준화된 설명에 맞아떨어지지 않기 때문이다. 그럼에도 불구하고 과거의 큰 의문들은 우리를 기다리는 저엔트로피 시대에 부활할 수밖에 없다. 왜냐하면 저엔트로피 환경에서는 인생의 목표가 완전히 달라지기 때문이다. 저엔트로피 세계관의 윤리적 기준은 에너지의 흐름을 최소화하는 것이다. 지나친 물질적 부는 소중한 자원을 돌이킬 수 없이 낭비하는 행위로 인식될 것이다. 이렇게 되면 "적은 것이 더 많은 것이다"라는 주장은 한때의 슬로건이 아닌 최고의 진리가 될 것이다. 저엔트로피 사회는 물질적 소비를 줄일 것을 강조하며 검약은 중요한 덕목이 된다. 인간의 필요는 충족되지만 미국의 모든 쇼핑센터에서 흔히 볼 수 있는 변덕스럽고 자기만족적인 욕구와는 다르다.

세계의 위대한 종교가 모두 동감하는 불멸의 지혜가 있다. 그것은 인생의 궁극적인 목표가 물질적 욕구의 충족이 아니라 우주의 형이상학적 전체와 하나가 될 때 느끼는 해방감에 있다는 가르침이다. 그러므로 인생의 목표는 '우리를 해방시켜줄 진리'를 찾는 것, 우리가 누구인가를 아는 것, 존재하는 모든 것을 통합하는 절대적 원리와 하나가 되는 것, 신을 아는 것 등이다. 이것을 한마디로 압축한 산스크리트 표현이 있다. "그것은 당신이다Tat tvam asi". 이 진리를 우리 존재의 밑바닥에서 이해하고, 모든 것을 초월하는 이 진리에 따라 삶을 이끌어가는 것 — 이것이 불멸의 지혜를 따르는 데서 오는 인간의 발전이다.

과거 위대한 종교적 스승들은 무절제한 소비, 소유, 물질적 집착 등을 경계했다.

욕구를 만들어내고 키우는 것은 지혜를 거스르는 일이다. 이것은 또한 자유와 평화를 거스르는 것이기도 하다. 욕구가 늘어날 때마다 인간은 자신이 통제할 수 없는 외부의 힘에 더욱 의존하게 되며, 따라서 존재의 공포가 늘어난다. 욕구를 줄여야만 인간은 갈등과 전쟁의 궁극적인 원인인 마음의 긴장을 줄일 수 있다.

불멸의 지혜를 가르치는 사람들은 이 이야기를 수도 없이 강조했다. 초기 기독교 신비주의자 마이스터 에크하르트Meister Eckhart는 이렇게 썼다. "더 많이 가질수록 더 적게 소유한다." 수피(이슬람의 신비주의파)의 종교 지도자는 "소유하지도 않고 소유당하지도 않는" 사람으로 일컬어졌다. 마하트마 간디Mahatma Gandhi는 이렇게 믿었다. '문명의 본질은 욕구를 증가시키는 데 있는 게 아니라 이를 의도적이고 자발적으로 포기하는 데 있다.'

그러나 위대한 종교 지도자들이 비참하고 강요된 가난을 찬양하는 것이 아니라는 것을 알아야 한다. 사실 모든 사람들이 존엄한 삶을 살 수 있도록 부가 재분배되어야 한다는 도덕적 원칙을 천명하지 않는 가르침은 없다. 우리가 찬양해야 할 것은 절제, 단순함, 자발적인 가난, 한계의 인정 같은 것들이다. 우리의 목적이 신적인 것을 관조함으로써 물질적인 것을 초월하는 데 있다면, 소유와 소비는 계속 열악해져 가는 세계의 일시적 현상으로 우리의 주의를 돌려 삶을 어지럽힐 뿐이다. 우리가 소유하는 것들은 결국 우리를 소유해버리는 경우가 많다. 우리는 거기에 집착한다. 소유물을 빼앗길까봐 두려워하는 것이다.

우리는 자신이 누구인가가 아니라 무엇을 가졌는가에 따라 스스로를 판단한다. 『바가바드 기타Bhagavad-Gita(힌두교의 고전)』에 이런 말이 있다. "물질에 대해 생각하면 인간은 거기에 집착한다. 집착함으로써 갈망이 생기고 갈망함으로써 분노가 탄생한다. 분노함으로써 망상이 생기고 망상은 기억을 지워버린다. 기억을 잃으면 분별력이 없어지고 분별력이 없어지면 파멸하는 것이다." 현대적이고 좀더 친숙한 말로 표현하면 이렇게 된다. "차가 없으면 주유소에서 줄 서기, 교통혼잡, 차량도난 따위를 걱정할 필요가 없다."

저엔트로피 사회에서 우리는 더욱 검소하고 질박한 생활을 해야 한다. 소비는 더 이상 인간존재의 목표가 되지 못하며, 당초의 생물학적 기능이란 위치로 돌아간다. 새로운 시대에는 건강하고 존엄한 삶을 누리기 위해 생산과 소비는 적을수록 좋다.

저엔트로피 사회와 고엔트로피 사회는 노동과 생산에 대한 접근방법도 다르다. 고엔트로피 문화에서 인간의 노동은 큰 가치를 갖지 못한다. 사회의 목표는 생산과정의 전단계에 걸쳐 인간의 노동을 없애고 자동화를 도입하여 에너지의 흐름을 증가시키는 데 있다. 생산성과 성장은 경제의 유일한 목표가 된다. 인간이 재화와 서비스 생산에 관여해야 할 자리에 과학적 운영방식이 들어선다. 과학적 방식은 생산을 표준화하여 개인의 창의력과 결단력을 밀어내버린다. 육체노동은 저급하고 피해야 할 것으로 간주된다. 우리 사회는 인간의 손에서 모든 노동기능을 앗아가는 '노동절약기구'에 깊이 중독되어 있다. 소득체계만 봐도 노동에 대한 우리의 태도를 알 수 있다. 세계 어디서든 손발로 일하는 사람의 소득이 가장 적고, 노는 시간의 대부분을 책상에 앉아 보내는 화이트 칼라의 소득이 가장 높다.

현대 사회에서 노동은 필요악이다. 우리가 즐기고 싶은 것을 얻게 해주는 수단인 돈을 벌기 위해 어쩔 수 없이 짊어져야 하는 짐인 것이다. 복권에 당첨되어 큰돈을 거머쥔 사람에게 기자들이 가장 먼저 던지는 질문은 이것이다. "이제 부자가 되었으니 일은 그만하실 건가요?" 이 행운아가 일터로 돌아가면 사람들은 벌린 입을 다물지 못한다. 현대 사회에서는 무엇이 만들어지는가는 중요하지 않다. '많을수록 좋다'가 가장 중요한 원리가 되었기 때문이다. 무엇을 만들어야 할 것인가를 결정하는 데 있어서는 아무도 책임을 지지 않는다. 시장을 개척할 수 있는 물건이라면 기어코 생산한다. 그래서 사회는 전자레인지, 헤어 드라이어, 대기를 오염시키는 자동차, 우리 몸을 오염시키는 약 같은 상품들로 넘쳐나는 것이다.

산업사회는 생산의 목적이 소비에 있고 노동은 이를 성취하기 위한 수단이라고 보지만, 저엔트로피 사회에서는 노동이야말로 의식을 계몽하려는 우리의 노력에 있어 핵심적인 요소가 된다. 고엔트로피 사회에서 노동은 세속화되어 있다. 노동은 시간과 생산량에 의해 분할되고 측정된다. 그리고 아무런 초월적 의미도 없기 때문에 짐스러울 뿐이다. 저엔트로피 사회에서 인간의 노동은 '우리는 진정으로 누구인가'를 아는 데 도움을 주는 활동으로 신성시된다. 그러므로 노동은 긍정적인 가치를 갖는다.

"불교 경제학"이라는 글에서 E. F. 슈마허는 이러한 가치가 세 가지 측면을 갖는다고 했다. "첫째는 인간이 자신의 능력을 활용하고 개발할 기회를 주는 것이고, 둘째는 공동의 과제를 위해 다른 사람들과 함께 노력함으로써 자기중심적 사고를 극복하게 해주는 것이고, 셋째는 자신에게 걸맞은 삶을 위해 필요한 재화와 서비스를 가져다주는 것이다."

저엔트로피 문화에서 노동은 수면, 명상, 놀이와 마찬가지로 적절한 삶의 균형을 위해 필요한 활동으로 인식된다. 노동 없이 인간은 완벽하지 못하다. '노동을 절약하는' 데만 집착하고 끊임없이 여가만 추구하는 사람은 소비와 소유에 대한 집착으로부터 비롯되는 환각의 밀림에서 길을 잃은 사람처럼 결코 진실을 바로 보지 못할 것이다.

노동은 무엇보다도 그 일을 하는 사람에게 존엄성과 목적을 부여할 수 있어야 한다. 일은 인간이 할 수 있는 규모로 일정한 형태의 조직을 갖추고 있어야 한다. 그래야 '인간이 그 능력을 활용하고 개발할 기회를 줄 수' 있기 때문이다. 이는 노동에서 사용되는 기술이 열역학적, 그리고 형이상학적 의미에서 핵심적인 이슈가 됨을 의미한다. 엔트로피 법칙에 의하면 기계나 공장 등 노동의 도구가 크면 클수록 이들은 더욱 자본 및 에너지 집약적이 되며 더 많은 엔트로피를 만들어낸다. 형이상학적 기준에서 보면 도구의 크기는 중요하다. 왜냐하면 도구가 크고 집중화되어 있을수록 인간은 단순한 생산요소로 전락해버리기 때문이다. 예를 들어 자동차 조립라인에서 작업자는 기계가 '원하는' 작업을 해야 한다. 왜냐하면 생산공정 자체가 인간이 아닌 기계에 맞춰져 있기 때문이다. 그로 인해 인간은 근로의 과정에서 중요성을 상실하고 자연히 생산의 자급도도 떨어진다. 인간은 살아남기 위해 더욱 기계에 의존하게 된다.

기술의 크기 및 형태와 아울러 생산 및 의사결정조직도 새롭게 중요성을 띤다. 앞에서 본 것처럼 작업장에서 인간활동의 전문화는 고엔트로피 경제의 부산물이다. 과학적 관리기술의 도입, 사고와 활동의 체계적 분리, 개념과 실천의 분리 등을 통해 산업사회는 노동자를 생각없는 자동기계로 만들었고, 이를 통해 생산성의 극대화를 추구했다. 여기서도 노동 자체는 아무런 가치가 없다. 노동의 결과인 생산물만이 가치가 있을 뿐이다.

이와 마찬가지로 일터가 권위주의적 구조로 되어 있기 때문에 개인은 동료들과 함께 의사결정에 참여하고 자신의 능력을 개발할 기회가 없다. 자신의 잠재력과 창의력을 다른 사람들과 함께 모색할 기회를 박탈당한 개인은 자신만의 껍질 안으로 밀려들어간다. 이런 상태에서 그는 자신의 노동에 대해 권리도 책임도 없게 된다. 그에게 주어진 것이라곤 돈을 벌 수 있는 장소뿐이다. 그가 매일 8시간을 소비해야 하는 이곳의 환경은 계속 열악해지고 있다.

경제적이든 정치적이든 '통치'에 있어 저엔트로피 문화는 '최소한의 통치를 하는 정부가 가장 좋은 정부'라는 사실을 강조한다. 소수에 의한 지배 대신 대중 민주주의가 도입되고 각 개인이 직장과 공동체에서의 삶에 영향을 미치는 일에 대해 평등한 투표권과 의사 발표권을 갖는 경제체제가 강조된다. 따라서 근로자들이 자체적으로 운영하는 기업과 민주적으로 통치되는 도시국가들이 미래의 경제형태 및 정치형태로 선호될 것이다. 분산화되고 참여기회가 확대된 민주주의가 환영받을 것인데, 이것은 단순히 도덕적이거나 철학적 이유에서가 아니라 에너지의 흐름을 최소화할 수 있고 무질서를 줄일 수 있는 시스템이라는 이유 때문이다.

이미 여러 번 본 것처럼, 고도로 집중화된 경제 및 정치제도는 에너지 흐름을 증가시켜 무질서를 만들어낼 뿐이다. 그러므로 재생가능한 에너지원의 흐름에 입각한 문화에서는 이들이 발붙일 자리가 없다.

저엔트로피 문화에서 사유재산은 소비재와 서비스에 한정될 뿐, 토지와 기타 재생가능 및 불가능한 자원은 포함되지 않는다. 민간차원에서 '자연' 자원을 마구 개발하던 관행은 공공차원의 보전이라는 개념으로 대치될 것이다. 각 개인의 이익을 모두 합하면 항상 공동체의 이익과 일치하는 결과가 나온다는 전통적인 경제관은 의심받거나 아니면 노골적인 멸시의 대상이 될 것이다. 개인의 권리는 보호되지만 그것이 사회를 판단하는 지배적인 기준점으로 인정되지는 않을 것이다. 그리고 인류역사의 대부분에 걸쳐 그러했듯이 공공에 대한 책임과 의무라는 개념이 중요한 사회적 요인으로 떠오를 것이다.

생태계의 움직임에서 인간을 유리시켜 놓은 오늘날의 관점은 저엔트로피 시대가 되면 모든 현상 상호간 관계를 종합적으로 이해하는 관점에 자리를 내줄 것이다. 저엔트로피 문화는 인간을 자연의 일부로 생각하며 이 둘을 결코 분리하지 않는다. 자연은 착취의 대상이 아니라 총체적으로 보호되어야 할 생명의 원천이 된다. 인간이 자연과 '하나'라는 사실을 일단 이해하면 모든 인간활동의 적합성 여부를 판단할 수 있는 윤리적 기반이 생긴다. 예를 들어 저엔트로피 사회는 다른 종의 생물을 파괴하는 경제정책을 추악한 것으로 매도할 것이다. 모든 종은 그것이 존재하고 있다는 사실에 따라 본질적이고 박탈할 수 없는 삶의 권리를 가지며, 그 이유만으로도 당연히 보호받아야 한다. 생태계 제1법칙에서는 '모든 것은 다른 모든 것과 서로 연관되어 있다'고 가르치고 있다. 따라서 자연의 한 군데를 파괴하면 그것은 인간을 위시한 다른 모든 부분에 영향을 미친다.

저엔트로피 사회에서는 자연을 '정복'한다는 생각이 다른 생물들과 더불어 전체 환경과 조화를 이룬다는 개념으로 대치된다. 다른 모든 생명체와 마찬가지로 인간들도 지구에 잠시 머무는 나그네에 불과하므로 최대한 자연을 보전해야 할 의무를 갖고 있다. 그래야 다음에 올 후손들과 다른 생명체들이 삶을 즐길 수 있을 것이다.

불멸의 지혜를 사랑한 위대한 스승들은 모두 저엔트로피 사회에 내재하는 가치를 칭송했다. 부처, 예수, 마호메트, 이스라엘의 예언자들, 인도의 정신적 지도자들은 하나같이 자발적인 가난, 공동체적 나눔의 삶을 통해 모범을 보였다. 이들의 가르침은 모든 사회에 걸쳐 비슷한 가치를 강조하고 있다. 20세기에 들어와서는 간디가 저엔트로피 가치 체계에 입각한 전면 해방운동을 벌였다.

다른 무엇보다도 저엔트로피 세계관은 우리가 직면한 물질적 한계를 보여준다. 그 한계란 지구가 가진 자원의 한계이고, 이에 따라 우리가 사용하는 기술을 설정해야 할 한계이다.

　오늘날 우리는 역사적인 엔트로피 분수령에 서 있다. 재생불가능한 에너지원의 시대에서 태양 에너지원의 시대로 옮겨가기 시작함에 따라 우리는 에너지의 종류와 양이 달라지는 것 이상의 변화를 겪을 것이다. 고엔트로피 사회에서 저엔트로피 사회로 옮겨가면서 우리의 가치, 문화, 정치 및 경제제도, 일상생활에 이르기까지 모든 것이 달라질 것이다. 이 엄청난 변화를 이끌어갈 선발대는 이미 나타났다. 지금으로서는 이들이 와 있다는 징후가 산발적이고 가끔 상충되는 것처럼 보이기도 하지만 벌써 수백만의 사람들이 다가오는 엔트로피 분수령을 인식하고 새로운 생활방식을 채택하기 시작했다.

　1976년에 발표된 스탠포드 연구소Stanford Research Institute의 보고서에 따르면 400만에서 500만에 이르는 미국 성인들이 소득을 대폭 줄이고 고엔트로피 산업적 소비경제에 적극 동참하던 생활방식을 바꾸기로 했다고 한다. 이들이야말로 '자발적 단순성'이라고 불릴 만한 저엔트로피 존재방식을 받아들인 사람들이다. 저엔트로피 생활방식은 검약과 물질주의 대신 개인적이고 내적인 성장을 중시하는 태도, 생태적인 관심 등에 기초를 두고 있다. 스탠포드 연구소에 따르면 800만에서 1,000만에 이르는 미국인들이 이러한 생활양식의 일부를 따르기로 했다고 한다.

　심지어 소비주의, 산업주의, 대도시적 삶에 흠뻑 젖어 있는 사람들도 엔트로피 분수령을 반영한 것으로 보이는 생활양식을 일부 받아들이기 시작했다. 필요에 의해서든 자발적이든 이러한 변화는 새로운 세계관을 정착시키는 데 매우 중요하다. 이외에도 징후는 얼마든지 있다. 보스턴, 로스앤젤레스, 워싱턴, 휴스턴 등의 대도시 내에서 정원을 가꾸고 마을 단위로 식품을 생산하는 사람들이 늘고 있다. 시라큐스, 피츠버그, 뉴욕 등 대도시에서는 직접 가꾼 농작물을 내다 파는 옛날식 장이 서기도 한다. 나무를 때는 난로는 몇 년 전만 해도 신기한 물건이었지만 요즘은 공급이 수요를 따라가지 못할 정도다.

사람들은 자동차를 대신할 교통수단으로 자전거를 찾기 시작했고 이에 따라 자전거가 불티나게 팔리고 있다. 생태학에 관심 있는 건축가들은 냉난방이 거의 필요 없는 주택을 설계하고 있다. 대체기술을 활용하고자 하는 기업체들이 우후죽순처럼 생겨나고 있다. 가내수공업이 번창함에 따라 시애틀, 시카고, 필라델피아 등지에서는 이들 제품을 파는 노점상이 등장했다. 이 모든 것은 새로운 세계질서의 아주 작은 부분에 불과하지만 이들이 가리키는 방향은 뚜렷하다.

이보다 좀더 조직적인 모습을 보이는 것으로는 원자력에 반대하고 태양 에너지를 선호하는 운동, 아직 완전히 조직화되지는 않았지만 성장해가는 '새로운 시대' 공동체 등은 이미 정치적 계획과 개인적인 생활 양식을 합성하여 엔트로피 분수령을 준비하는 새로운 접근방법을 개발하고 있다. 두 집단 모두 기계론적 세계관을 이미 거부했다. 저술가이자 활동가인 마크 새틴Mark Satin은 두 집단을 대표하여 현대과학에 대해 다음과 같이 썼다.

현대과학은 우리를 우리 자신의 몸과 마음으로부터 떼어놓았다. 또한 물질 이외의 다른 가치들로부터 우리를 떼어놓고 기계와 기술을 신봉하게 만들었다. 현대과학으로 인해 인간이라는 차원은 사라졌고 '진보'란 주로 파괴를 의미한다. 모든 '객관적' 사실에도 불구하고 우리는 도덕적 선택과 가치판단을 해야 한다. 그런데 현대과학으로 인해 우리는 이것을 잊어버렸다. 그리고 현대과학은 인간의 거의 모든 활동에 있어서 목적과 수단을 분리한다.

기계론적 세계관을 거부하기는 했지만 두 집단 중 어느 쪽도 모든 것을 포괄하는 철학적 대안을 내놓지 못하고 있다. 현재로서는 새로운 비전을 구축할 조각들밖에 없다. 어쨌든 앞으로 엔트로피 법칙은 이들을 통해 새로운 비전의 골격으로 더욱 환영받을 것이다.

여러 가지 면에서 이 두 집단의 활동은 지난 10년간 미국에서 일어난 극적인 변화를 대변해준다. 고도로 집중화된 정치·경제제도가 제 기능을 발휘하지 못하는 데 실망하고, 좋은 것을 약속해놓고는 항상 사회, 경제, 환경적 문제만을 야기하는 기술발전에 지쳐버린 미국인들은 고엔트로피 세계관을 거부하는 의견을 내느라 목소리를 높이고 있다.

1977년 5월에 실시된 해리스 여론조사 결과 중 다음과 같은 것이 있다. "대중은 79 대 17로 사람들에게 기본적인 필수품만을 가지고 살아가는 방법을 가르치는 것이 '더 높은 생활수준에 이르게 하는 것'보다 더 중요하다고 답했다. '비물질적인 것에서 행복을 얻는 방법을 배우는 것'은 '더 많은 재화와 서비스로 우리의 필요를 충족하는 것'을 79 대 17로 압도했다. 응답자 중 59%는 '경제가 성장함에 따라 발생하는 폐기물을 제거할 방법을 찾는 것'보다는 '오염을 일으키는 활동을 하지 않기 위해 진정한 노력을 기울이는 것'이 중요하다고 말했다. 82%

가 '현재 우리가 사용하는 이동방식을 개선해야 한다'고 말한 반면 '좀 더 많은 곳에 좀더 빨리 갈 수단을 개발해야 한다'고 대답한 사람은 11%에 불과했다. 그리고 '더욱 발달된 기술을 활용하여 통신능력과 속도를 개선해야 한다'는 의견은 '사람들이 인간 대 인간으로 서로를 더 잘 알기 위해 좀더 많은 시간을 들여야 한다'는 주장에 17 대 77로 압도당했다. 2/3 정도 되는 사람들이 '노동에서 더 큰 내적이고도 개인 적인 성취감을 얻는 것'을 '근로자들의 생산성을 향상시키는 것'보다 중요하다고 생각했다. 비슷한 비율로 사람들은 '거대한 조직을 분해하 고 좀더 인간적인 생활로 돌아가는 것'이 '더욱 크고 효율적인 작업방 식을 개발하는 것'보다 우선해야 한다고 믿었다. 역시 같은 비율로 '물 질적 가치보다는 인간적 가치를 인식하는 방법을 배우는 것'은 '더 많 은 제품을 생산하기 위해 더 많은 일자리를 만들어내는 것'보다 우선 한다고 답했다."

이 놀라운 조사결과는 미국인들의 정신분열증적 상태를 반영하고 있다. 고에너지 문화 내 일상적 참여자로서 자신이 수행하는 역할에 갇혀버린 대부분의 사람들이 자신들이 진정으로 추구하는 가치가 저 엔트로피 환경과 가장 잘 어울린다는 것을 드러내보인 것이다. 이러한 생각이 개인 영역에서 빠져나와 우리 사회 전체에 파급되었을 때 어떤 사회 · 경제적 변화가 일어날 것인지 상상해보라. 사회 전체가 뿌리부 터 달라질 것이며, 뉴턴의 기계론적 패러다임은 과거지사가 되어버릴 것이다.

그러나 이런 희망적인 조짐에만 너무 매달리다 보면 잘못된 길로 들 어설 수도 있다. 태양 에너지 시대로 옮겨가는 것은 쉬운 일이 아니다. 우리 사회는 에너지 흐름을 최대화하도록 설계되었기 때문에 새로운 에너지 환경의 새벽이 열리려면 지금 현재 세계를 지배하는 질서를 근본적으로 뒤흔들어놓아야 한다. 변화의 기간을 슬기롭게 극복하기 위해서는 희생과 노력이 필요하다.

캘리포니아대 산타 바바라 분교의 중세사 교수인 C. W. 홀리스터C. W. Hollister는 로마제국에 관한 저술에서 우리의 운명을 잘 요약해 놓았다. "로마제국의 멸망으로 무질서와 야만적 행위가 야기되었지만 그로 인해 유럽은 새로 시작할 기회를 얻었고, 이 기회를 이용하여 낡은 관습과 죽어가는 제도에서 탈출할 수 있었다. 이는 또한 로마제국이라는 거대한 감옥으로부터의 해방이기도 했다. 사실 로마제국은 대부분의 국민에게 감옥이었던 것이다. 로마 멸망 이후 서양은 위험, 무지, 악행, 불안 등에 시달렸으나 그것은 새로운 시작을 위해 치러야 할 대가였다. 엄청난 변화의 시대가 편안하게 넘어가는 경우는 거의 없다."

새로운 질서에 대해 생각하면 그 질서 속에서 사회는 어떻게 구성될 것이며, 우리 삶은 어떻게 달라질 것인지가 궁금해진다. 물론 우리는 세부적인 것까지 모두 예측할 수는 없다. 로크, 베어컨, 애덤 스미스도 그들의 철학이 300년 후 20세기 미국이라는 현대 기술사회에서 어떤 결실을 맺을 것인지 꿈에도 생각하지 못했다. 하지만 저엔트로피 세계관의 일반원칙을 활용하여 이제 일어날 엄청난 사회개혁의 윤곽을 대략 그려볼 수는 있다.

태양 에너지 시대에 농업은 다양화된 유기농법으로 바뀔 것이다. 유기농법은 화학비료나 농약을 쓰지 않고 퇴비나 천적을 이용한다. 두 가지를 비교한 연구결과를 보면, 단위 면적당 생산량은 거의 비슷하지만 유기농법은 화학농법보다 에너지를 2/3 정도 덜 쓴다. 유기농법은 소출 1달러당 6,800BTU의 에너지를 쓰는 반면 재래식 농법은 1만

8,400BTU의 에너지를 쓴다. 고도로 기계화된 영농기계와 대량의 화학비료 및 농약에 의존하는 재래식 농법의 비용은 1에이커당 평균 47달러가 드는 반면 유기농법의 경우는 31달러에 불과하다. 앞으로 에너지 비용이 급등할 것으로 예상되므로 유기농법은 경제적으로 더욱 타당성있는 대안으로 떠오를 것이다. 유기농법이 더욱 영양가 있는 작물을 만들어내고 오염도 덜 시킨다는 것은 말할 필요조차 없다.

대규모의 집중식 영농은 제2차 세계대전 이전 미국에서 실시되던 소규모 지역 영농에 자리를 내줄 것이다. 농작물을 멀리 떨어진 시장까지 수송하는 데 들어가는 에너지 비용은 엄청나게 커질 것이기에 소규모 지역 영농은 좀더 경제적인 대안이 될 것이다. 또한 과거 미국의 도시와 마을에 섰던 장은 대단한 기세로 부활하고 있다. 중간상인의 비용압력에 밀려 농민과 소비자가 직거래를 시작하고 있는 것이다.

농업이 소규모의 노동집약적인 형태로 바뀌면 도시에 살던 대규모의 사람들이 농촌으로 이동할 것이다. 이러한 변화는 하루 아침에 일어나는 것이 아니라 점진적으로 긴 기간에 걸쳐 일어날 것이다. 인간이 생존하려면 도시 대 농촌의 인구비율이 궁극적으로는 바뀌어야 한다. 노동집약적인 유기농법은 고에너지 화학연료 시대에 세워진 거대도시의 수백만 인구를 도저히 먹여 살릴 수가 없다. 인류역사상 현대사회 이전의 모든 사회가 그랬듯이 다가오는 태양 에너지 시대에는 농업에 기반을 둔 삶이 사회의 근간이 될 것이다.

물론 도시가 사라지지는 않겠지만 거대도시가 전국을 지배하는 시대는 끝날 것이다. '대도시'라고 해봤자 산업혁명 이전 수준인 5만 명에서 10만 명 수준이 될 것이다. 이 정도면 주변의 농촌이 식량과 태양 에너지를 충분히 공급할 수 있을 뿐만 아니라 무질서 문제도 해결할 수 있다. 최근 여러 연구결과에 따르면 인구가 10만 명을 넘을 경우 무질서는 우려할 만한 수준으로 증폭된다고 한다. 앞에서도 본 것처럼 대도시를 유지하려면 거액의 비용이 들뿐 아니라 범죄, 정신질환, 오염을 위시한 온갖 무질서가 소도시보다 훨씬 많다. 태양 에너지 시대에 거대도시란 소중한 자원의 낭비자일 뿐이다.

도시 규모의 축소와 함께 수송시스템도 큰 변화를 겪을 것이다. 높은 에너지 비용으로 인해 여행 패턴은 승용차와 트럭에서 대중교통수단 및 장거리 철도 쪽으로 옮겨갈 수밖에 없을 것이다. 또한 자전거와 걷기가 중요한 이동수단이 될 것이다. 수송방식이 변화함에 따라 사회·경제적 삶도 근본적인 변화를 겪게 된다. 여가시간을 여행으로 보내는 일은 적어질 것이고, 사람들은 집 근처에서 여가를 즐기려 할 것이다. 사람들의 일터도 거주지와 점점 가까운 곳이 될 것이고 근로자를 구할 때도 좁은 지역 안에서 찾게 될 것이다. 대규모의 집중식 제도장치가 여기 저기 흩어진 인구밀집지역을 광범위하게 관리하던 방식도 사라질 것이다. 자동차 시대와 함께 융성했던 대규모 쇼핑센터를 비롯한 기구들은 지역공동센터로 대치될 것이다.

산업생산 및 서비스 분야는 저엔트로피 경제가 들어서면 규모가 크게 축소될 것이다. 이것은 노동력의 대부분이 식량생산에 투입되어야 하기 때문이기도 하지만 기존의 산업체제를 유지하는 데 필요한 고에너지 흐름을 도저히 유지할 수 없기 때문이기도 하다.

현대경제는 3층 구조로 되어 있다. 맨 바닥에 농업이 있고, 공업이 그 위에 올라 있으며, 서비스 분야가 꼭대기를 차지하고 있다. 각 분야는 재생불가능한 에너지의 유입을 증가시켜서 생존해간다. 이처럼 에너지가 늘어난 덕분에 농업은 노동집약적인 것에서 자본집약적인 것으로 변모했고 대량의 경제적 잉여가 발생하여 수많은 근로자들이 다른 직업을 찾을 수 있게 되었다. 여기서 발생하는 물질적 잉여와 남아도는 인력이 공업분야의 수요를 충당했다. 공업도 재생불가능한 에너지 투입이 늘어나자 노동집약적인 것에서 자본집약적인 것으로 탈바꿈했고, 여기서도 경제적 잉여가 발생하여 수백만 명의 근로자들이 서비스라는 새로운 분야에서 일하게 되었다.

3대 경제분야가 '배치'된 모습을 보면 우리의 경제시스템이 앞으로 어떤 길을 밟을지를 예상하는 것은 어렵지 않다. 전체 시스템에서 에너지의 흐름이 둔화됨에 따라 서비스 분야에 투입되었던 공공 및 민간 자금이 빠져나올 것이다. 서비스 분야의 고용이 제일 먼저 타격을 받을 것인데, 그것은 서비스가 우리 생존에서 가장 덜 중요한 요소이기 때문이다. 서비스 분야가 축소됨에 따라 실업자들은 공업분야에서 일자리를 찾을 것이다. 에너지와 자원비용이 급등함에 따라 공업도 에너지 및 자본집약적인 생산방식에서 노동집약적인 생산방식으로 이행하여 서비스 분야에서 떨어져 나온 인력의 일부를 흡수할 것이다. 동시에 농업은 더 이상 기계와 영농기술에 의존할 수 없게됨에 따라 더욱 노동집약적이 되고 서비스 분야에서 넘쳐 흐른 잉여 인력을 공업보다 더 많이 흡수할 것이다.

저엔트로피 경제는 사치품이나 사소한 것이 아니라 필수적인 것을 요구하기 때문에 생산활동은 삶을 유지하기 위해 필요한 물건을 만드는 데 집중될 것이다. 생산이 어느 정도로 감소될 것인가를 알려면 교외 쇼핑센터를 한번 둘러보고 이렇게 생각해보면 된다. "여기에 있는 물건 중 삶을 유지하는 데 털끝만큼이라도 쓸모있는 것은 몇 가지나 될까?" 정직한 사람이라면 누구나 오늘날 우리 경제에서 제조되는 물건 중 대부분은 군더더기에 불과하다고 결론을 내릴 것이다.

생산은 저엔트로피 패러다임의 일정한 기준에 부합해야 한다. 첫째, 탈집중화와 지역화가 필요하다. 둘째, 기업은 근로자가 관리하는 민주적 조직으로 바뀌어야 한다. 셋째, 생산과정에서 재생불가능한 자원의 소비를 최소화해야 한다. 이 모든 것들은 엔트로피 세계관의 에너지에 대한 자세 및 윤리적 요구와 일치하는 것이다. 물론 이러한 기준을 준수하려면 어떤 품목은 전혀 생산이 되지 않을 것이다. 예를 들어 수백 명이 일하는 조그만 회사라면 보잉747 같은 것은 결코 만들 수 없다. 그러므로 새로운 윤리관이 채택되어 리트머스 시험지 역할을 해야 한다. 이 리트머스 시험지는 저엔트로피 사회에서 무엇을 생산해야 할지를 판단할 것이다. 당장 입수할 수 있는 자원과 기술을 이용하여 지역공동체 안에서 생산할 수 없는 물건이라면 애초에 전혀 생산할 필요가 없는 물건일 가능성이 크다.

저에너지 흐름상태로 옮겨가는 것을 도저히 견딜 능력이 없는 산업 분야도 많을 것이다. 자동차, 우주항공, 석유화학 산업 등은 새로운 환경에 적응하지 못하여 결국 사라질 것이다. 여기서 일하던 근로자들은 지역공동체의 생존에 필수적인 노동집약적 업종에 적응할 수 있도록 재훈련되어야 할 것이다. 그러나 근로자들이 하나의 생산방식에서 다른 방식으로 쉽게 옮겨갈 수 있다는 안이한 생각에 빠져서는 안 된다. 좋든 싫든 경제구조의 변화는 고통과 희생을 요구하게 되어 있다.

저엔트로피 경제로 옮겨가는 것은 다국적 기업의 세계지배에 종지부를 찍을 것이다. 이 공룡들이 에너지 환경의 변화를 견디지 못할 이유는 많다. 우선 구조가 너무 복잡하고 전 세계로부터 끌어모은 재생불가능한 자원에 100% 의존하고 있다. 다국적 기업은 에너지 환경의 공룡인 것이다. 너무 크고, 너무 많은 에너지를 필요로 하고, 너무 전문화된 이들은 생산방식이 지역화되고 소규모화됨에 따라 막다른 골목에 다다를 것이다.

미래에는 기술 사용도 크게 달라질 것이다. 기술이란 근본적으로 에너지를 유용한 상태에서 무용한 상태로 떨어뜨리는 변환자라는 사실을 이해한다면, 에너지를 소비하는 복잡한 기술을 덜 쓸수록 우리의 삶은 더 나아진다는 사실을 이해하기가 어렵지 않을 것이다.

저엔트로피 사회에서는 집중화되고 거대하며 에너지 및 자본집약적인 기술이 이른바 적정기술 또는 중급기술에게 자리를 내주고 밀려날 것이다. 미래학자이며 작가인 샘 러브Sam Love는 적정기술을 "지역 단위로 만들어지고, 노동집약적으로 활용되고, 탈집중적이고, 수리가 가능하고, 재생가능한 에너지로 가동되고, 생태적으로 안전하며 공동체 건설에 기여하는 기술"로 정의하고 있다. 중급기술운동의 창시자로 알려진 E. F. 슈마허는 이렇게 말한다. "중급기술은 저엔트로피 형태의 기술로서 옛날의 원시적인 기술보다는 훨씬 뛰어나지만 오늘날의 최첨단 기술보다는 단순하고 값싸며 더 자유로운 기술이다. 이것을 '스스로 돕는 기술', '민주적 기술', '대중 기술'이라고 부를 수 있다. 이 기술은 누구나 활용할 수 있기 때문에 부유하고 권력 있는 사람들이 독점하는 기술이 아니다."

마지막으로 저엔트로피 시대가 되려면 세계 인구가 크게 줄어야 한다. 세계 인구 폭발은 열역학적 측면에서 들여다보아야만 제대로 이해할 수 있다. 생명이 생기기도 전인 태초를 생각해보라. 당시 지구는 바다, 산, 계곡으로 덮여 있었다. 그러다 문자 그대로 지구상의 자원과 태양 에너지를 바탕으로 하여 생명이 태어나고 성장했다. 300만년 전 호모 사피엔스가 처음 모습을 드러냈을 때, 그는 다른 생물과 마찬가지로 태양에서 오는 재생가능한 에너지에 의지해 살아갔다. 분산된 형태의 태양 에너지가 삶의 기초를 이루고 있었기 때문에 자연이 먹여 살릴 수 있는 사람의 수는 상대적으로 적었다. 인구밀도는 매우 천천히 증가했다. 인류역사의 거의 전부인 수백만 년이 지난 1800년경이 되어서야 세계 인구는 10억을 넘어섰다.

그때부터 인구 폭발이 시작되었다. 앞서도 이야기한 것처럼 10억에서 20억이 되는 데 100년밖에 걸리지 않았다. 1930년부터 1960년 사이 30년 동안 인구는 30억으로 늘었다. 그로부터 15년만에 40억이 되었다. 이런 추세라면 2015년에는 그 두 배인 80억, 2055년에는 다시 그 두 배인 160억이 될 것이다. 이러한 인구폭발은 농업중심의 경제(태양 에너지에 의존)에서 공업시대(지구의 재생불가능한 자원을 착취하는 데 의존)로 옮겨가는 과정과 정확히 일치한다. 달리 말하면 화석연료와 재생불가능한 자원으로 만들어진 것은 건물, 자동차, 기타 공산품뿐만이 아니다. 어떤 의미에서 45억이나 되는 오늘날의 사람들은 재생불가능한 에너지를 엄청나게 변화시킨 결과로 태어난 사람들이다. 그러니까 상상을 초월하는 인구폭발은 수십억 년간 지하에 저장되어 있던 태양 에너지를 꺼내 썼기 때문에 가능했던 것이다. 재생불가능한 자원에 의존한 산업시대는 인류역사의 0.02%밖에 되지 않지만 '인구증가의 80%가 이 기간 중에 이루어진 것'은 놀라운 일이 아니다.

인구증가에 관한 열역학적 시각이 갖는 의미는 놀랍다. 산업혁명 이전의 태양 에너지 시대에 지구가 인간을 지탱할 수 있는 능력은 10억 명에 불과했다. 그 정도의 인구를 가지고도 지구의 자원은 크게 착취당했다. 재생불가능한 자원으로부터 고에너지 흐름이 시작되자 그 직접적인 결과인 35억 명의 사람들은 지구에 부담이 되었다. 고도의 에너지 흐름을 유지하지 않으면 이들을 먹여 살릴 길이 없는 것이다. 그러나 우리가 본 것처럼 지구의 자원은 유한하기 때문에 지난 200년간 유지되어 온 수준의 에너지 흐름을 오래 끌고갈 수는 없다. 이러한 이유 때문에 앞으로 수십 년간 전 인류는 인구를 줄이는 대책을 진지한 자세로 수립하여 적극적으로 밀고 나가야 한다. 세계는 다시 한번 지속가능한 태양 에너지 시대에 걸맞은 인구수준으로 돌아가야 한다.

세계 인구가 감소할 것이라는 데는 의문의 여지가 없다. 문제는 어떻게 줄이느냐이다. 여기에 대해 많은 의견이 나와 있다. 둘만 낳기, 둘 이상 낳을 경우 하나가 태어날 때마다 무거운 세금을 부담시키는 방법, 간디 시절 인도에서 1,100만 명에게 강제로 불임시술을 시킨 것과 비슷한 조치를 취하는 것 등이 그것이다. 이러한 계획은 기껏해야 혐오스럽다는 얘기만 들을 뿐이다. 왜냐하면 사회에 의해 강제되기 때문이다. 유일한 대안은 엔트로피 패러다임을 완전히 내재화하는 것이다. 그렇게 되면 사람들 스스로 아이를 갖고 싶은 욕망을 억제하여 인구를 제한할 수 있을 것이다. 한 명이 태어날 때마다 결국 그 다음에 올 세대에게 부담을 주는 것이 된다. 왜냐하면 그들이 써야 할 자원을 우리 아이들이 미리 써버리는 것이기 때문이다. 이것을 알고 나면 좀더 인도적인 인구통제를 향해 가는 가치관을 개발할 수 있을 것이다.

대부분의 미국인들은 인구억제라는 말을 들으면 금방 인도, 중국, 기타 인구가 과밀한 제3세계 국가들의 맬서스적 상황을 떠올린다. 물론 빈국들의 인구조절도 시급한 과제이다. 그러나 중요한 것은 현재 물리적으로 존재하고 있는 사람 수뿐만 아니라 각 개인이 소비하는 에너지의 양이라는 사실을 상기할 필요가 있다. 앞에서도 이야기했듯이 미국은 매년 세계 인구 220억 명분의 에너지 자원을 소비한다. 따라서 사람 수가 아니라 에너지 소비량으로 세계 인구지도를 그리면 오늘날 에너지 고갈이란 측면에서 가장 심각한 인구문제를 겪고 있는 나라는 바로 미국이다. 그러므로 우리는 미국에 살고 있는 인구의 절대수를 제한하려는 노력뿐만 아니라 에너지 소비를 대폭 줄이려는 노력을 병행해야 한다.

고엔트로피 시스템과 저엔트로피 시스템의 비교목록은 끝없이 이어질 수 있다. 다가올 엔트로피 사회의 일반적 특징에 대해 이제까지 간략히 들여다보았는데, 이것만 봐도 엄청난 변화가 눈앞에 닥쳐왔음은 분명하다. 우리의 시각에서 볼 때 다가오는 변화가 바람직하지 못할 수도 있을 것이다. 그러나 외면할 수는 없다. 우리는 모두 전례 없는 물질적 풍요 속에서 살았고 교육, TV, 광고 등에 세뇌당했기 때문에 어느 정도 쾌락주의자들이 돼 있다. 니콜라스 죠르제스크-레겐은 우리가 기존 세계관에서 과연 빠져나올 수 있을까에 대해 다음과 같이 쓰고 있다.

현재 탐닉하고 있는 물질적 안락을 제한하려는 계획에 인간은 귀를 기울일 수 있을까? 인간은 길고 단조로우며 식물 같은 삶을 사는 것보다는 짧지만 강렬하고 흥미진진하며 호화스런 삶을 살도록 운명지워져 있는지도 모른다. 그러면 아무런 정신적인 야망도 없는 다른 종의 생물(예를 들어 아메바)에게 아직도 햇빛이 가득한 지구를 물려주어야 할 것이다.

우리 앞에 가로놓인 과제를 성취하는 것이 불가능하다고 생각된다면 그것은 무엇을 해야 할지를 뉴턴적 시각에서 생각하는 버릇을 버리지 못했기 때문이다. 기존의 세계관은 오늘날의 역사적 위기를 극복하는 데 필요한 신념과 열정을 불어넣어 주지 못한다. 왜냐하면 기존의 세계관은 기존의 에너지 환경에 묶여 있기 때문이다. 오직 엔트로피 세계관만이 죽음을 향해 가는 현대문화의 난맥상을 헤치고 나갈 수 있을 만큼 날카로우며, 새로운 시대로 향하는 길을 닦을 수 있을 정도로 널찍한 낫을 우리에게 건네줄 수 있다.

구체적으로 무엇을 해야 할까는 일단 기계론적 세계관이 남긴 최악의 유물들을 모두 치워버려야 보이기 시작할 것이다. 제일 먼저 할 일은 우리 자신의 태도를 바꾸는 것이다. 과거의 생각과 행동을 버리고 새로운 세계관을 택하고 난 뒤에야 인류는 새로운 문화를 창조하며 앞으로 나아갈 수 있을 것이다. 새로운 질서는 과학, 교육, 종교에서 혁명처럼 시작되어야 한다. 각 분야에서 과거의 기계론적 구조는 열역학 제2법칙이 요구하는 대로 새로운 구조로 대치되어야 한다.

과학의 개혁
Reformulating Science

    일반인들이 과학을 100% 신뢰하기 시작하자 과학자들은 신뢰감을 잃기 시작했다는 것은 흥미로운 사실이다. 대부분의 물리학자들은 물리법칙이 물체의 운동에 대한 진실을 우리에게 알려준다는 것, 그리고 이 법칙들은 물리 방정식들에 나오는 여러 가지 양으로 구성되어 있다는 것을 추호도 의심하지 않았다.

    이 이야기를 한 사람은 버트란트 러셀이다. 보통 사람들이 물리학자들만큼 많이 안다면 기계론적 세계관은 바닥이 꺼져버릴 것이다. 인간은 고전 물리학의 가설이라는 기초 위에 자신만만하게 삶 전체를 구축했지만 이제 이 가설들은 잘못된 것임을 오늘날의 과학자들은 이야기하고 있다.

    예를 들어 데카르트가 처음 제창한 생각, 즉, 세계는 '과학적인 방법'으로 이해되고 구성될 수 있다는 생각은 모든 대상을 수학공식에 의해 정밀하게 측정되고 계량화될 수 있는 주체와 객체로 분리하는 것이다. 양자역학은 그렇지 않다고 주장한다. 20세기 초가 되자 과학자들은 소립자 세계를 더욱 깊이 들여다볼 수 있게 되었고, 이를 통해 우주 안의 물질을 구성하는 가장 기본적인 입자를 찾아내고, 분리하고, 측정하는 데 매달렸다. 연구가 깊어짐에 따라 과학자들은 더욱 작은 입자들을 찾아내었고 그 과정은 끝이 없어 보였다. 얼마 후 과학자들은 이것이 거대한 우주 차원의 장난이고 자기들은 그 장난에서 웃음거리에 불과함을 깨달았다.

독일의 물리학자 하이젠베르크Heisenberg는 다음과 같은 사실을 발견했다. "소립자를 객관적으로 관찰하는 것은 불가능하다. 소립자의 본질 때문에 관찰하는 행위 자체가 관찰대상을 고정하고 보전하는 것이 아니라 영향을 미치고 변화시켜버리기 때문이다." 이 발표를 들은 과학자들은 분노와 수치심을 감당할 수가 없었다. 하이젠베르크와 그의 동료들은 양자역학의 세계로 파고 들어갔고 매번 관찰을 할 때마다 고전 물리학의 기반인 물질을 정확히 측정하기란 불가능하다는 것을 깨달았다. 왜냐하면 측정행위라는 것이 어떤 특정한 시점에서 특정한 대상의 속도와 위치를 정확히 알아야 하기 때문이다.

불행히도 이들은 소립자 중에서도 가장 작은 전자를 관찰할 때마다 자신의 관찰행위가 전자의 움직임에 영향을 미친다는 사실을 알았다. 즉, 이런 것이다. "전자가 보이는 것은 그것이 빛을 방출할 때뿐이다. 그런데 전자가 빛을 방출하는 것은 그것이 한 지점에서 다른 지점으로 건너뛸 때뿐이다. 그러니까 전자가 어디 있었는가를 알려면 '관찰자'가 전자를 딴 곳으로 '보내버려야' 한다." 그렇기 때문에 두 가지를 모두 다 알 수는 없다. 즉, 전자의 위치 또는 속도 중 하나는 측정할 수 있지만 두 가지 모두를 동시에 측정한다는 것은 불가능하다. 달리 말하면 이렇다. "나는 내가 어디 있는지를 알지만 얼마나 빨리 움직이고 있는지는 모른다. 한편 얼마나 빨리 움직이는지를 알면 내가 어디 있는지를 모른다."

하이젠베르크의 업적에는 "하이젠베르크의 불확정성 원리"라는 이름이 붙어 있다. 그의 발견으로 고전 물리학은 사상 최대의 타격을 입었다. 그는 거의 300년 동안 물리법칙을 지배해온 철옹성 같은 결정론의 기초를 허물어버렸던 것이다. 과학에서는 한 가지라도 예외가 발견되면 법칙 전체가 무너져버린다. 하이젠베르크는 뉴턴 역학에 의지해온 세계관의 근본을 흔들어놓은 것이다.

하이젠베르크의 불확정성의 원리는 고전 물리학의 상당부분을 폐허로 만들어버린 오랜 공격의 효시에 불과했다. 뉴턴은 우주의 비밀을 여는 과학적 열쇠를 발견했다고 호언했지만 이제 그의 주장은 지식의 성장과정에 어쩔 수 없이 따라오는 모순과 복잡성으로 단련되지 못한, 치기어린 만용 이상의 대접을 받지는 못하게 되었다.

100년 전까지만 해도 물리학은 어떤 특정한 초기조건은 단 하나만의 결과를 낳는다고 자신 있게 외쳤다. 오늘날 고전물리학의 인과율의 법칙은 하도 많은 손상을 입어 법칙의 자리를 지키기도 어렵게 되었다. 과학자들은 이제 하나의 초기조건에서 몇 개의 상태가 나올 수 있음을 시인하고, 결정론적 법칙과 새로운 비결정론적 법칙을 구분한다. 후자의 경우 초기 조건으로부터 나올 수 있는 몇 개의 상태가 있고 각각의 상태에 확률값이 부여된다. 최상의 측정방법은 이것뿐인 것이다. 그러나 이 비결정론적 법칙조차 이제 "비결정론적 제2단계"라는 개념의 도전을 받고 있다. 이 개념은 각각의 상태에 대해 일정한 확률값을 부여하는 것도 사실상 불가능하다고 주장한다. 연구결과가 이런 방향으로 나가자 물리학자 막스 보른Max Born은 과학계가 다함께 겪는 좌절감을 이렇게 표현했다. "우리는 확고한 기반을 찾아 헤맸지만 찾지 못했다. 깊이 파고들수록 우주는 점점 더 불안정해지고 모든 것은 미치광이처럼 날뛰고 흔들어댄다."

과학자들이 알게 된 것은 모든 현상 하나하나가 독특하다는 것이다. 모든 사건은 다른 모든 사건과 구별된다. 그렇기 때문에 각각의 사건은 세계에서 자기만의 자리를 갖고 있을 뿐만 아니라 어떤 다른 현상과 객관적 사실을 공유한다고 말할 수 없다. 그리고 그것이 그렇게 주관적으로 발생한다고 하는 것은 특정한 초기조건에서 비롯되는 것이 아니다. 그 사건이 발생한 것은 과거에 발생했던 무수한 사건의 그물로 이루어진 집단적인 형태가 그 특정한 사건을 형성했기 때문이다. 어떤 현상을 그것이 속해 있는 우주로부터 분리됐다가 '순전한' 인과관계를 통해 다른 독립된 현상과 연결할 수 있다는 생각은 잘못된 것이다. 뉴턴의 패러다임은 정확한 측정이 가능하며 물질을 정확한 양으로 분리하여 우주에 대한 그 물질의 효과나 그 물질에 대한 우주의 효과를 고려하지 않고 상호연결하고 재배열할 수 있다고 주장한다. 결국 이러한 사고방식으로 인해 자연은 현대과학의 손끝에서 자의적으로 조작되고 파괴되었다.

이 세상의 모든 것은 섬세하고 복잡한 상호관계 네트워크에 의해 다른 모든 것과 연결되어 있다. 최고의 성능을 자랑하는 컴퓨터도 아직 조그만 연못의 생태계 안에 존재하는 복잡한 상호관계의 극히 일부도 계산해내지 못한다. 많은 과학자들이 이를 시도했지만 이 계산이 얼마나 복잡한가를 깨닫고 손을 들고 말았다.

뉴턴의 낡은 세계관은 모든 현상을 고정된 양과 고립된 물질의 단위로 보았으며, 이로 인해 모든 것은 어떤 흐름의 일부라는 생각을 낳았다. 존재하는 것과 존재하지 않는 것으로 우주를 양분하여 이해하는 고전 물리학은 도전을 받고 쓰러졌다. 사물은 어떤 형태의 고립되고 고정된 양으로 '존재'하는 것이 아니다. 이러한 정태적 세계관은 세상의 모든 것이 항상 변하는 과정에 있다는 생각으로 대치되었다. 심지어 무생물도 끊임없이 변한다. 이렇게 뭔가가 '변화하는' 과정은 엔트로피 법칙의 작용 이외에 아무것도 아니다. 모든 사물 하나하나는 에너지이며, 에너지는 쉴새없이 변환된다. 변환이 일어날 때마다 그 과정에 있는 다른 모든 것이 영향을 받는다. 풀 한 포기가 살고 죽는 것은 세계에 존재하는 전체 에너지의 상태를 바꿔놓는다. 앞에서도 말한 것처럼 엔트로피 법칙은 에너지 흐름이 나아가는 방향을 알려주기는 하지만 속도를 알려주지는 않는다. 속도는 계속해서 변한다. 변화 과정은 밀물과 썰물에 비교할 수 있고, 이는 결코 순탄한 과정이 아니다. 뛰어오르기도 하고 내닫기도 하는 것이다.

운동하는 단순한 물체, 정밀하고 예측가능한 방법으로 하나의 고정된 힘에 작용하는 다른 고정된 힘 등으로 요약되는 뉴턴 물리학이 방금 이야기한 과학적 견해와 얼마나 다른가를 생각해보라. 저장된 것(화석연료)에 뿌리를 둔 에너지 환경에서 흐름(햇빛, 재생가능한 자원)에 기초한 에너지 환경으로 옮겨가는 오늘날, 고정된 양을 조작하는 행위에 입각한 과학이 역동적 흐름을 이해하는 데 기초를 둔 과학에 자리를 내주는 것은 우연이 아니다. 새로운 에너지 환경의 현실을 수용하기 위해 과학의 가설이 바뀌고 있는 것이다.

1977년 비평형 열역학에 관한 연구로 노벨상을 받은 일리야 프리고긴Ilya Prigogine은 "고전 물리학의 등록상표라고나 할 인과율과 정밀한 측정이라는 개념은 열역학 제2법칙의 절대명제에 기초한 새로운 개념의 과학으로 대치될 순간에 와 있다"고 말한다. 또한 지상의 모든 현상은 독특하며 이러한 이유 때문에 과학적 관찰에 입각하여 미래를 정확히 예견한다는 것은 불가능하다고 프리고긴은 주장한다. 과학이 할 수 있는 일이라곤 기껏해야 발생가능한 시나리오를 예측하는 것뿐이다. 고전 물리학이 가져다주었던 안정성은 처음부터 환상이었다고 프리고긴과 그의 동료들은 주장한다.

이제 데카르트, 베이컨, 뉴턴이 생각했던 것과 같은 의미로 자연을 이해하는 것은 불가능하다. 인간이 자신을 자연과 분리하여 자연의 깊은 비밀을 파헤치고, 이 비밀을 무기 삼아 '불변의 진리의 집합체'를 만들어 자연을 마음대로 조작하고 변화시킬 수 있다는 생각은 잘못임이 증명되었다.

첫째, 과학자 닐스 보어Niels Bohr가 말한 것처럼 우리는 자연질서가 전개되는 모습을 보는 관중일 뿐만 아니라 배우이기도 하다. 아무리 몸부림을 쳐도 우리를 둘러싼 세계와 분리될 수 없다. 둘째, 고전 물리학의 결정론에서 나오는 '불변의 진리의 집합체'라는 개념은 우주가 끊임없이 변화하는 불안정한 것이라는 것을 알게 된 오늘날 더 이상 통하지 않는다. 프리고긴은 새롭게 형성되는 과학의 본질을 다음과 같이 꿰뚫고 있다. "세계를 자동기계로 보는 고전 물리학을 버리고 우리는 세계를 하나의 예술작품으로 보는 그리스적 패러다임으로 회귀하고 있다."

궁극적으로 과학이란 예외없이 미래를 예측하는 방법론일 뿐이다. 동시에 모든 과학적 방법론은 가능성의 한계를 끊임없이 모색하는 것이기도 하다. 과학 법칙은 그것이 만족스럽게 미래를 예측하고 또한 그것이 설정한 한계를 깨뜨릴 만한 예외가 발견되지 않을 경우에만 유효하다. 엔트로피 법칙은 이 두 가지 조건을 모두 충족시킨다. 엔트로피 법칙은 이제까지 발견된 어떤 다른 개념보다도 더 통합적인 방법론을 제시한다. 그 방법론이란 미래를 예측하고 사건이 일어나는 궁극의 한계를 설정하는 방법론이다.

엔트로피 법칙은 이제 곧 과학의 지배적인 패러다임으로서 뉴턴 역학의 자리를 차지할 것이다. 왜냐하면 오직 엔트로피 법칙만이 변화의 본질과 방향 그리고 변화의 과정에 관련된 모든 것들의 상호연관성을 충분히 설명해줄 수 있기 때문이다. 물론 엔트로피 법칙 역시 언젠가 잘못된 것임이 증명되어 버려질 수도 있다. 그러나 적어도 현재로서는 우리가 살고 있는 세계와 그 안에서 어떻게 살아갈지를 설명하는 유일한 법칙이다.

교육의 개혁
Reformulating Education

오늘날의 교육이란 12세부터 16세까지 뉴턴적 세계관을 가르치는 훈련과정 이외에 아무것도 아니다. 학교에서는 양, 거리, 위치 같은 것들은 열심히 가르치지만 질이나 개념형성 같은 것에는 별로 신경을 쓰지 않는다. 수없는 시험을 생각해보라. 시험문제는 모두 이름, 날짜, 장소처럼 정확히 측정될 수 있고 애매한 부분이 전혀 없는 것들만 다루고 있다. 시험 자체가 고전 물리학의 틀에서 직접 따온 것이다. OX 문제, 빈칸 채우기, 선다형 문제, 짝 맞추기 문제 등은 모두 인과율의 개념에 입각한 것들이다. 그러니까 모든 초기조건에는 단 하나의 올바른 결과만이 있을 수 있다는 발상이다. 시험에서 가장 중요한 측면은 답이 아니라 과정이다. 세월이 흐르면 특정사실은 다 잊어버리지만 그렇게 몇 년에 걸쳐 시험에 시달리고 나서도 인과율의 개념을 잊어버릴 수 있는 사람은 거의 없을 것이다.

　학교를 다녀본 사람은 한 사람도 빠짐없이 시험과정 자체에 의문을 품어본 적이 있을 것이다. 시험지를 받고 문제를 들여다보며 몇 개의 답지 중 하나를 골라야 하는 상황에서 좌절감을 느끼지 않은 사람이 있을까? 우리는 세상이 그렇게 간단하지 않다는 것을 안다. 우리 마음 속 목소리는 '다른 것들도 고려해야 한다'. '이 현상 하나만을 주변에서 떼어내는 것은 어리석은 짓이다'라고 외친다. 그러나 곧 우리는 현실과 타협한다. "하나만 고르라면 고르지 뭐." 이렇게 항복하고 나면 우리는 정답이 없더라도 최선의 답은 고를 수 있을 것이라고 스스로를 정당화한다.

바로 이 순간에도 전 세계에 걸쳐 어린이들은 시험을 보거나 시험을 준비하고 있다. 그러나 어린이들은 학교에서 단순한 사실뿐만 아니라 뉴턴 패러다임의 기본인 인과율과 수량화에 따라 생각하는 방법도 배운다는 사실을 알지 못한다. 교육자들이 어린이들에게 생각하는 방법을 가르친다고 하는 것은 바로 이런 것이다. 물론 교육과정에서 자기들이 특정사상을 주입하고 있다는 사실을 인식하는 교육자는 별로 없다. 그들은 그저 어린이들에게 어떻게 '객관적으로' 사고할 것인가를 가르치는 것이 주요 관심사라고 주장할 것이다. 이렇게 되면 더 긴 얘기가 필요 없다.

사고과정은 그 과정이 어떤 결과를 낳을 때만 의미가 있다. 결과를 낳는다는 것은 사실을 배운다는 뜻이다. 우리 교육제도는 사실에 최우선 순위를 둔다. 어떤 학생이 더 많은 지식의 파편을 끌어모아 그것을 생각해낼 수 있으면 더 나은 점수를 받는다. 사람들은 사실이 가치 있다고 주장한다. 왜냐하면 사실을 알아야 세상을 더 잘 이해하고 삶을 더 잘 꾸려갈 수 있기 때문이라는 것이다. 우리를 둘러싼 세상에 관한 '사실'의 양은 몇 년마다 두 배로 늘어난다. 그러나 그로 인해 세상이 두 배 더 질서정연해졌다고 주장하기는 매우 어렵다. 우리 모두 알고 있지만, 사실은 정반대이다.

"사실을 장악하고 있는 사람을 보여달라. 그러면 상황을 장악하고 있는 사람이 누구인지 알려주겠다." 이 이야기가 어딘가 데카르트, 뉴턴, 베이컨을 닮아 있다고 생각된다면 그것은 이 말이 '사실'이기 때문이다. 사실을 모아봐야 우리 주변에 혼란과 무질서만 늘어난다는 증거가 있는데도 우리는 사실을 찾아 전 세계를 뒤지고 다닌다. 이것은 아직도 인간이 위의 세 사람이 주창한 사상의 영향에서 벗어나지 못하기 때문이다.

마지막으로, 우리 교육은 전문화에 치중하고 있다. 뭔가 새롭고 색다른 것을 알게 될 때마다 새로운 학문분야가 만들어져서 새로운 자료를 수집하고 해석한다. 뉴턴적 사고의 가설 중 하나는 부분에 대해 많이 알수록 전체를 추론하기가 쉽다는 것이다. 이런 가설에 매달려 오늘날의 학문은 점점 더 작은 단위로 끝없이 분해되어 간다.

종합대학을 한번 가보라. 수천 수만의 사람들이 자기 분야의 바인더를 들고 실험실과 강의실을 왔다갔다하는 것을 볼 수 있을 것이다. 이 바인더에는 정치학에서 사회생물학에 이르기까지 각 분야의 학문명이 씌어 있다. 사람들은 자기 전공분야의 원칙에 맞추어 수많은 사실과 숫자를 정리해서 여기에 쑤셔넣는다. 자기 분야가 설정한 한계 안에서 정리된 자료에 따라 사람들은 전 세계 또는 세상의 일부 움직임에 관한 견해를 자신만만하게 내놓는다. 학자들에게 있어 가장 큰 죄는 적에게 박애정신을 발휘하는 것이다. 명망 있는 학자라면 자신의 연구결과를 다른 학문과 비교 · 검토해보는 일은 생각조차 하지 않을 것이다. 여러 분야를 포괄하는 종합적인 연구는 '진지하지 못한 것'으로 낙인찍히기 십상이다.

오늘날 전문가라 불리는 사람들은 보이지도 않는데 코끼리 몸을 아무 데나 마구 쑤셔보는 난쟁이 장님 무리와도 같다. 코앞의 조그만 공간을 열심히 쑤셔볼수록 이들은 자기 앞에 있는 것에 대해 안다는 확신을 갖게 되고 결국 진리에서 더욱 벗어나는 것이다.

교육은 그 시대가 요구하는 필요를 충족하도록 고안된다. 그래서 산업 사회는 재생불가능한 에너지원에 의존해서 돌아가도록 짜여졌다. 만약 시대가 태양 에너지 환경으로 옮겨가면 오늘날의 교육방식과 연구 방식은 점점 더 낡은 것이 될 것이다. 결국 뉴턴식 학문은 교육에 대한 엔트로피적 접근방식에 밀려날 수밖에 없다.

교육에 있어 중점을 두는 부분도 오늘날과는 판이하게 달라질 것이다. 예를 들어 교육은 측정보다는 과정을 중시하게 될 것이다. 고립된 사실을 수집, 저장, 사용하는 접근방식은 상호연관된 현상의 흐름을 관찰하는 방식으로 바뀔 것이다. 시험도 경험적 능력을 측정하는 것이 아니라 개념형성능력을 측정하는 것으로 대치될 것이다. 과정에 중점을 두어 생각할 필요가 있음을 반영하기 위해 작문, 구술, 실제경험 같은 것들이 교육의 표준방식이 될 것이다. 세계는 고립된 인과관계의 연속체로서가 아니라 다양한 운동과 변화의 시나리오를 품고 있는 상호연관된 현상의 그물로 파악될 것이다. 태양 에너지 시대에는 사실을 수집하는 것이 별로 중요하지 않다. 왜냐하면 자연을 착취하는 것이 아니라 자연과 더불어 사는 것에 역점을 두기 때문이다. 교육은 과학과 마찬가지로 '어떻게' 대신 '왜'에 초점을 맞출 것이다. 교육이 경험적인 것에서 형이상학적인 것으로 옮겨감에 따라 정보나 에너지의 흐름 그리고 그에 따라 발생하는 무질서의 양이 그만큼 줄어들 것이다. 그러므로 학문이란 조각가가 작업을 하듯 세상이란 재료를 깎아서 다른 물건으로 만들어내기 위한 도구가 아니라 우리가 자연에서 물려받고 또 그 안에 속해 있는 이 세계의 한계 안에서 어떻게 살 것인가를 더 잘 이해하는 방법으로 탈바꿈할 것이다. 진보를 지향하는 학문은 과정으로서의 학문으로 대치될 것이다.

태양 에너지의 시대에도 전문성이 일부 필요하기는 할 것이다. 그러나 교육과정은 지식에 대한 전체적인 접근에 초점이 맞춰질 것이다. 고등학교 때부터 인문계와 실업계로 갈라놓는 오늘날의 교육제도와는 달리, 새로운 교육제도는 정신적 능력과 신체적 능력을 함께 함양하여 각 개인에게 자급자족 능력을 길러주는 데 역점을 둘 것이다. 새로운 세계에서 각 개인의 역할은 지금보다 훨씬 덜 전문적일 것이므로 이러한 훈련방식이 절대적으로 필요하다. 학생들은 좀더 일반적이고 노동집약적인 일에 적합한 훈련을 받을 것이며, 소규모의 자급자족인 도시와 농촌 공동체를 유지하는 데 어울리는 만능선수로 교육될 것이다.

인간을 자연에서 분리하는 것은 뉴턴적 사고의 특색이다. 태양 에너지 시대에는 이 두 가지가 재결합될 것이다. "자연과 맞서는 인간"이라는 개념은 "자연 속의 인간"이라는 개념으로 대치될 것이다. 교육과정도 이러한 근본적 변화를 반영할 것이다. 학생을 외부세계와 분리하여 12년에서 16년 동안 밀폐된 인공적 환경 안에 가둬놓는 오늘날의 교육과정과는 반대로, 엔트로피 시대의 교육은 일상에서의 경험을 중시하는 방향으로 옮겨갈 것이다. 산업혁명 이전까지 계속 그래왔던 것처럼 도제제도가 각광을 받을 것이다. 동시에 재생불가능한 자원시대의 마지막을 장식하던 거대하고 집중화된 '교육단지'는 '학습환경'이라는 개념에 자리를 내주어야 할 것이다. 태양 에너지 시대에 학교에 간다는 것은 배우기 위해 공동체 안으로 들어간다는 뜻이다.

산업시대에 축적된 지식의 대부분은 태양 에너지 시대에는 점차 무용지물이 되어갈 것이고 마지막에는 버려질 것이다. 그러나 그중 일부는 계속 쓸모가 있을 것이고 따라서 교육을 통해 다음 세대로 전달될 것이다. 새로운 세계관은 항상 과거의 질서가 남긴 편린들을 신질서 속에 편입시키게 마련이다. 물론 낡은 세계관의 여러 측면이 새로운 패러다임의 일부가 되어 살아남겠지만 이들의 역할과 중요성은 새로운 질서의 가설에 적합하도록 근본적으로 개편될 것이다.

　새로운 교육과정은 형성과정에서 예기치 못한 쪽으로 이리저리 방향을 전환하기도 하겠지만, 이 세계관을 처음부터 끝까지 이끌고 갈 원칙은 열역학 제1법칙 및 제2법칙이다.

제2의 종교개혁
A Second Christian Reformation

엔트로피 세계관은 이미 기독교 신학에 근본적인 개혁을 촉진하고 있다. 400년 전의 종교개혁은 확대지향적 경제시대에 걸맞은 확대지향적 신학을 낳았다. 이제 이 신학은 엔트로피 법칙과 태양 에너지 시대가 요구하는 바에 맞추어 구축된 새로운 신학적 구조에 자리를 내주기 시작했다.

지난 15년간 외국인들은 동양의 종교를 가지고 수많은 실험을 했다. 오늘날 50만 명 이상의 미국인이 불교를 믿으며 400~500만 명 정도는 명상, 요가 등 여러 가지 정신 및 신체운동을 수반하는 종교를 믿고 있다. 이들은 모두 동양의 심오한 종교적 체험에 뿌리를 둔 것이다. 동시에 미국은 대규모 복음부흥운동의 물결에 휩쓸리고 있다. 갤럽은 이것이 "미국이 세 번째로 대오각성"하는 초기단계라고 보고 있다.

과거 미국인들은 두 번에 걸쳐 종교적 각성을 겪은 바 있다. 첫 번째는 1740년대에 일어났는데, 이를 기폭제로 하여 식민지들은 한데 뭉쳐 영국왕권에 대항하는 정치적 운동을 시작했다. 두 번째 각성은 그로부터 100년쯤 후에 일어났는데 이로부터 노예제도 폐지운동이 시작되었고, 결국 남북전쟁으로 가는 길이 열렸다. 오늘날 복음 열풍이 전국을 다시 한번 휩쓸고 있다. 여러 가지 증거로 미루어 볼 때 이 세 번째 각성이 앞선 두 번의 각성과 마찬가지로 미국인의 사회·경제적 삶에 큰 변화를 가져올 것이라고 생각된다.

동양종교에 대한 관심이 커지고 복음운동이 활발하게 일어난다는 것은 미국인들이 새로운 시대에 적합한 종교적 통합을 무의식적으로 모색하고 있음을 보여준다. 이러한 움직임 하나하나는 신학적 개혁에 필요한 요소를 담고 있다.

동양종교, 특히 불교를 믿는 사람들은 에너지 흐름을 최소화하는 것이 가치 있는 일이라는 것을 오래 전부터 인식해왔다. 명상은 쓸데없이 에너지를 소비하는 것을 늦추기 위해 고안된 것이다. 외부의 물리적 생존을 지탱하기 위한 에너지 소비를 최소화시킬 때 인간은 열반의 경지에 다다른다. 동양종교는 불필요한 에너지 소비가 혼란과 무질서만을 가중시킨다는 것을 일찍부터 가르쳐왔다. 동양종교에 의하면 주변세계와 하나가 되어야만 사람은 궁극적인 진리에 도달할 수 있고, 그렇게 되려면 주변의 자연과 일체가 된 관계로 들어가는 방법밖에 없다.

서양인들은 진리와 지혜에 대한 동양적인 접근방식을 이해하는 데 항상 어려움을 겪었다. 서양인들은 뭔가를 끊임없이 해야만 세상의 비밀을 여는 열쇠를 얻을 수 있다고 믿었다. 그래서 노력을 통해 진리를 깨우치고 결국 우주의 궁극적인 모습과 마주설 수 있으리라는 믿음을 가지고, 끊임없이 사실의 파편들을 긁어모으고 짜맞추어 우리 주변의 세계를 조작하고 개편해왔다. 그러나 동양의 종교 지도자들은 이러한 몸부림으로 인해 결국 무질서와 혼란만 늘어나고 우리가 원하는 계시는 우리로부터 점점 멀어져간다고 가르친다.

동양의 종교가 에너지의 흐름을 최소화하고 무질서의 축적을 줄여야 한다는 것을 깨달은 반면, 서양의 종교는 역사가 한 방향으로 진행한다는 사실을 깨달았다. 이 사실은 엔트로피 법칙에 따라 새로운 종교적 원리를 통합하는 데 있어 중요한 요소가 된다. 세계와 역사를 순환 과정으로 보는 동양종교와는 달리, 유대교와 기독교 전통은 지구의 역사에 분명한 시작과 종말이 있다고 가르친다.

반면에 자연에 대한 전통적인 기독교 접근방식은 생태계 파괴의 주요인이 되었다. 내세를 지나치게 강조한 나머지 현재의 물리적 세계는 무시당했고 착취당하기까지 했다. 진정 가치 있는 것은 천상의 세계에서나 찾을 수 있다는 것이다. 인간과 자연으로 구성된 이 세계는 저열하고 타락하고 무가치한 것이므로 경건한 생활을 하려는 사람과는 별 관계가 없는 곳이다. 이 세계는 내세를 향해 가는 정거장에 불과하다. 그러므로 현세보다는 신의 나라(내세)가 더 중요하다는 주장을 내세운다.

여러 세대에 걸쳐 서양을 지배해온 기독교 교리의 단점 중 하나는 창세기에 나오는 세계지배에 관한 것이다. "자식을 낳고 번성하여 온 땅에 퍼져서 땅을 정복하여라. 바다의 고기와 공중의 새와 땅 위를 돌아 다니는 모든 짐승을 부려라!" 이 '지배'라는 개념은 인간이 자연을 무자비하게 조작하고 착취하는 행위를 정당화하기 위해 이용되었다. 그러나 이제 기독교 교리의 근본적인 개혁이 시작되고 있다. 처음으로 기독교 신학자들은 '지배'의 개념을 재정의하기 시작했고, 그 과정에서 엔트로피적 세계관에 어울리는 신학적 기반을 만들어내고 있다.

오늘날 형성되기 시작한 창세기의 새로운 해석은 이렇다. 신은 하늘과 땅과 지상의 모든 것을 창조했기 때문에 피조물들은 모두 중요하다. 왜냐하면 이들은 신의 작품이기 때문이다. 신의 창조에는 목적과 질서가 있기 때문에 그 목적과 질서도 신의 피조물만큼이나 존중되어야 한다. 창세기에 신은 세상의 '모든 것'을 창조하고 쉬었다고 나와 있다. 그러므로 어떤 것이든 신의 피조물을 착취하거나 피해를 입히는 것은 죄이며 신에 대한 반역이라고 새로운 신학자들은 주장한다. 마찬가지로 신이 자연에 부여한 불변의 목적과 질서를 어지럽히는 것도 죄악이고 반역이다. 이것은 신학적으로 매우 의미심장하다. 신학자들은 기독교의 모든 종교적 신념이 창조에 관한 핵심적인 진리로부터 흘러나온다고 외친다. 신은 세계를 창조했거나 하지 않았을 것이다. 신은 세계에 목적과 질서를 부여했거나 하지 않았을 것이다. 했다고 믿으면 그는 신을 믿는 것이다. 아니라고 믿으면 그는 신을 믿지 않는 것이다. 이 명제야말로 모든 기독교 신앙의 시발점이다.

따라서 죄악이란, 신의 피조물을 신과는 다른 방법으로 대할 수 있다고 믿는 인간의 오만을 말한다. 다른 방법으로 대한다는 것은 창조의 기본 취지와는 다른 목적을 위해 조작하고 착취한다는 뜻이다. 죄악은 또한 인간이 자신의 변덕과 환상에 맞도록 창조의 목적을 재정의하고 세계질서를 바꿀 수 있다고 믿는 오만이기도 하다. 기독교적 삶은 세계를 조각내는 것이 아니라 하나의 전체를 유지하는 것이고, 불균형이 아닌 균형을 유지하는 것이고, 부조화가 아닌 조화를 이루는 것이다. 기독교인은 신의 피조물을 사랑하고 존경심을 가지고 대해야 한다. 왜냐하면 신은 사랑으로 세상을 창조했기 때문이다.

따라서 지배라는 것은 자연을 착취할 권리를 의미하는 것이 아니다.

새로운 신학자들은 "지배란 자연의 시중을 드는 것"이라고 말한다. 헨리 H. 바네트Henlee H. Barnett는 『교회와 생태학적 위기The Church and the Ecological Crisis』라는 저서에서 이렇게 지적하고 있다. "성서적 관점에서 인간은 지구라는 가정의 관리자, 보호자, 후견인이다. '시중들기'란 자연의 질서와 관련하여 인간이 맡아야 할 역할을 묘사한 신약성서의 용어이다." 그러므로 바네트에 의하면 시중드는 사람은 무엇보다도 "충실해야 한다. 왜냐하면 그는 남의 것을 관리하고 있기 때문이다." 시중꾼의 개념은 곧 성서적인 약속으로 이어진다. 창세기에서 신은 이렇게 말한다. "나는 너희(인간)와 너희 후손 그리고 모든 피조물과 계약을 맺었다."

그렇다면 신은 인간과 약속을 한 것이다. 인간은 지상에서 신의 시중꾼으로 일해야 하며, 모든 피조물을 보전하고 보호해야 한다. 이러한 약속으로 인해 인간은 신과 특별한 관계에 놓인다. 인간도 다른 모든 피조물과 마찬가지로 신에 의해 창조되었으므로 유한하다는 점에서는 다른 피조물과 같다. 오직 신만이 무한한 것이다. 모든 피조물들은 예외없이 신에게서 존재를 부여받았기 때문에 평등하다. 그럼에도 불구하고 인간은 다르다. 프란시스 쉐퍼Francis Schaeffer가 『오염과 인간의 죽음Pollution and the Death of Man』이라는 저서에서 지적했듯이 이 차이는 인간이 신의 모습을 본따 창조되었고 다른 피조물의 시중을 들 책임을 부여받았다는 데서 오는 것이다. 그러므로 인간은 자연의 일부이고, 다른 모든 생물 및 무생물과 평등하며, 이들에 의존하고 있지만 동시에 자연을 보호하고 돌봐야 할 책임과 함께 자연으로부터 떨어져 있기도 하다. 인간이 이 두 가지의 관계를 모두 받아들이면 인간은 신의 목적에 충실하고 신과의 약속을 잘 지키는 것이 된다.

그러나 인간이 이 특수한 관계를 악용하여 신의 영광을 드러내기보다는 자신의 욕심을 채우는 데 이용하면, 인간은 약속을 깨고 신에게 반역하는 것이 된다.

시중꾼 이론과 열역학 법칙을 정통 신학이론과 결합하면 엔트로피적 세계관의 생태학적 전제와 부합하는 새로운 기독교 교리와 약속이 탄생한다. 무엇보다도 시중꾼 이론은 다음과 같은 근본적인 의문을 해결한다. "왜 내가 자연의 질서를 돌보고 보전하는 책임을 져야 하는가?" 왜냐하면 그것은 신의 질서이기 때문이다. 신은 자연을 창조했고 인간에게 그것을 관리할 책임을 위탁했다. 그러므로 문제는 신에게 봉사할 것인가 아니면 그를 거부할 것인가로 귀결된다.

시중꾼 이론은 현대 세계관을 완전히 뒤집어놓는다. 자연을 착취하기 위해 이용되는 법칙과 관계는 자연을 보전하는 데 필요한 법칙 및 관계와 정면으로 상충한다. 예를 들어 자원의 개인 소유, 가속되는 권력의 집중화, 다양성의 상실, 과학기술에 대한 지나친 의존, 생산과 소비의 억제에 대한 거부, 노동을 작은 단위로 세분하여 인간을 자동 기계로 전락시키는 것, 생명과 여러 현상 상호간 관계에 대한 환원주의적 접근, 자연을 좀더 가치 있고 질서 있는 인공 환경으로 바꾸는 것을 진보라고 생각하는 것 등은 오랫동안 가치 있는 목표로 여겨졌다. 성장의 시대를 떠받치는 모든 가설은(앞에 열거한 것들을 포함하여) 생태학, 저엔트로피 경제원리 등과 상충하는 것이고 무엇보다도 새로 형성된 시중꾼 이론에 반대되는 것이다.

시중을 들려면 인간은 신의 질서가 자연적으로 기능하는 것을 존중하고 보호해야 한다. 자연의 질서는 다양성, 상호의존성, 탈집중성 등의 원칙에 따라 움직인다. 그러므로 진보, 소유, 변형 등은 유지, 시중들기, 양육 등의 개념으로 각각 대치된다. 생산과 소비에 대한 생물학적 한계가 인정되고, 균형적인 분배의 원칙이 받아들여지고, 전체라는 개념이 모든 관계와 현상을 평가하는 본질적 기준이 된다. 현실적으로 시중꾼 이론은 인간의 기준틀이 근본적으로 바뀐다는 것을 의미한다. 이 이론은 인간이 어떻게 행동해야 하는가를 보여주는 새로운 지도원리를 낳는다.

기독교도들이 시중꾼 이론에 입각한 '새로운 약속'이라는 개념을 받아들이지 못한다면 오늘날 일기 시작한 신앙적 열정은 우익과 기업의 이익을 위해 무자비하게 착취당할 수도 있다. 앞서 말한 세 번째 각성은 미국에서 일기 시작한 파시스트 운동이 필요로 하는 문화적 배경을 제공하여 장기적인 경제쇠퇴기간 중 파시스트들이 나라를 좌지우지할 길을 열어줄 수도 있다.

프란시스 쉐퍼처럼 사려 깊고 존경받는 복음신학자도 앞으로 다가올 경제적 진통의 시대에 파시즘이 대두될 가능성은 매우 높다고 생각한다. 심해져가는 인플레와 반복되는 불경기 같은 문제에 대해 미국이 해결책을 내놓지 못하는 것에 대해 쉐퍼는 이렇게 결론을 내린다. "불쾌한 일이지만, 히틀러가 나타나기 직전 독일 사람들이 상상을 초월하는 인플레 때문에 바이마르 공화국에 대해 신뢰를 잃었던 것이 자꾸 떠오른다. 경제가 악화되고 시간이 지나면 사람들은 개인의 자유에 관심을 잃고 조직화를 기꺼이 받아들인다는 사실은 역사가 증명한다."

쉐퍼는 미국의 미래에 대해 비관적이다. 쉐퍼는 미국인들이 그토록 소중하게 생각하는 '개인적인 평화와 풍요'가 경제의 지속적인 위축으로 인해 파시스트식 질서로 향하는 길을 열어줄지도 모른다고 우려한다. "자신의 생활양식이 위협받지 않는 한 대다수의 사람들은 별 불평

없이 자유가 상실되는 것을 감수할 것이다."

그러나 쉐퍼가 미처 지적하지 못한 것이 있다. 그것은 이미 복음운동 내부에 그러한 가능성을 시사하는 불길한 조짐이 나타나고 있다는 사실이다. 예를 들어 많은 중산층 기독교도들은 '풍요의 복음'이라는 낡은 생각을 향해 뒷걸음질치고 있다. 이들은 성서의 가르침을 왜곡된 개인주의, 자유기업, 무한한 부의 축적 등과 동일시한다. 이런 식의 확장주의 신학은 미국 기독교에서 아직도 지배적인 위치를 차지하고 있다. 많은 기독교도들은 다가올 경제적 어려움에 대해 무관심하거나 참여하지 않는 태도를 정당화하기 위해 '풍요의 복음'이라는 핑계를 계속 써먹을 것이다. 이 어려움을 극복하기 위해서는 개인 또는 자유기업 차원이 아닌 공동체 차원의 대응이 중요한데도 말이다. 이런 기독교도들에게는 복음운동이 주변의 혼란을 피할 수 있는 피신처로만 보일 것이다. 경제상황이 계속 악화되어 중산층 최후의 피난처인 복음운동마저 위협받게 되면 이들은 우익과 자본주의적 이익을 지지하는 쪽으로 선회할 가능성이 매우 높다. 그래서 사회적 질서를 유지하는 데 필요하다며 국가가 요구하는 모든 권위주의적 조치를 감수할 것이다.

인간과 다른 피조물 간 관계의 근본적인 재정의를 통해 현대 기독교 신학자들은 확장주의 시대의 핵심에 신학적 일격을 가했다. 지배를 소유와 착취 대신 시중들기와 보전으로 정의한 새로운 개념은 지난 수백 년간 세상을 지배해온 전통적 기독교 신학 및 기계론적 세계관과 적대관계에 있다. 기독교 신학자들은 인간의 목적을 재조명하여 과거의 교리에 대해 공개적으로 도전장을 던졌다. 즉, 수백 년간 자연을 굴복시켜 생산성을 높이는 것에서 구원을 찾았던 기독교인들은 신의 피조물들을 보전하고 보호하는 데서 구원을 찾는 새로운 기독교인들의 도전을 받고 있다. "기독교적 노동윤리는 기독교적 보전윤리로 대치되고 있는 것이다." 이렇게 시중꾼의 역할을 강조하는 것은 새로운 종교개혁과 새로운 약속이라는 비전의 주춧돌이 된다.

엔트로피 위기
Facing the Entropy Crisis

엔트로피 법칙을 벗어날 길은 없다. 우주를 지배하는 이 물리법칙은 우리 존재의 모든 측면으로 파고든다. 모든 것은 에너지이고 에너지는 유용한 상태에서 무용한 상태를 향해 한 방향으로만 움직이기 때문에 엔트로피 법칙은 모든 인간행위를 규정하는 틀이 된다. 앞에서도 본 것처럼 엔트로피적 세계관은 환경, 문화 그리고 생물학적 생존 그 자체에 관해 우리가 가장 소중히 여기고 당연한 것으로 받아들이는 가설에 도전장을 던진다. 거대도시, 기계화 영농, 대량생산 및 소비, 무기, 교육, 의료기술 등 현대문화가 만들어낸 모든 함정이 근본적으로 새로운 빛 속에 뚜렷이 드러난다. 엔트로피적 법칙은 '물질적 진보'라는 우리의 생각을 깨뜨려버렸다. 엔트로피 법칙은 경제의 기본 방향을 바꿔놓는다. 이것은 또한 시간과 문화의 개념을 뒤집으며 기술의 신화를 깨뜨려버린다.

열역학 제2법칙이 내포하는 엄청난 사회·경제적 의미를 이해하기 시작하면 기존의 세계관은 세상이 실제로 움직이는 것과는 전혀 관련이 없음을 알게 된다. 일, 오락, 소비, 생각 등의 일상생활은 그 기반을 잃게 된다. 우리는 이상한 곳에 서 있는 외래인일 뿐이다. 분명하고 굳건한 진실이었던 것이 『이상한 나라의 앨리스』에 나오는 거울 속 세계만큼이나 비현실적인 것이 되어버린다.

그러나 세계와 우리의 삶에 제시된 새로운 방향에 대해 우리는 저항한다. 엔트로피적 세계관에서 흘러나오는 지혜에 매혹되면서도 우리는 그 심오한 의미를 거의 짐작조차 할 수 없는 이 새로운 세계관에 굴복하지 않으려고 발버둥친다. 이는 당연하다. 왜냐하면 우리의 존재를 지배하는 안전하고도 친숙한 신화를 포기할 것을 요구받고 있기 때문이다. 물론 많은 사람들에게 있어 기존의 신화는 이미 매력을 잃었다. 수백만 명의 미국인들은 자발적으로 또는 강요에 쫓겨 저엔트로피 철학과 생활방식을 부분적으로 받아들이고 있다. '어떤 대가를 치르더라도 물질적 진보를 이룩해야 한다'거나 '더 큰 것이 더 좋은 것이다'라는 식의 고엔트로피 개념은 이제 옛날처럼 수많은 현대 산업국가의 시민들을 자기 편으로 끌어들이지 못한다. 뉴턴적 세계관으로부터 '버림받은 자식들'은 당연히 엔트로피 세계관이 가져오는 해방을 환영할 것이다.

동시에 많은 사람들은 새로운 시대를 거부하며 무너져가는 과거에 매달려 몸부림칠 것이다. 생전 처음 겪어보는 새로운 철학적 틀로 인해 이들은 여기서 빠져나가게 해줄 어떤 수단을 찾아 헤맬것이다. 탈출구는 항상 있고 어떤 힘도 인간이 자연을 조작하는 능력을 능가하지 못한다는 생각에 젖어 있기 때문이다. 한계는 없으며 겁먹고 어리석은 자들만이 한계에 굴복하는 것이라고 우리는 배워왔다. 그러나 무슨 짓을 해도 탈출구는 없다.

어떤 면에서 우리는 중력을 믿지 않는 사람과도 비슷하다. 중력이 존재하지 않는다는 것을 증명하기 위해, 아니면 중력을 극복할 능력이 있다는 것을 증명하기 위해 이 사람은 마천루의 꼭대기에서 뛰어내린다. 중력은 이 사람의 생각에 대해서는 전혀 관심이 없다. 따라서 이 사람을 무자비하게 땅바닥으로 끌어내려서 정신이 번쩍 나게 해준다. 지푸라기라도 잡으려고 허우적대면서 그는 40층 정도를 지나갈 때 "아직은 괜찮아"라고 외친다.

중력을 부정하는 사람처럼 엔트로피 법칙의 결말을 부인하는 우리도 최후의 따끔한 맛을 보고 파멸할 것이다. 그리고 말할 것도 없이 파멸을 향해가면서 우리 역시 "아직은 괜찮아"라고 외칠 것이다. 고엔트로피 문화로 인해 우리 주변의 세계가 무너져내리는 것을 뻔히 보면서도 말이다. 기존의 세계관을 벗어버리지 못하는 사람은 대략 세 가지 유형의 반응을 보인다.

첫 번째 유형의 반응은 '낙관주의자'들이다. 몇 발자국만 더 가서 모퉁이를 돌아서면 갑자기 어떤 기술적인 해결책이 나타나 우리의 생활방식을 계속 유지하게 해줄 것이라는 희망에 매달리는 사람들이다. 이들의 희망은 현대사회의 가치와 진보가 주는 이익에 뿌리를 두고 있으며 "길은 항상 있다"라는 표어 아래 뭉쳐 있다. 이들은 "진보를 막을 수는 없다", "세계는 미국의 생활수준을 부러워한다" 등의 슬로건을 외칠 것이다. 이들은 이 낡아빠진 생각들을 "물질적 부가 많을수록 더 잘 사는 사회다"라는 가설과 연결하여 지구의 한계를 거부하기 위해 무슨 짓이든 할 것이다.

낙관주의자들은 재생가능한 에너지원을 착취하는 새로운 방법을 찾는 데 노력을 기울일 것이다. 재생불가능한 에너지원에서 재생가능한 에너지원으로 에너지 기반이 옮겨간다는 데는 의문의 여지가 없지만 어떤 에너지 변환자와 에너지 흐름방식이 등장할지는 아직 알 수 없다. 기술적 낙관주의자들은 지구 생태계의 자연스런 리듬 및 과정과 더욱 조화를 이루는 저엔트로피 흐름으로 돌아가야 한다는 생각을 거부한다. 오히려 이들은 유전공학에 희망을 건다. 이들은 유전공학 덕분에 생물학적 진화의 속도가 빨라지고 그에 따라 더 높은 물질과 에너지의 흐름이 보장될 것이라고 주장한다. 그러니까 기계화 영농에 필요한 화학비료가 없어지면 유전공학을 활용하여 공중질소를 직접 고정할 능력이 있는 식물을 창조하게 되고, 석유가 없어지면 유전공학으로 미생물을 대량생산하여 고갈된 재생불가능한 자원을 대체하면 되는 것이다.

낙관주의자들은 심지어 인간의 신체구조도 '개선'하면 된다고 할 것이다. 유전공학이 오늘날 실험실을 빠져나와 응용과학의 영역으로 들어선 것은 결코 우연이 아니다. 엔트로피가 축적됨에 따라 환경 안의 무질서는 암, 기형아, 아동들의 지능저하라는 형태로 우리 몸속에 내재된다. 기술적 낙관주의자들은 이러한 무질서로 인해 국가의 경제성장 능력이 심각한 영향을 받을 것을 알아차리고 생물공학에서 그 해결책을 찾으려 한다. 방사선과 합성유기 화학물질이 암과 기형아의 원인이 된다면 첨단기술을 통해 유전자를 재배열하여 이런 것들을 해결한다는 이야기다. 그러므로 유전공학을 통해 고에너지, 고성능 산업생산은 우리의 몸 속으로까지 들어와 표준화된 기술적 사양에 따라 인간을 인공적으로 '생산'하게 될 것이다. 모든 면에서 효율을 존중하는 낙관주의자들은 생명 자체를 '생물학적으로 좀더 효율적인' 것으로 만들려고 할 것이다.

낙관주의자들은 우리가 재생불가능한 자원에서 재생가능한 자원으로 옮겨갈 뿐만 아니라 물리학의 시대에서 분자생물학의 시대로 이행하고 있는 것이라고 주장한다. 이들은 최근 유전공학의 눈부신 발전을 지적하며 앞으로 20년 내에 기존의 산업구조는 생물공학으로 만들어진 새로운 변환자들에게 자리를 내주기 시작할 것이라고 말한다. 응용물리학을 활용하여 재생불가능한 에너지의 기반으로부터 산업사회의 수많은 도구가 탄생했듯이 응용 유전공학은 재생가능한 에너지 기반으로부터 완전히 새로운 생활양식, 그러니까 생물공학시대를 열 것이라는 주장이다.

전체 시스템이 재생불가능한 에너지원에서 재생가능한 에너지원으로 옮겨가고, 변환과정으로서의 응용물리학이 응용분자 생물학과 자리를 바꾸면서 새로운 과학적 패러다임이 떠오르고 있다는 것은 흥미로운 일이다. 낙관주의자들은 이 패러다임이 유전공학시대의 새로운 세계관의 초석이 될 것을 희망하고 있다. 이 패러다임은 "분산형 구조 이론"이라고 불리는데, 일리야 프리고긴이 그 창시자이다. 벨기에의 물리화학자인 프리고긴은 비평형 열역학에 관한 연구로 1977년 노벨 화학상을 받았다.

분산형 구조란 주변 환경과 에너지를 교환하는 개방계를 말한다. 모든 생명체 그리고 일부 무생물은 분산형 구조로 되어 있다. 이들은 유용한 에너지를 끊임없이 흐르게 함으로써 구조를 유지한다. 분산형 구조는 복잡할수록 더욱 통합적이고 상호연결되어 있어서 더욱 큰 에너지 흐름을 요구한다고 프리고긴은 말한다. 분산형 구조 안으로 에너지가 흐르면 변화가 발생한다는 사실에 주목한 프리고긴은, 이 변화가 흡수할 수 없을 정도로 커지면 구조 전체가 개편될 수밖에 없다는 결론에 도달했다. 그리고 나서 프리고긴은 개편은 항상 더 복잡하고, 더 통합되고, 상호연결되어 더 큰 에너지를 필요로 하는 방향으로 이루어 진다고 주장했다. 이렇게 한 단계가 지나갈 때마다 뒤의 것은 앞의 것 보다 더 복잡해지므로 변화와 개편에 더욱 취약해진다. 구조가 복잡해 지면 불안정해질 수밖에 없고 따라서 더욱 자주 개편이 일어나며 진화 론적 발달과 에너지 흐름은 더욱 빨라진다. 또한 프리고긴은 불안정성 과 융통성을 동일시했다. 그는 복잡한 수학공식을 써서 어떤 시스템이 복잡하고 에너지 소비가 많을수록 더욱 융통성이 생기고 따라서 변화 하기 쉽고 새로운 환경에 적응하기도 쉽다는 것을 증명하려고 했다.

이러한 이론이 우리의 상식과 정면으로 충돌하는 것은 당연하다. 우 리가 실제로 경험하는 세계에서는 대상이 복잡해질수록 선택의 폭은 적어지고 융통성은 없어지며 붕괴될 가능성이 커진다. 분산형 구조 이 론은 재생가능한 자원에 기반을 둔 에너지 환경에 적합한 성장 패러다 임을 염두에 두고 제시된 것이다. 이것은 뉴턴 물리학이 재생불가능한 에너지 환경에 대해 성장 패러다임을 제시했던 것과도 같다.

뉴턴 물리학이 '무생물' 에너지원에 맞추어 만들어진 것임을 기억해 야 한다. 뉴턴 물리학은 운동하는 죽은 물질을 순수한 양으로 다룬다. 그러므로 살아 있고, 재생가능하며, 끊임없이 흐르는 에너지 환경에서 는 완전히 부적합한 패러다임이다. 반대로 분산형 구조 이론은 '살아 있는' 에너지원을 다루는 데 있어 매우 편리한 과학적 기반을 제공한 다. 그리고 이런 이유로 이 이론은 뉴턴의 법칙에 맞먹는 혁명적인 돌 파구로 받아들여지는 것이다. 모든 것을 포괄하는 패러다임으로서 분 산형 구조 이론은 생물공학을 완벽하게 합리화시켜준다. 이 이론은 생 물학적 복잡성이 늘어나고 생물체가 새로운 구조로 끊임없이 개편되는 것(유전공학이 하는 일이 바로 이것이다)에 긍정적인 가치를 부여한다. 분산형 구조를 통해 우리는 세계를 산업적 기계로 보는 시각에서 공학적으로 가공된 유기체로 보는 시각으로 넘어간다.

앞으로 몇 년간 재생가능한 자원을 새로운 에너지 기반으로, 유전공학을 새로운 변환자로, 분산형 구조 이론을 새로운 과학적 패러다임으로 받아들이느라 여기저기서 소동이 벌어질 것이다. 이렇게 되면 더 많은 에너지의 흐름, 무한한 성장, 끝없는 물질적 진보 같은 개념이 권력자들의 머리 속을 계속 지배하게 될 것이다.

엔트로피 법칙을 무시하기 위해 이 분야 전문가들은 재생가능한 에너지원만 있으면 자원은 결코 고갈되지 않고 성장은 영원히 지속될 것이라고 설득하려 할 것이다. 단기적으로 볼 때 DNA 재결합 같은 유전공학 기술은 시스템 전체를 통과하는 물질과 에너지 흐름을 증가시킬지도 모른다. 마치 산업혁명시대의 변환자들이 재생불가능한 자원을 가지고 그랬던 것처럼 말이다. 적어도 한동안 인간은 생태계의 한계를 극복한 것처럼 보일 수도 있다. 그러나 그것은 오래가지 않을 것이다. 물리학이 우리의 일상생활에 밀접한 영향을 끼친 기간은 100년도 채 되지 않는다. 분자생물학의 시대로 넘어간다면 그 기간은 훨씬 짧아질 것이다. 50년 이내에 완전히 끝나버릴 수도 있다. 이것은 시스템을 통과하는 물질과 에너지 흐름이 만들어내는 무질서는 재생불가능한 에너지가 시스템 안에 흐를 때 발생하는 무질서보다 더 크기 때문이다.

첫째, 사회 안의 에너지 흐름 속에서 살아 있는 물질의 흐름을 '증폭'시키면, 살아 있는 물질의 절대량은 결국 감소하게 된다. 문자 그대로의 의미에서 볼 때 재생가능한 자원은 사실상 재생불가능한 자원이다. 즉, 재생가능한 자원이 증식되기는 하지만 오늘 풀 한 포기가 자라거나 미생물 한 마리가 탄생한다는 것은 내일 풀 한 포기나 미생물 한 마리가 덜 태어나는 것을 의미한다. 죠르제스크-레겐이 말한 것처럼 "중요한 것은 물질이다." 태양 에너지의 흐름은 사실상 무한하지만 지각을 구성하는 물질은 그렇지 못하다. 지구상의 물질은 끊임없이 열악해지고 분산되어간다. 자연적으로 재생된다고 해도 소비된 물질의 일부만 재생되어 미래에 사용될 수 있을 뿐이다. 나머지는 완전히 손실되어 회수할 수 없다. 그러므로 우리가 시스템 전체를 통해 물질과 에너지 흐름을 높이면 높일수록, 태양이 언제까지 지구를 비추느냐에 관계없이 재생가능한 자원은 고갈되어버릴 것이다.

동시에 늘어나는 엔트로피로 인해 지구상의 생명체가 가진 유전자와 취약한 생태계가 겪을 충격은 파국적일 수도 있다. 이렇게 되면 재생불가능한 에너지 흐름의 시대 전체에 걸쳐 지구에 가해진 피해보다 더욱 큰 피해가 발생할 수도 있다.

분산형 구조 이론은 뉴턴 패러다임과 마찬가지로 엔트로피 법칙을 완전히 무시하고 새로운 질서를 생성하는 측면에만 치중하고 있다. 생물공학을 재생가능한 에너지 환경에서의 변환자로 찬양하는 사람들은 질서와 에너지 흐름을 늘리면 주변 환경에 더 큰 무질서가 발생한다는 사실을 부인한다. 이로 인해 이들은 재생불가능한 에너지 환경과 그것을 떠받치던 물리학의 시대가 파국을 맞이한 것과 똑같은 과정을 반복하려 하고 있는 것이다.

낙관주의자들이 극찬해 마지않던 고에너지 문화 속에서 엔트로피가 여러 가지 형태로 급증함에 따라 다가오는 혼란을 막기 위해 엄격한 질서를 유지할 필요가 생길 것이다. 기존의 세계관을 철저하게 신봉하는 낙관주의자들은 더욱 억압적이고 비인간적이 되어가는 행정관행과 기술을 계속 용납할 수밖에 없다. 예를 들어 수백만 명이 몰려 사는 고엔트로피 대도시는 더 이상 유지될 수 없다는 사실을 인정하지 못하는 이들은 사회질서를 유지하기 위해 경찰국가식 압제가 가해지는 것도 지지할 것이다. 이미 감시용 TV 카메라가 거리에 등장했고 인공위성이 외계로부터 우리를 훔쳐보고 있으며, 범죄자들에게는 전기충격을 주어 정신을 무력화시켜버린다. 마찬가지로 세계 최대의 에너지 소비국이라는 미국의 지위를 유지하기 위해 낙관주의자들은 무너져내리는 제국을 지탱할 거액의 국방비 지출과 무기개발을 부추길 것이다.

이 모든 것이 실패로 돌아갈 것임은 뻔하다. 고에너지 기술로 질서를 강제하려는 시도는 어떤 것이든 결국 혼돈만을 가속시킬 뿐이다. 새로운 재생가능 에너지를 만들고, 질병을 고치고, 지능을 높이기 위해 유전자를 조작하겠지만, 그 과정에서 수십억 년간 축적되어온 진화의 지혜는 돌이킬 수 없이 파괴될 것이다. 심각해지는 사회적 무질서(예를 들어 범죄)를 해결하기 위해 고에너지 감시기구나 무기체계를 도입하려면 사회의 다른 부분에서 소중한 에너지를 끌어다 써야 하고 그것은 결국 새로운 억압과 반사회적 행위를 낳을 뿐이다. 낙관주의자들은 질서를 유지하려는 과대망상적 싸움에서 결코 이기지 못한다. 이들은 스스로를 파멸시키고 나아가 온 인류를 파멸로 끌어들일 것이다.

엔트로피 법칙에 대한 두 번째 유형의 반응은 "실용주의"라고 부를 만하다. 이들은 낙관주의자들보다는 기계론적 세계관에 덜 매달리고 그 계획도 낙관주의자들처럼 웅대하지는 않다. 실용주의자들은 기존의 구조를 약간 수정하여 엔트로피적 세계관의 의미를 일부나마 반영하려고 할 것이다. 그러나 실용주의자들은 본질적으로 세계관의 시야가 한정되어 있다. 이들은 엔트로피 패러다임의 일부는 이해할지 몰라도 전체 그림은 놓칠 것이다. 그리고 이들은 기존 시스템에 있는 결함들을 기꺼이 시인하겠지만 세상은 원래 그런 것이라고 곧 덧붙여 말할 것이다. 뉴욕은 하루 아침에 사라지지 않을 것이고, 기계화 영농과 식품가공을 하지 않으면 도시를 지탱할 수 없다. 미국인들은 자동차와의 애정행각을 결코 그만두지 않을 것이다. 실용주의자들은 스스로 현실적이 되기를 바랄 것이다.

물론 실용주의자로서 이들은 개선의 여지가 많다는 것도 부인하지 않는다. "적은 것에서 더 많은 것을 얻자"가 그들의 모토이다. 기존의 고에너지 구조를 약간 수정하는 것이 이들의 필생의 과업이다. 도시계획 입안자들은 에너지를 적게 소비하는 수송수단, 단열이 잘된 건물, 에너지 소비억제를 권장하는 지역사회 자문위원회 등을 만들어내느라 부산을 떨 것이다. 자동차 회사들은 같은 양의 휘발유로 좀더 멀리 갈 수 있는 자동차, 대체연료나 전기로 가는 자동차를 선보일 것이다. 정치가들은 "기대수준을 낮추자" 또는 "전 세계적 현실주의" 등을 내세우며 떠들어댈 것이다. 그러나 이들은 사회 전체적 구조는 전혀 바꾸지 않을 것이다.

기존의 가장 강력한 권력구조도 엉성하게나마 엔트로피적 사고에 조직의 원리를 맞추는 일에 골몰하고 있다. 예를 들어 1979년 8월에 연방 에너지부는 열역학 제2법칙에 대한 3일간의 학술회의를 후원했다. 이 회의에서 발표된 논문 중에는 "촉매변환에서의 에너지 효율에 관한 열역학적 분석", "열역학 제2법칙에 따른 화학반응 과정에서의 생성물 감소", "열역학 제2법칙에 입각한 연소과정의 분류"처럼 거창한 제목이 달려 있는 것들도 있었다.

실용주의자들은 "엔트로피가 계속 증가하는 상황에서, 어느 정도의 증가속도가 적합한가?"라는 주제를 놓고 열띤 토론을 벌일 것이다. 이들은 계량화하려고 하는 것이며, 기존의 시스템을 가장 좁은 의미에서 최고로 '효율화'하려는 것이다. 그러므로 이들의 마음 속에서 세계관은 비용 대 수익을 측정하는 수단으로 전락할 것이다. 엔트로피 법칙의 현실을 이해하지 못하는 실용주의자들은 핵심을 완전히 놓칠 것이다. "어느 정도까지만 죄를 지으면 천당에 갈 수 있는가?"라고 묻는 기독교도처럼, 실용주의자들은 엔트로피라는 개념의 일부분을 활용하는 데는 뛰어나지만 엔트로피 법칙의 가장 중요한 부분은 결코 파악하지 못한다.

그렇다고 해서 열역학적 시스템 분석의 가치를 완전히 부인하려는 것은 아니다. 그러나 이러한 분석이 실제로 어떤 의미를 갖는 지점에 도달하기 전에 먼저 엔트로피 법칙이 말하고자 하는 바를 알 필요가 있다. 엔트로피 법칙은 가능한 한 오래도록 모든 생명의 활동을 유지해야 한다고 가르친다. 엔트로피 경제는 필요에 의한 것이지 사치품이 아니다. 이것을 이해하고 나면 열역학의 개념을 선택적으로 활용하여 저엔트로피 사회를 만드는 데 도움을 줄 수 있는 기반을 마련할 수 있다.

예를 들어 열역학적 실용주의자(기존의 시스템을 약간 수정하고, 적은 것에서 더 많은 것을 얻자고 주장하는)가 문제를 해결하는 방법과 엔트로피 법칙의 중요성을 100% 이해한 사람이 같은 문제에 접근하는 방법을 비교해보라. 자동차를 보면서 실용주의자는 이런 의문을 가질 것이다. "어떻게 하면 제2법칙을 이용해 엔진을 다시 설계해서 더 많은 일을 하게 할 것인가?", "열역학적으로 가장 좋은 차체의 모습은 어떤 것인가?" 엔트로피적 세계관을 완전히 이해한 사람은 근본적으로 다른 의

문을 가질 것이다. "자동차는 인간의 생존을 위해 정말로 필요한가?", "자동차는 우리의 복지, 건강, 문화를 증진시켜주는가?", "오늘날 자동차가 존재한다는 사실 때문에 우리의 후손들이 삶을 유지하는 데 필요한 능력을 박탈당하지 않을까?"

후자는 세부적인 고려 전에 종합적인 의문을 먼저 품는다. 당초에 어떤 일을 할 필요가 없다고 판단되면 그 일을 잘하든 못하든 상관이 없다는 것을 그는 알고 있는 것이다. 자동차가 존재할 가치가 없는 것이라면 휘발유 1리터로 몇 킬로미터를 가든 무슨 상관이란 말인가?

실용주의자가 또 한 가지 이해하지 못하는 것은 엔트로피 법칙이 물리적 세계를 지배하는 궁극적인 과학의 법칙이지 낡은 시스템을 수리하는 데 쓸 수 있는 도구는 아니라는 사실이다. 또한 실용주의자는 엔트로피 법칙이 일상생활의 가장 친숙한 개념마저 완전히 바꿔놓는다는 사실도 이해하지 못한다. 예를 들어 열역학 제2법칙은 시간이 엔트로피의 함수라는 사실을 보여준다. 세계가 엔트로피 극대점에 달해서 일을 할 수 있는 유용한 에너지가 하나도 남지 않게 되면 시간도 정지할 것이다. 왜냐하면 어떤 일도 일어나지 않을 것이기 때문이다. 엔트로피적 의미에서 시간을 '절약'할 수 있는 유일한 방법은 사회 내 에너지 흐름을 자연적으로 발생하는 에너지 흐름과 최대한 비슷한 수준으로 유지하는 것이다. 그렇게 되면 시간과 생명의 종말이 좀더 늦게 찾아올 것이다.

그러나 실용주의자는 기존의 에너지 흐름을 효율화시켜서 시간을 '절약'하려 할 것이다. 이렇게 되면 엔트로피 과정이 더욱 빨라질 뿐이며, 그와 함께 앞으로 우리 후손들이 누릴 수 있는 시간이 줄어든다. 마찬가지로 실용주의자들은 '경제성장'이라는 현상을 제대로 이해하지 못할 것이다. 실용주의자들은 성장이라는 것이 사실상 지구의 자원을 고갈시키는 것이고, 유용한 에너지를 무용한 에너지로 바꿔놓는 과정일 뿐이라는 사실을 이해하지 못한 채 '올바른' 성장의 방법은 어떤 것인가를 정의하는 데 골몰할 것이다. 경제가 성장할수록 그 경제는 스스로 파놓은 함정으로 빠져든다는 사실을 엔트로피 법칙은 증명하고 있다.

세 번째 유형은 "향락주의자"라고 불러야 할 것이다. "신나게 놀아보자"가 이들의 모토이다. 또 하나의 모토는 "후손들이 나한테 해준 게 뭔데?"이다. 이들은 전체적으로 상황이 나빠지고 있다는 사실에는 동의할 것이다. 이들은 대기오염, 식품오염, 자연의 파괴 등에 대해 불평을 늘어놓을 것이다. 그러나 로마제국 말기처럼 이들은 할 수 있는 일이 아무것도 없다고 주장할 것이다. 그리고 인간은 본질적으로 욕심 많고 파괴적이라고 할 것이다. 누군가가 시스템을 바꾸려고 하면 그때마다 이들은 나빠지지나 않으면 다행이라고 한다. 이제 파국이 다가오는데 하찮은 인간이 먹고, 마시고, 즐기는 것 외에 할 수 있는 일이 무엇이란 말인가?

낙관주의자, 실용주의자, 향락주의자들은 한 가지 공통점이 있다. 이들은 모두 오늘날의 상황이 나쁘기는 하지만 우리 세대는 앞선 어떤 세대보다도 현실을 잘 이해하고 이를 장악하고 있다고 믿는 것이다. 이들은 현대 이전의 인간을 가축보다 별로 낫다고 생각하지 않는다. 우리 조상들은 소립자, 컴퓨터, 음향기기 같은 것을 몰랐기 때문에 우리보다 덜 인간적이었다는 것이다. 뉴턴적 패러다임을 완강하게 지지하는 이들은 우리의 지식이 500년 전 또는 5,000년 전에 살았던 사람들의 지식과 다를 뿐이라는 사실을 이해하지 못한다. 환원주의적 시각에서 보면 우리는 점점 더 많은 것을 아는 것처럼 보인다. 그러나 동시에 우리는 우리 주변에서 어떤 일이 일어나고 있는지를 더더욱 이해하지 못한다. 자연으로부터 완전히 괴리되고 도시화된 우리의 지성은 환경과 인간 사이의 진정한 관계를 통찰할 능력이 없다. 고에너지 문화로 인해 인간의 마음은 완전히 조각나버려서 삶의 원천과 더 이상 조화를 이루지 못한다. 자연과 유리되어 있기 때문에 우리는 깨달음(역사를 통해 많은 사람들이 이 단어를 이해한 것과 같은 의미로)을 얻을 기회가 없다. 우리 조상들은 우리 주변에서 일어나는 현상들을 과학적으로 이해하고 설명하지 못한 것이 사실이다. 그러나 이들은 인생에서 정말로 중요한 것이 무엇인지를 직관을 통해 우리보다 잘 알고 있었다.

우리 조상들은 적어도 자급자족했다. 이들은 자신의 필요를 충족할 줄 알았다. 그러나 우리는 스스로 만들어낸 고에너지 환경에 완전히 예속되어 있다. 우리는 식량을 생산하지 못하고, 오락도 남의 힘을 빌려야 하며, 옷도 만들지 못한다. 우리는 모든 것을 어른이 챙겨줘야 하는 불쌍한 어린애와도 같다. 농부이자 작가인 웬델 베리Wendell Berry는 현대사회의 딜레마를 아주 잘 묘사하고 있다.

미국인은 아마 인류역사상 가장 불행한 사람일 것이다. 그들은 돈을 버는 것 이외에 자신을 위해 아무것도 할 수 없다. 그가 번 돈은 풍선처럼 부풀어올라 다른 사람의 힘에 의해, 또 역사적 상황에 따라 흘러가버린다. 아침부터 밤까지 그는 이것을 내가 만들었다는 자부심을 느낄 만한 물건을 만져보지도 못한다. 그 많은 여가와 오락에도 불구하고 그는 항상 기분이 나쁘고, 안색도 좋지 않으며, 지나치게 뚱뚱하고 건강도 나쁘다. 그가 숨쉬는 공기, 마시는 물, 먹는 음식에는 모두 독이 들어 있다. 그가 숨이 막혀 죽을 가능성은 상당히 높다. 미국인은 자신의 애정생활이 다른 사람의 애정생활만큼 만족스럽지 못하다고 생각한다. 그리고 차라리 더 일찍 태어나거나 더 늦게 태어났으면 좋았을 것이라고 생각한다. 그는 자기 아이들이 왜 그런 짓을 하는지 알지 못한다. 아이들의 말도 알아듣지 못한다. 그는 아무 데도 관심이 없고 자기가 왜 그런지도 모른다. 그는 아내가 원하는 것이 무엇인지, 자기가 원하는 것이 무엇인지조차도 모른다. 잡지에 나오는 광고나 사진을 보면 그저 자신은 매력 없는 사람으로 보인다. 그는 자신의 재산을 빼앗길까봐 두려워한다. 그는 실직을 하거나, 경제가 나빠지거나, 전력회사가 도산을 하거나, 경찰이 파업을 하거나, 트럭 운전사가 파업을 하거나, 아내가 자신을 버리거나, 아이들이 달아나거나 몹쓸 병에 걸리면 어떻게 해야 할지도 모른다. 이런 걱정 때문에 그는 전문가와 상의한다. 그 전문가는 자기의 걱정 때문에 또 다른 전문가를 찾아간다.

베리는 이렇게 결론을 내린다. "자신의 의지와 기술로 세상을 살아간다는 측면에서 볼 때 가장 어리석은 농부나 미개인들도 전문가 사회의 가장 총명한 근로자나 기술자 또는 지성인보다 더 유능하다."

절망에서 희망으로
From Despair to Hope

우리 세대는 인류 역사상 매우 희귀한 순간을 겪고 있다. 이 책에서 여러 번 말한 것처럼, 에너지 환경은 어떤 사회의 문화, 가치, 정치, 경제에 영향을 미친다. 이제 인류가 재생불가능한 에너지원에서 태양 에너지와 재생가능한 에너지원으로 에너지 환경을 바꿔감에 따라 개인·제도적 변화가 사회 전반을 뒤흔들 것이다. 우리의 의문은 이것이다. 이 과도기는 얼마나 걸릴 것인가? 어떤 식으로 에너지 기반을 옮겨갈 것인가? 여기서 개인의 역할은 무엇인가?

시간에 관한 것이 가장 풀기 어려운 의문이다. 1970년대 초에 시작된 에너지 위기와 환경파괴에 대한 국민의 관심은 이미 엔트로피 패러다임이 등장할 수 있는 기본적인 조건을 마련해주었다. 의심할 여지없이 향후 수십 년에 걸쳐 새로운 사회의 요소들이 속속 등장할 것이다. 물론 낡은 질서의 흔적이 여기저기 남아 있겠지만, 그 변화는 아마 중세에서 현대로 넘어오는 과정의 유럽에서 일어났던 변화과정과 매우 비슷할 것이다. 심지어 오늘날에도 유럽을 여행하다 보면, 중세의 제도가 사라진 지 수백 년이 되었는데도 중세문화가 아직 버티고 있는 것을 발견할 수 있다. 이런 의미에서 태양 에너지 시대로의 이행도 점진적 발전과정을 밟을 것이고, 또 이 과정은 매번 엔트로피 위기가 닥칠 때마다 그 추진력을 더해갈 것이다.

그러나 에너지 환경의 변화과정은 매우 느리므로 옛날과 똑같은 방법으로 살며 조금씩만 불편을 겪으면 된다는 망상에 빠져들어서는 안 된다. 변화의 시간은 과거 에너지 환경 변화 때처럼 수백 년씩 걸리지 않을 것이다. 우리의 고에너지 사회경제체제는 워낙 취약하기 때문에 대량의 재생불가능한 에너지원에 절대적으로 의존하고 있다. 따라서 대파국은 언제라도 올 수 있다. 물론 앞으로 20~30년간이 에너지 환경 변화에서 가장 중요한 기간이 되리라는 것은 쉽게 예측할 수 있다. 이런 이유로, 엔트로피 분수령을 지나는 과정에서 자연히 겪게 될 충격을 최소화하기 위해 뭔가 준비를 해야 한다.

앞에서 에너지 환경변화에 따른 장기적이고 광범위한 제도상의 변화에 대해 언급했다. 어떤 사람들은 이런 변화가 유토피아적이고 따라서 실현불가능하다고 생각할 것이다. 또 어떤 사람들은 그것이 억압적이기에 바람직하지 못하다고 볼 수도 있다. 두 집단 모두에게 이렇게 말할 수밖에 없다. "앞서 말한 저에너지 환경이 실현불가능하거나 바람직하지 못하다고 볼 수도 있다." 그리고 "앞서 말한 저 에너지 환경이 실현 불가능하거나 바람직하지 못하다면 대안은 무엇인가?" 재생불가능한 자원의 희소성 때문에 우리는 더 이상 기존의 고에너지 산업구조를 유지할 수가 없다. 그래서 우리는 재생불가능한 에너지원에서 재생가능한 에너지원으로 옮겨가는 것이다. 이러한 상황에서 생물공학기술을 이용하여 높은 수준의 에너지 흐름을 오랫동안 유지할 수 있다고 생각하는 것은 비현실적이다.

좋든 싫든 이제 우리는 저에너지 사회를 향해가고 있고 돌아서는 것은 불가능하다. 그런데 우리가 저에너지 사회로 가는 것이 우리의 생존과 나아가 더 나은 삶에 필요하다는 것을 인식하고 자발적으로 움직여갈 것인가, 아니면 기존 세계관에 기를 쓰고 매달리다가 결국 고통스럽게 미래로 끌려 들어갈 것인가는 우리에게 달려 있다.

우리는 매일 엄청난 양의 에너지를 소비하며 살기 때문에 나중에 우리가 지불해야 할 엔트로피 청구서의 금액은 계속 늘어날 것이다. 유전공학기술에 기초한 경제 인프라를 도입하면 지불 마감일을 연기할 수도 있겠지만 그것도 잠깐일 뿐이다. 우리가 고에너지 사회에서 저에너지 사회로 전환하는 것을 늦출수록 청구서의 금액은 커지고 지불하기도 힘들어진다. 너무 오래 끌면 결국 갚아야 될 금액은 인류 전체가 감당할 수 없을 정도로 커져버릴 것이다. 이렇게 유용한 에너지를 무절제하게 낭비하는 대신 엔트로피 패러다임의 가치와 가르침을 마음속에 새겨야 할 것이다. 또한 개인적으로 사회적 차원에서 뉴턴적 세계관을 버리지 않는다면 우리 사회를 개혁할 어떤 움직임이 일어날 희망은 없다. 이 역사적 과정의 첫 번째 단계는 그러한 움직임이 무엇인지를 철저하게 이해하는 것이다. 새로운 패러다임을 수용하여 생활방식을 자발적으로 바꿔야 한다. 그러나 이것만으로는 부족하다. 사회 밑바닥에서 힘을 모아 기존의 고에너지 구조를 무너뜨려야 한다. 동시에 엔트로피 과정에 대한 인식을 담은 새로운 가치체계를 기초로 새로운 사회를 건설해야 한다.

분명히 이 모든 것은 상상을 초월하는 일일 것이다. 과제는 엄청난데 성공할 가능성은 아주 희박해 보인다. 일단 엔트로피 법칙을 알고 나면 많은 사람들이 희망이 없다고 생각한다. 새로운 세계에 대한 비전이 우울하고 남은 것이라고는 절망밖에 없다. 희망은 어디 있는가? 무슨 일을 한다 해도 시간이 흐름에 따라 세상이 점점 열악해질 수밖에 없는 상황에서 어떻게 더 나은 미래를 꿈꿀 수 있는가? 지난 수백 년간 인류가 해온 일이 모두 당초의 의도와는 반대되는 결과를 낳고 있다면 희망은 있는가?

기존의 질서를 유지하는 데 계속 희망을 건다면 우리에게 돌아올 것은 절망뿐이다. 왜냐하면 현대사회가 지금의 모습대로 오래 유지될 희망은 없기 때문이다. 그리고 이런 희망을 가져서 바람직한 것은 무엇인가? 더 복잡한 기술과 더욱 낭비적인 경제성장으로 인해 생물종으로서의 우리 미래가 위협받는다면 이런 기술과 경제에 희망을 걸 이유가 무엇인가? 고에너지 환경에 계속 희망을 거는 것은 희망이 아니라 환상이다. 이런 환상이 깨진다고 해서 실망해서는 안된다. 오히려 우리 세대가 세계의 모습을 바꿀 변화를 시작할 기회를 얻었다는 것을 기뻐해야 한다. 이런 변화를 통해 인류는 파멸의 벼랑 끝에서 새 시대의 질서로 옮겨갈 것이다.

엔트로피 법칙은 아주 아름다운 것이다. 이 법칙을 통해 우리는 우주를 지배하는 달콤하고도 씁쓸한 최고의 원리를 이해하게 되며, 우리의 궁극적인 운명을 알게 된다. 동시에 이제 어떻게 해야 할 것인가에 대한 확신도 얻는다.

지금까지 인류는 앞을 가로막는 모든 것을 무자비하게 정복하며 숨가쁘게 달려왔다. 문자 그대로 생태계의 구석구석을 정복하고 착취해온 인류는 이제 역사의 갈림길에 서 있다. 식민화 단계의 활동이 대가를 요구하기 시작한 것이다. 인류가 에너지 소비를 끊임없이 늘려감에 따라 세계의 에너지는 더욱 빨리 고갈되어갔고 무질서 속에 폐기물은 끊임없이 쌓여갔다. 인류라는 종이 살아남기 위한 유일한 희망은 지구를 공격하는 행위를 중지하고 자연의 질서와 공존하는 길을 모색하는 것이다.

이 극적인 전환은(전환이 일어난다면) 인류의 의식적인 선택에 의한 것이어야 한다. 이제 이러한 선택이 필요하다는 것을 인식하기 시작했다는 사실은 우리가 올바른 결정을 내릴 능력도 갖고 있다는 뜻이다. 이러한 인식은 엔트로피 법칙의 이해에서 비롯된다.

인류는 오랫동안 무한한 사건의 연쇄 속에서 우리의 자리는 어디인가를 찾아 헤맸다. 이제 엔트로피 법칙이 간단한 진실을 알려준다. 지구상에서 일어나는 사건 하나하나는 과거의 모든 사건에 영향을 받고 있고, 마찬가지로 앞으로 펼쳐질 모든 사건에 영향을 미친다. 그러므로 우리는 저마다 하나의 연결고리에 속한다. 우리의 현 존재는 우리보다 앞서 존재했던 것들을 재현하고 있으며, 앞으로 올 모든 것들의 가능성을 품고 있다.

과거에 일어났던 사건이나 앞으로 일어날 사건들은 하나도 빠짐없이 서로 연관되어 있기 때문에 우리는 무한한 과거와 무한한 미래로 뻗치는 책임을 나눠 갖는다. 지구상에서 우리가 하는 일은 먼 우주의 끝까지 메아리치며 존재하는 모든 것들에 영향을 미친다. 우리가 우리의 삶을 어떻게 살 것인가를 결정하는 것은 단순히 개인의 관심사가 아니다. 그것은 사물을 포함한 모든 것들의 관심사이다. 왜냐하면 우리의 행위가 모든 것에 영향을 미치기 때문이다.

엔트로피 법칙은 순수한 예술이며 경탄할 만한 개념이다. 동시에 공포의 대상이기도 하다. 지상에서의 삶이 유한하다는 것을 인정하기 힘든 것만큼이나 물리적 세계가 언젠가는 수명을 다하고 사라져버릴 것이라는 사실을 인정하기란 어렵다. 그러나 엔트로피 법칙은 지상에서 일어나는 사건 하나하나는 저마다 독특하고 일회적인 것이라고 가르친다. 바로 이런 일회성 때문에 우리는 주변의 모든 것을 존중해야 한다는 사실을 깨닫는 것이다. 지구는 영원한 것이 아니다. 지구의 유한성과 함께 우리는 우리 자신의 유한성도 깨닫는다. 지구의 취약함이 우리 자신의 취약함도 일깨워주는 것이고, 지구의 연약함이 우리의 연약함도 알려주는 것이다.

그러나 우리는 유한한 세계 안에서 불멸을 찾아 몸부림친다. 영원한 것은 없다는 것을 뻔히 알면서도 말이다. 이러한 몸부림에는 허무주의가 배어 있다. 세계가 유한하다는 사실은 우리 자신의 유한성을 불쾌할 정도로 끊임없이 일깨워준다. 주변의 모든 것을 파괴하고, 다른 생명체를 집어삼키고, 우리는 지금 소중한 지구의 자원을 낭비하면서 진보를 추구하는 것이라고 외친다. 그런데 사실 우리가 추구하는 것은 불멸성이다. 인간은 마치 세계가 유한하다는 것을 일깨워주는 것이면 무엇이든 파괴해서 인간이 유한하다는 고통스런 인식을 쫓아내버리려고 작심한 것 같다. 광분하면 할수록 우리는 죽음을 향해 더욱 빨리 다가가고 미래의 생명체와 나눠 써야 할 고정된 자원도 더욱 빨리 고갈시켜버린다. 그러나 인간은 이 과정에서의 학살과 고통은 안중에도 없다. 왜냐하면 자연의 창고에서 꺼내 써버린 것은 과학이라는 기술이 채워줄 것이라고 믿기 때문이다.

세계의 유한성을 시인할 줄 알아야만 지구라고 불리는 이 선물이 우리에게 얼마나 소중한 것인가를 실감할 수 있다. 그래야만 모든 것이 특별한 의미를 가지며, 생명 자체가 소중해지고 보전할 만한 가치를 갖게 된다. 위대한 철학자이자 과학자인 빌헬름 오스왈드Wilhelm Ost-wald는 이렇게 말했다. "일단 이루어진 행위가 돌이킬 수 없는 것이라면, 어떤 행위의 책임은 그것이 반복될 수 없을 때에만 의미가 있다."

물리적 세계의 유한성은 기꺼이 시인하면서도 엔트로피의 증가량은 끝없이 확장되는 정신적 질서의 흐름으로 상쇄할 수 있다고 믿는 사람도 있다. 이들에게 있어서 삶의 전개과정은 '계속해서 성장하는 의식'이라는 개념과 같은 뜻이다. 뉴턴적 세계관에서 인간의 의식은 엔트로피의 흐름이 위에서 아래로 내려오는 것과는 반대로, 밑에서 위로 올라가는 것으로 파악된다. 이들에 따르면, 인간의 집단의식은 계속 확장되어 물리적인 지평을 초월하고 우주 차원의 변신을 통해 엔트로피 법칙을 극복한다는 것이다. 인간의 집단의식은 존재의 물리적 껍질을 뚫고 영혼이 깨달음을 얻는 드높은 세계를 향해 끝없이 비상할 것이라는 얘기다.

그러므로 말은 안하지만, 사람들은 성장하지 않는 저에너지 흐름의 환경에서는 의식도 무기력해지고 발달할 능력을 잃는다고 생각할 것이다. 의식이 성장하려면 더욱 왕성한 물리적 활동을 통해 물과 양분을 공급해야 한다는 생각은 아직도 널리 퍼져 있다. 그러니까 에너지의 흐름이 커지고 이에 따른 무질서도 늘어나야 의식이 충분한 자양분을 얻을 수 있는 환경이 조성된다는 주장이다.

이것은 사실과 다르다. 물질과 에너지 흐름을 가속한다고 해서 영혼이 고양되는 것은 아니다. 오히려 그 반대다. 고요함 속에서 '존재'의 아름다움을 인식해야 하는 것이지 '행위'로부터 비롯되는 불협화음과 고통이 초월을 가져다주는 것은 아니다. 부처는 강가에서 고요히 강물이 흘러가는 소리를 듣다가 그것과 하나가 되고 깨달음에 도달했다.

그러나 오늘날까지 인류의 발달은 사물의 자연스런 흐름을 거스르는 것으로 가득차 있다. 정복하고 지배하려는 생각은 식민화 단계의 상징이다. 깨달음이란 뭔가를 '경험'하는 것인데도 우리는 계속해서 깨달음을 '성취'하려고 몸부림친다. 우리가 깨달음을 얻기 위해 광분하면 할수록 우리는 자연의 리듬에 거역하게 되어 우리가 원하는 깨달음과는 멀어져 갈 수밖에 없다.

인간은 우리가 사는 물리적 세계를 구성하는 새로운 아이디어가 나오면 이것을 좀더 고양된 형태의 의식과 동일시하려는 실수를 자주 저지른다. 그런데 이 두 가지는 같은 것이 아니다. 사실 사회적 발전과 정신적 발전은 대부분의 역사에서 반대 방향의 길을 걸어왔다. 이 두 개의 길이 다시 한 군데로 모이려면 지배하려는 생각을 버리고 세계(인간이 만든 세계가 아니라 인간을 만들어준 세계)에 적응하는 길밖에 없다.

우리는 또한 생성과정을 완벽한 상태를 지향하는 진보 또는 진화과정과 혼동하는 실수를 하기도 한다. 장미는 완전한 하나의 꽃으로 생성되는 것이지 먼 미래에 나옴직한 완벽한 꽃이 되기 이전의 불완전한 상태로 피어나는 것이 아니다. 그리고 현재 존재하는 장미 한 송이의 가치에 대해 의문을 품는 사람은 없다. 존재 그 자체가 스스로를 정당화하고도 남는 것이다. 장미의 완벽함은 그것이 존재한다는 데서 찾을 수 있다. 인간이 이것과 다른 것이 무엇인가? 인간의 신체적 · 정신적 능력은 근 200만 년 동안 변하지 않았다. 장미는 장미 그 자체의 주관적 존재로서 완벽한 것처럼 인간 한 명 한 명도 그렇다.

인간의 집단의식이 발전을 계속하여 먼 미래에 완벽한 깨달음이라는 봉우리로 올라설 것이라는 생각을 버리지 못하는 것은 모순이다. 왜냐하면 인간은 처음부터 완벽한 상태로 존재해왔기 때문이다. 깨달음과 전우주적 의식이 항상 우리 옆에 있다는 사실을 인식하지 못하면 우리는 모든 행동과 주변과의 관계를 결코 완벽히 책임지지 못할 것이다. 오히려 우리의 실수와 태만을 깨달음에 도달하지 못한 탓으로 돌릴 것이다. 달리 말하면, 우리의 의식이 충분히 성숙하지 못했기 때문에 모든 책임을 떠맡을 능력이 없다는 것이다.

그러나 일단 엔트로피 법칙을 100% 받아들이면 우리가 살면서 영향을 끼치는 이 세계에서 일어나는 모든 일에 책임을 지게 된다. 그리고 책임을 진다는 것은 완벽한 인식과 영신적 깨달음으로 이끄는 선구자 역할을 할 것이다.

엔트로피 법칙은 인류역사에 걸쳐 모든 문화가 품었던 핵심적 의문에 대한 답을 내준다. 세계 안에서 인간은 어떻게 행동할 것인가? 인간은 생명을 보전하고 고양하도록 행동해야 한다는 점은 모두 찬성하지만, 이러한 목적을 어떻게 달성할 것인가에 관해서는 무수한 의견이 나와 있다. 마지막으로, 엔트로피 법칙은 모든 것을 포괄하는 답을 제시한다. 생명을 보전하고 고양하는 데는 유용한 에너지가 소비된다는 사실이다. 유용한 에너지가 많을수록 생명을 미래까지 연장할 가능성이 커진다. 그러나 또한 제2법칙은 어떤 사건이 발생할 때마다 지상의 유용한 에너지 재고가 그만큼 줄어든다는 사실도 가르쳐준다. 우리가 에너지를 많이 소비할수록 우리 뒤에 올 모든 생명에게 남겨질 에너지의 몫은 적어진다. 그러므로 궁극적인 도덕률이란 가능한 한 에너지를 적게 쓰는 것이다. 이를 통해 우리는 생명에 대한 사랑과 앞으로 올 모든 생명에 대한 우리의 헌신적 자세를 드러낼 수 있다.

그러므로 보편적인 의미에서의 사랑이란 심오한 영신적 일체감이다. 이 일체감은 개개인도 생명의 생성과정 자체인 거대한 흐름과 분리될 수 없는 한 부분이라는 사실에 대한 인정이다.

사랑은 어떤 사람들이 생각하는 것처럼 반反엔트로피적인 것이 아니다. 만약 사랑이 반엔트로피적인 것이라면 생성과정에 반대되는 힘으로 작용할 것이다. 왜냐하면 엔트로피의 흐름과 생성과정은 나란히 진행되기 때문이다. 오히려 사랑은 진행과정에 대한 최상의 헌신이다. 그렇기 때문에 궁극적인 사랑의 형태는 자기 희생이다. 자기 희생은 생명을 고양시키기 위해 필요하다면 자신의 생명도 기꺼이 희생하는 자세이다.

사랑은 우주의 리듬을 완전히 인식하고 통합되는 느낌을 전해주는 부드럽고도 미묘한 힘이다. 이 우주의 리듬은 다름 아닌 생성과정이다. 스스로를 드러냄으로써 사랑은 우주의 신비를 모두 이해하는 것이 불가능하다는 사실을 인정함과 동시에 우주 안에서의 물리적 존재를 어떻게 펼쳐나갈 것인가에 대한 마스터 플랜도 보여준다. 사랑은 전 우주적 생성과정이 궁극적 선이라는 확신이며, 자연의 리듬에 모든 것을 아무 조건 없이 내맡긴다는 선언이기도 하다. 자연의 리듬은 모든 물리적 사실을 품에 안고 흘러간다.

사랑은 음미하는 것이기도 하다. 그리고 사랑은 생성과정을 가속하려고도 멈추려고도 하지 않는다. 왜냐하면 그 순수한 형태에 있어 사랑은 우리가 존중하고 지켜야 할 우주의 리듬을 구현하는 것일 뿐이기 때문이다.

결국 우리 개인의 존재는 생성과정의 집단적 정신 속에 영원히 머문다. 우리에게 남겨진 자원을 최대한 보전하고, 생성과정을 지배하는 자연의 리듬을 최대한 존중하는 길은 우리보다 앞서간 생명과 우리 뒤에 올 모든 생명에 대해 무한한 사랑을 표현하는 것이다. 이 두 가지 책

임을 인식하는 것이 식민화 단계에서 절정 단계로 옮겨가는 첫 발자국
이다. 우리는 이 세상의 시중꾼인 것이다.

니콜라스 죠르제스크-레겐

열역학의 역사는 과거에도 그래왔지만 지금도 엔트로피 법칙의 독특한 성격 때문에 동요하고 있다. 인류는 열역학과 관련된 기본 사실들을 문명 초기부터 알고 있었지만, 이것이 과학의 전당에 입성한 것은 얼마 되지 않는다. 그 이전에는 과학자들도 가장 기본적인 사실에 눈을 돌리지 않았다. 기본적인 사실이란, 열이 항상 뜨거운 쪽에서 차가운 쪽으로 이동하지 그 반대로는 절대로 흐르지 않는다는 것이다. 오늘날 이 사실은 열역학 제2법칙, 또는 엔트로피 법칙에서 가장 분명한 부분을 구성하고 있다.

열역학 제2법칙에서 한 가지 재미있는 것은 조금 덜 난해한 다른 두 법칙, 그러니까 제1법칙과 제0법칙보다 제2법칙이 앞서서 확립되었다는 사실이다. 제1법칙은 에너지가 창조될 수도 없고 소멸할 수도 없다고 말한다. 이것은 모든 형태의 일이 에너지라는 생각을 내포하는데, 여기에는 논쟁의 소지가 있다. 제0법칙은 고전 열역학을 떠받치는 기둥이 필요했기 때문에 마지막으로 추가된 것인데, A와 C, B와 C가

각각 열평형을 이루고 있을 때 A와 B를 접촉시키면 이들도 역시 열평형 상태에 있다고 말한다.

신기하게도 제1법칙을 사람들에게 납득시키는 것이 가장 힘들었다. 에너지를 쓰지 않고도 일을 할 수 있는 엔진을 언젠가 만들 수 있다는 희망을 인간은 버리지 못하는 모양이다. 그러니까 이것은 제1종 영구기관을 말한다. 열역학이 자연과학의 공식적인 분야로 인정을 받고 난 뒤인 1880년에 발간된 「사이언스Science」지의 창간호를 봐도 알 수 있다. 당시만 해도 전기가 무한한 동력을 공짜로 제공할 것이라는 믿음은 매우 강했다.

뉴턴의 기계론에 입각하여 천문학이 개가를 올린 이래 최상의 위치에서 군림하던 기계론의 도그마에 따르면 현상은 앞으로든 뒤로든 진행할 수가 있고, 라플라스가 기계론을 신격화하면서 말했듯이 자연의 모든 것은 질(특성)과는 관계없는 단순한 운동으로 구성되어 있다. 위기에 몰리자 순수주의자들은 이렇게 대답했다(그리고 아직도 이런 사람들이 있다). "즉, 열역학은 공인된 자연과학이 아니다. 왜냐하면 그 개념의 일부가 인간에 의해 형성된 것이기 때문이다." 엔트로피 법칙은 사실 인간의 구조에 기초를 둔 구분을 내포하고 있다.

엔트로피 법칙은 양적으로 불변인 에너지가 갖는 두 가지의 질적 차이를 구분할 것을 요구한다. 우선 유용한 에너지가 있다. 유용한 에너지는 우리의 목적을 위해 사용할 수 있다는 질적 특성을 갖는다. 또 하나는 무용한 에너지이다. 캘빈 경의 말을 빌리면 "파괴된 것은 아니지만 인간의 입장에서 보면 완전히 손실된" 에너지인 것이다. 이런 이야기가 나오게 된 것은 N. L. S. 카르노N. L. S. Carnot가 1824년에 쓴 글에서 처음으로 제시한 원칙 때문이다. "사이클을 이루며 일하는 열기관이 기계적 일을 하려면 온도가 서로 다른 두 개의 부분이 필요하다."

돌멩이를 높은 곳에서 낮은 곳으로 떨어뜨려야만 일을 할 수 있듯이 열에너지도 온도가 높은 곳에서 낮은 곳으로 '떨어지지' 않으면 열기관을 돌릴 수가 없다는 얘기다(카르노는 이 두 가지를 완전히 같은 것으로 잘못 해석했다). 돌멩이가 가장 낮은 지점에 도달하는 순간 더 이상 일을 할 수 없듯이 열에너지도 가장 낮은 온도에 도달하는 순간 '인간의 입장에서 보면 완전히 손실되는' 것이다.

이를 통해 제2종 영구기관의 존재 가능성이 부정된다. 제2종 영구기관은 단 하나의 소스로부터 나오는 열에너지만으로 가동되는 사이클 엔진이다. 그러나 우리가 유한한 공간에 갇혀 있는 존재가 아니라면, 그래서 사이클을 이루며 움직이는 엔진 외에 다른 엔진도 사용할 수 있다면, 제2종 영구기관을 부정할 수는 없다. 우리가 시간으로부터 자유로운 존재라도 마찬가지이다. 그러면 아주 느린 속도로 움직이는 엔진을 써서 마찰을 없애버릴 수도 있다. 여기서도 제2종 영구기관을 부정할 수 없다. 우리에게 제2종 영구기관이 불가능한 것은 그것이 유한한 인간 조건의 한계를 벗어나기 때문이다. 바로 이런 맥락에서만이 열역학은 인간에 의해 형성된 냄새가 난다고 할 수 있는 것이다.

엔트로피 법칙이 체계화되는 방법이 신비로운 데다가 위대한 물리학자인 에딩턴이 이것을 자연계 최고의 법칙이라고 떠받드는 바람에 엔트로피 법칙은 비상한 관심을 모았다. 그리고 엔트로피라는 개념은 거의 모든 분야에 이식되었다. 통신, 생물학, 경제학, 사회학, 심리학, 정치학, 심지어 예술에까지 이용되었던 것이다.

엔트로피 법칙이 선언한 비가역성에 비추어볼 때, 이 법칙이 영원한 이슈를 둘러싼 논란을 다시금 불러일으킨 것은 이상한 일이 아니다.

그 이슈는 다시 한번 딜레마에 휩쓸렸다. 우주는 끊임없이 열악해지고 있고 이 과정이 비가역적인 것이라면 생명을 가진 개체가 발생하고, 생존하고, 심지어 증식까지 할 수 있는가? 이렇게 되자 열역학의 위대한 선구자들까지도 엔트로피 법칙의 보편적 유효성에 예외를 두기 시작했다. 일찍이 헤르만 폰 헬름홀츠Hermann von Helmholtz는 무용한 에너지를 유용한 에너지로 역전시키는 것이 "생명을 가진 유기체의 조직처럼 섬세한 구조 내에서조차 불가능한가?"에 대해 의문을 제기했다. 더욱 재미있는 것은 캘빈 경이 처음 이 법칙을 체계화했을 때의 일이다. 그는 이렇게 말했다. "어떤 물질의 온도를 주변에 있는 다른 모든 물질 중 가장 차가운 물질의 온도보다 더 낮게 하면, 그 물질의 어느 부분으로부터도 '무생물의 작용으로는' 기계적 효과를 얻어낼 수 없다."

인식론적 측면에서 공개적인 논쟁이 시작되었다. 엔트로피 법칙이 확립되기 훨씬 전에 칼 에른스트 폰 베어Karl Ernst von Baer는 포유류의 난자를 발견했고, 이에 기초하여 알은 이미 성숙된 개체의 축소판이라는 당시의 도그마를 깨버렸다. 나아가서 그는 비균질적인 것들이 균질적인 것으로부터 나온다고 주장했다. 나중에 허버트 스펜서 Herbert Spencer가 나타나서 이 주장을 자연의 가장 중요한 법칙으로 끌어올렸다. 그 후 일부 학자들(조지 허스George Hirth나 펠릭스 아우어바흐Felix Auerbach 같은 사람들)과 철학자들(앙리 베르그송Henri Bergson이나 알프레드 노스 화이트헤드Alfred North Whitehead 같은 사람들)은 무생물인 물질이 열악화하는 것과는 반대 방향으로 움직이는 것이 생명의 독특한 성질이라고 주장했다. 이러한 주장을 신비주의로 매도하는 사람들은 다음 사항을 관찰한다면 곧 생각이 바뀔 것이다.

첫째, 엔트로피 법칙은 완전히 고립된 폐쇄계에만 적용된다. 반면에 살아있는 개체는 개방된 계이므로 주변 환경과 물질과 에너지를 교환한다. 그러므로 생명체 내에서 엔트로피가 줄어든 만큼 주변 환경에서 엔트로피가 늘어난다면 엔트로피 법칙에는 모순이 없게 된다.

둘째, 엔트로피 법칙은 열악화의 속도를 규정하지 않는다. 이 과정은 가속되거나(모든 동물에 의해) 아니면 감속된다(녹색식물에 의해).

셋째, 엔트로피 법칙은 엔트로피의 소용돌이에서 태어나는 조직의 형태에 제한을 두지 않는다. 정사각형 안의 대각선 길이는 정사각형의 크기에 의해 한정되지만 이 정사각형의 색은 그렇지 않은 것과 같다. 어떤 정사각형이 왜 하필이면 '녹색'인가 하는 질문은 완전히 다른 것이고 대답하기가 거의 불가능한 질문이다.

열역학은 일찍이 볼츠만이, 그리고 최근에는 슈뢰딩거가 말한 것처럼 모든 유기체는 주변 환경으로부터 마이너스 엔트로피를 빨아들인다고 가르친다. 빨아들이지 못하면 그 생물체는 급속히 열악해질 것이다. 그러나 생명을 가진 구조가 존재한다는 것이 열역학 법칙의 필연적 결론이라는 주장을 정당화할 만한 근거가 엔트로피 법칙에서 아직 발견되지 않았다. 오늘날 우리가 알고 있는 사실은 생명현상이 물리화학적 법칙 체계의 결론이 아니고 어떤 화합물 또는 유기체의 '행동'이라는 사실이다. 이러한 행동은 이 화합물이나 유기체를 구성하는 요소 하나하나가 갖는 특성의 일부인 것이다.

이 짧막한 이야기는 아주 중요한 에피소드 하나로 최근에 끝을 맺었다. 서양의 지성인들이 흐름의 개념에 너무 집착했거나, 에너지는 비균질적인 물질보다 훨씬 더 '균질적'인 존재라서 분석적으로 연구하기가 더 쉬웠기 때문인지는 몰라도 열역학(아니면 이와 관련된 이론 물리학의 다른 분야)은 엔진의 물질적 뼈대에 대해 전혀 주의를 기울이지 않았다. 열역학에서 물질은 마찰에 대항하는 무용한 일을 통해 유용한 에너지가 낭비된다는 측면에서만 다루어졌다. 그러나 '유용한물질'(캘빈경의 표현을 그대로 쓰자면)이 무용한 물질이 되는 것은 유용한 에너지가 무용한 에너지로 변하는 것만큼이나 기초적이고도 분명하다. 그러나 여기서 끝나는 것이 아니다. 또 한 가지 분명하고도 기초적인 사실은, 우리 존재의 유한성 때문에 우리는 자동차 바퀴에서 떨어져나간 고무 분자나 동전 귀퉁이에서 떨어진 구리 분자, 화학비료 속의 인 분자 등 열거하자면 끝이 없는 물질들을 재생할 수 없다. 우리는 아직 유용하지만 사용할 수 있는 형태가 아닌 물질만을 재생할 수 있을 뿐이다. 예를 들면 깨진 유리, 낡은 공구 등 이른바 '폐물 쓰레기'들이다.

열역학 제4법칙(별로 적합한 명칭 같지는 않지만)이라는 새로운 법칙을 등장시켜 엔트로피적 변환에 대한 설명을 완성하는 것이 당연한 귀결일 것이다. 이 법칙은 다음과 같이 나타낼 수 있다.

A. 무용한 물질은 재생될 수 없다.
B. 폐쇄계(주변 환경과 물질을 교환하지 않는 시스템)는 고정된 비율로 무한히 일을 할 수는 없다.

이 법칙은 엔트로피 법칙이 에너지에 대해 선언한 것을 물질에 대해 선언하는 것이다. 한 가지 차이가 있다면 폐쇄계에서는 열 죽음(모든 에너지가 무용해지는 시점) 대신 혼돈(모든 물질과 에너지가 무용해지는 시점)을 향해간다는 것이다. 그러나 우리는 물질 엔트로피가 측정가능한 양이라고 함부로 말해서는 안된다. 에너지는 균질하기 때문에 엔트로피의 양을 측정할 수 있다. 그러나 덩어리진 물체는 주기율표만 보아도 알 수 있듯이 비균질하다. 그러므로 물질을 분산시키는 요소는 물질의 종류에 따라 크게 달라진다. 그 결과 우리는 (현재로서는) 물질의 분산을 하나의 일반적인 공식에 종속시킬 수가 없다. 그러나 그렇다고 해서 물질의 분산이 비가역적으로 일어나지 않는다는 뜻은 아니며, 유용한 물질과 에너지가 무용한 상태로 변하는 일반현상에 대해서 이야기할 수 없다는 것은 아니다.

이러한 관점에서 볼 때 오늘날 인류가 처한 엔트로피적 난국은 현재의 에너지 위기와 관련하여 우리가 생각하는 것보다 훨씬 더 심각하다. 첫째, '정상상태'라는 처방이 더 이상 생태적인 복음의 역할을 할 수가 없게 되었다(그렇다고 해서 허먼 데일리가 지적한 정상상태의 윤리적 및 사회적 장점을 깎아내리자는 것은 아니다). 둘째, 어떤 기술이 유용하려면, 그 기술이 필요로 하는 특정 연료가 공급되는 동안에는 물질적 뼈대를 유지할 수 있어야 한다. 많은 사람들이 그렇듯이 에너지 흐름만 생각하는 것은 잘못된 것이다. 태양 에너지가 구세주처럼 칭송되고 있지만 태양 에너지를 직접 사용하는 것 자체는 유용한 기술이 되지 못한다. 오늘날 알려진 처방들은 물론 타당성이 있다(사람을 달에 보내는 기술 같은 것). 그러나 이들은 (태양 에너지 처방과 마찬가지로) 현대기술에 기생하고 있다. 이 사실을 인식하지 못하면 일반대중에게 잘못된 (따라서 위험한) 희망을 심어줄 수 있다.

열역학의 역사에서 또 한 가지 재미있는 부분은 비가역성을 둘러싼 치열한 논쟁이다. 이 논쟁은 가끔 비이성적인 수준으로 확대되기도 한다. 여기서 비가역성은 인간의식의 흐름으로서 시간이 갖는 독특한 방향성에 관한 것이다. 여기서도 인간의 마음속에 들어 있는 기계론적 발상이 표면으로 튀어오른다. 우리가 알고 있는 것처럼 1894년의 볼티모어 강연에서 캘빈 경은 어떤 과정을 기계적인 모델로 만들어보고 나서야 그것을 이해할 수 있었다고 했다. 열에너지가 두 물체 사이를 양방향으로 이동할 수 없다고 못박는 엔트로피 법칙이 학계에 의해 기꺼이 받아들여지지 못한 것은 당연하다. 몇몇 학자가 반대의견을 내놓기는 했지만 모든 물리학자들은 볼츠만의 주장을 환영했다. 볼츠만은 열역학적 현상이 기체분자 운동의 결과이며, 이 운동은 고전 물리학의 결정론적 법칙과 무작위성이 합쳐진 원칙에 따라 이루어진다는 것이다.

이리하여 기계론적 도그마는 다시 한번 승리를 거두었다. 그 후 이 도그마가 열역학에서의 기본적인 패스워드로 통했다는 것은 놀랄 일이 아니다. 그러나 이러한 확률적 관점 때문에 우리가 보는 세계의 모습, 그리고 궁극적으로 우리의 세계관에 결함이 발생한 것을 간과해서는 안될 것이다.

확률이 어떤 형태로든 열역학의 논리적 기초의 일부인 이상, 무용한 에너지가 유용한 에너지로 저절로 바뀌는 것은 매우 희박하기는 하지만 불가능하지는 않은 일이 되어버린다. 그리하여 우리는 사기꾼의 수법이라도 써서 이제는 가능해진 변환(무용에서 유용으로)을 마음대로 일으켜 유용한 에너지의 공급량을 늘리는 것을 바랄 수 있다. 이러한 희망 때문에 가끔 엔트로피 법칙은 언젠가 틀렸다는 것이 증명될 것이라고 믿는 사람들이 생기는 것은 이상한 일이 아니다.

불행히도 이러한 믿음은 앞서 말한 바 있는 인류의 엔트로피적 난국과 관련이 있다. 인류는 광물자원으로 신체 외적 조직(그러니까 도구)을 만들기 시작하면서, 느리고도 불확실한 생물학적 진보의 과정을 초월했다. 바로 여기에 난국의 근원이 있는 것이다. 경제학적 희소성의 원칙은 자원이 유한하다는 사실뿐만 아니라 엔트로피적 열악화가 비가역적이라는 사실에도 뿌리를 두고 있다. 이러한 이유 때문에 나는 15년 전에 경제의 물질적 측면이 갖는 엔트로피적 본질을 연구하면서, 역학의 엄정한 법칙과 확률을 연관짓는 것이 오류임을 밝혀야 할 필요를 느꼈다. 나의 노력이 의미가 있었다는 것은 직업 물리학자인 피터 L. 아우어Peter L. Auer가 엔트로피 법칙은 지속적인 경제성장을 방해하지 않는다는, 내 견해와는 상충하는 주장을 내놓음으로써 증명되었다. 이러한 견해가 경제학 전체를 지배하고 있다. "무슨 일이 일어나든 해결책은 있다."

어떻게 해서 이런 견해가 생겨났는지 설명하기는 힘들다. 경제학자들이 처음으로 제1법칙에 주목하게 된 시기에 팽배해 있던 기계론적 도그마에 신고전주의 경제학의 창시자들이 심취했던 것은 사실이다. 예를 들어 알프레드 마셜Alfred Marshall은 우리는 물질도 에너지도 생산해낼 수 없음을 분명히 인정했다. 우리는 '유용한 것'을 생산할 수 있을 뿐이다. 그러나 현대 경제학자들은 엔트로피 법칙에 주목하지 않는다. 그래서 우리가 어떻게 유용한 것을 생산할 수 있는지에 대해 의문을 갖지 않는 것이다.

간단히 말해서, 표준경제학(오늘날의 지배적인 경제학)은 인간의 생활 방식에서 유한한 천연자원이 수행하는 독특한 역할을 완전히 무시한다. 이 역할은 역사의 주요 사건, 특히 전쟁을 통해 뚜렷이 드러난다. 유한한 천연자원은 표준경제학 이론에서 완전히 제외되었을 뿐만 아니라 경제성장만이 경제학의 '원대한 목표'라고 로이 해로드Roy Harrod 경은 자신만만하게 주장하고 있다. 지속적이고도 급속한 성장을 당연한 것으로 여기는 경제모델은 여기저기서 압승을 거두었다. 따라서 경제학계에서 존경을 받는 가장 확실한 방법 — "성장을 이룩하는 것이 경제학자의 탁월한 능력이다"라는 주장이 당연해졌다.

1973~1974년의 석유위기가 지나자 몇몇 경제학자들은 과거의 주장을 슬그머니 바꾸기 시작했다. 월터 헬러Walter Heller 같은 사람들은 심지어 경제학자들이 "악화하는 경제지표에 덜미를 잡혔다"라고 솔직히 시인했다('악화하는'이 아니라 '하늘로 치솟은'이 더 적합한 표현일 것이다). 그러나 대부분의 경제학자들은 희소성에서 발생하는 파국은 가격구조를 통해 막을 수 있다는 입장에 고집스럽게 매달리고 있다. 윌리엄 미어닉William Miernyk이 지적한 것처럼 휘발유를 한 번 넣을 때마다 유리컵 하나를 공짜로 주던 시절의 석유가격 때문에 미국의 기술과 경제는 잘못된 방향으로 들어섰고, 이제 우리는 그것을 후회하고 있다. 성장에 대한 광적인 집착과 경제학자들의 가격구조에 대한 무조건적인 신뢰로 인하여 어떤 사람들은 골프 카트처럼 어처구니 없는 물건을 사겠다고 아우성치는가 하면 한편에서는 수많은 상상을 초월하는 고통 속에서 짧은 생을 마감하고 있다.

물론 소수의 가진 자들이 미미하게나마 같은 시대를 살아가는 빈자들에게 약간의 관심을 보이지만 인류 전체는 다가올 파국으로부터 다음 세대를 보호하려는 일은 거의 하나도 하지 않는다. 과거 내가 제안한 생물경제 프로그램 같은 것들이 여러 가지로 제시된 바 있다. 이것들이 사실상 무시된 이유는 하나뿐이다. 국내관계, 국제관계를 지배하는 가치들을 바꾸기가 어렵기 때문이다. 그러므로 우리 모두는 개인적 이기심 그리고 미래에 후회할 일을 줄이기보다는 개인적 만족을 극대화하려는 이기주의에 입각한 행동양식에서 비롯된 인류 전체의 위기를 직시해야 할 필요가 있다.

엔트로피 법칙은 인류의 특정한 생활양식에 대해 광범위하게 물질적 한계를 설정한다. 그 한계는 전례없는 모험 속에서 우리 세대와 앞으로의 세대를 묶어놓을 것이다. 이러한 한계가 갖는 중요성이 알려진 것은 극히 최근의 일이며, 과거에 누려왔던 물질적인 풍요는 급속히 종말을 향해 다가가고 있으므로 우리는 정치, 경제, 사회적 발전에 대한 우리의 자세를 재평가하고 개편해야 한다. 제레미 리프킨은 엔트로피적 변환과 사회적 현상이 계속 공존할 수 있으리라는 사고방식, 그러니까 열역학은 사회현상에 한계는 설정하지만 사회현상을 지배하지는 않는다는 생각을 강하게 부정한다. 그의 저술은 시기적절하고 교육적 가치가 있으며 뚜렷한 인도주의적 토대 위에 서 있기 때문에 개인의 책꽂이든 도서관의 서가에서든 명예로운 자리를 차지할 것이다. 그리고 인류의 삶에 있어 전환점이 되는 오늘날 꼭 필요한 계명을 전파할 것이다. "너의 종種을 네 몸 같이 사랑하라!"

역자가 이 책을 처음 접한 것은 1980년대 초였던 것으로 기억된다. 당시 역자는 건설회사에 다니면서 중동지역 현장에서 근무 중이었는데, 돌이켜보면 이 공사현장, 특히 중동지역의 공사현장들은 항만, 정유 공장, 제철소 등 리프킨이 경계해마지않는 개발 — 엔트로피 과정을 더욱 가속시키는 행위 — 의 상징이었다. 이런 환경에서 개발의 신화를 현실로 만드는 일에 종사하던 역자에게 이 책은 신선한 충격일 수밖에 없었다. 리프킨은 첫머리에서 "이 책을 읽고 난 사람들의 마음가짐은 결코 전과 같지 않을 것이다"라는 따끔한 충고를 했는데, 역자도 예외는 아니다. 사실 이때 이루어진 발상의 전환이 오늘날까지 역자의 생각을 지배하고 있다.

당시의 역자뿐 아니라 1970년대와 1980년대를 산업 일선에서 보낸 사람들은 모두 개발의 신화에 심취해 있었다. 한국은 산유국들의 산업 개발에 참여하는 것으로 두 번에 걸친 석유위기를 성공적으로 극복하고 성장을 거듭했다. 그때부터 이미 선진국에서는 환경론자들이 목소리를 높이고 있었지만 한국에서는 이들의 목소리가 거의 수용되지 않는 형편이었다. 많은 후진국들이 한국의 성공사례를 본떠 자국민들을 빈곤과 결핍의 멍에에서 해방시켜야 한다고 주장했고, 한국은 이런 이야기가 나오는 데 긍지를 느끼고 있었다.

오늘날 환경론자들의 주장은 더 큰 설득력을 얻었고 이에 따라 개발론자들의 입지가 매우 약화된 것만은 사실이지만 아직도 개발의 신화는 많은 세계인들의 마음을 힘껏 틀어쥐고 있다. 그래서 환경보호조치를 적당히 취하면서 경제발전을 계속 추구해나가고 있다. 리프킨은 이런 식의 양다리 걸치기가 불가능함을 여러 각도에서 증명하고 있다. 이제 인류의 상황은 '장군'을 받은 장기 선수의 입장과 같다는 것이다. 더욱 중요한 것은 이번 판에서 '멍군'을 부르는 것이 불가능하다는 것이다. 그러므로 완전히 새로운 판을 짜야 한다. 그런데도 꼭 이번 판에서 멍군을 부르려고 몸부림치는 사람들이 많다.

예를 들어 지구 온난화의 원인이 산업활동이라는 증거가 없다고 주장하는 사람들이 있다. 이들은 담배회사와 같은 사람들이다. 담배 업체들은 "담배가 인체에 해롭지 않다" 또는 "적어도 해롭다는 증거가 없다"는 주장에 수십 년간 매달려 왔다. 그러나 이제 이들은 움직일 수 없는 과학적 증거에 굴복할 수밖에 없고 이에 따라 천문학적인 금액을 배상하기로 했다.

이제 멍군을 부를 수 없는 인류는 버스를 타고 낭떠러지를 향해 달리는 사람들과도 같다. 이들은 다음 몇 가지 중 하나를 택할 수 있을 것이다. 첫째, 일찌감치 버스를 세우고 내려서 걷는다. 둘째, 영화의 한 장면에서처럼 버스가 절벽에 앞바퀴를 걸친 채 가까스로 정지한 상태에서 아수라장을 이루며 다투어 뛰어내린다. 이 과정에서 많은 희생자가 발생할 것이다. 셋째, 버스가 추락하기 시작한 뒤, 극소수의 사람이 창문을 통해 뛰어내려 살아남는다. 넷째, 아무도 탈출하지 못한 채 추락해버린다.

첫 번째 시나리오를 현실로 만들 수 있는 시간이 아직은 있는 것 같다. 그러나 많지는 않을 것이고, 이 순간에도 계속 줄어들고 있다.

이 책을 처음 대했을 당시 역자는 통역과 번역을 직업으로 하리라고는 전혀 생각하지 않고 있었다. 그렇지만 그때 이미 이 책을 좀더 많은 사람들이 읽을 수 있었으면 좋겠다는 생각을 했다. 그로부터 10여 년이 지난 오늘, 통·번역사가 된 후 이 책의 번역제의를 받은 것은 또 한 번의 신선한 충격이었고 역자가 이를 쾌히 수락한 것은 물론이다. 졸역이나마 이 책의 메시지를 우리나라 독자들과 나눌 기회를 주신 세종연구원의 여러분들께 감사드린다.

역자 이창희 드림